인사이드
현대카드

인사이드
현대카드

박지호 지음

문학동네

차
례

Chapter 1	Winter

'자부심'이란 씨앗을 심는다는 것

Chapter 2	Spring

새로운 시각을 꽃피운다는 것

모든 것은
여기에서 시작되었다

———

왜 하필 현대카드였을까

K가 오랜만에 연락을 해왔다. 편집장이 되자마자 받아든 빡빡한 업무 스케줄에 지레 겁먹고 중단해버린 강의. 그럼에도 잊을 만하면 가끔씩 안부라도 물어오는 고마운 제자 중 하나다. 항상 트렌드에 민감했던 그답게 요즘 가장 '핫'하다는 연남동 퓨전 한식당을 약속장소로 지목했다. 장마도 아닌데 며칠째 부슬부슬 가랑비가 내리고 있었고, 어두컴컴한 날씨 탓인지 이른 오후인데도 불구하고 거리는 적막했다. 한 10분 정도 자리를 잡고 기다렸을까, K가 특유의 카랑카랑한 목소리로 저 멀리서부터 스스럼없는 인사를 건네며 달려왔다. 마주앉자마자 요즘 일상과 고민을 화두로 올린 채 밥을 먹는 둥 마는 둥 줄기차게 이야기를 끌고 가는 자기중심적인 태도도 여전했다. 그런 모습이 오만하다기보다는 당당한 쪽에 가까워서 늘 보기 좋았다는 기억이 어슴푸레 떠오를 무렵, 무언가 미세하게 달라진 표정이 마음에 걸렸다.

역시나 K 또한 '취업'이라는 덫에 걸린 상태였다. 호쾌한 웃음 사이사이 보일 듯 말 듯 옅은 근심과 무거움이 걸려 있었고, 거침없이 지구를 횡단하던 대화 주제의 크기는 바짝 쫓기고 있는 일상 위주로 위축되었다. K는 원래 이런 친구가 아니었다. 대한민국 역사상 가장 뛰어난 지적 능력을 갖췄다고 평가받는(요즘 세대를 비참(?) 모드로 다루는 '88만원 세대' 등의 담론들은 별개로 두고, 나는 분명 그렇게 생각한다) 요즘 세대의 일원답게 코즈모폴리턴적인 매너와 외국어 실력, 새로운 이슈를 탐색하는 감각이 그야말로 일품이었다. 그렇다. 앞으로 다시없을 한국 경제의 황금시대인 1990년대 초반에 그야말로 '대충대충' 대학을 다닌 나로서는 도저히 따라갈 수 없는 실력과 자존감을 갖고 있다고, 나는 항상 생각해왔다. 그에 걸맞게 K는 새로운 시대와 합치하는 새로운 매체에서 일하고 싶다는 목표를 수년 전에 정한 뒤 남다른 행보를 보여왔다. 독일의 『슈피겔』 또는 영국의 『모노클』이야말로 새로운 저널리즘의 전형이라고 판단한 그는, 『모노클』이 지금처럼 한국에서 유명세를 타기 전 무작정 런던까지 날아가 단기 인턴과정에 지원하는 결단력을 보여준 바 있다. 현지 SNS 전문 미디어에서 한국보다 한참 앞선 디지털콘텐츠를 다루는 방식도 배웠다. 외국에서 짧지 않은 경험을 쌓고 돌아온 다음에는, 매거진과 책의 하이브리드 방식으로 매월 단 하나의 브랜드를 콘텐츠로 다루는 신생 매체에서 자신의 역량을 충실히 쌓아나가고 있었다. K는 이렇게 말했다.

　　"결국 졸업하고 나니 제대로 된 매체에서 일할 수 있는 방법은 공채밖에 없더라고요. 가장 답답했던 건 너무 적은 숫자를 뽑다보니 떨어뜨리기 위한 시험을 보거나 아니면 판에 박힌 방식으로만 채용을 한다는 거였어요. 차라리 현장에서 충실히 쌓은 경험을 바탕으로 뽑아준다면 시간이 아무리 오래 걸리더라도 계속 노력해나갈 텐데, 아니 최소한 나이 제한이라도 없다면 이렇게 쓸데없이 애만 태우며 스트레스를 받지는 않을 텐데…… 그렇다고 적당한 공기업에 들어가서 언제 뜰지 모르는 언론사 공채만 체크하며 대충 시간을 때우는 건 제 자존심이 용납할 것 같지 않았어요."

K는 조만간 베를린으로 넘어갈 계획이라고 말했다. 최근 1년 동안 세계 각국 저널리스트들의 코디네이터로 일하며 쌓은 경험을 바탕으로 『슈피겔』 또는 그 어떤 매체가 되었든 그들의 선진적인 업무방식을 제대로 익혀 한국으로 돌아오고 싶다는 것. 당장 올 하반기 계획까지 완벽히 짜놓은 그의 얼굴 한구석에는 여전히 그늘이 남아 있었다. "그동안 외국에서 일을 꽤 해봤지만 결국 해결책은 한국에서 찾아야 한다는 결론이었거든요. 사실 도망치듯 떠나는 것 같아 기분이 좀 나빠요. 참, 최근에 아쉬운 일이 한 가지 더 있었어요. 현대카드에서 디지털콘텐츠를 정비한다면서 사람을 뽑았었거든요. 제가 꿈꿨던 새로운 콘텐츠를 실험해볼 기회다 싶어서 정말 열심히 준비했어요. 현대카드에서 일할 수 있다면 외국에 나가는 일정을 잠깐 미루더라도 최선을 다하고 싶었는데 뚝 떨어졌어요. 아! 아쉬워."

요즘 20대에게 현대카드라는 회사의 위상이 이 정도였나? 따지자면 금융사 중 하나인 사기업에 젊은 친구들이 거는 기대가 이만큼이었나 싶어서 솔직히 놀랐다. 그런데 K가 덧붙이는 마지막 말이 마음 한구석을 살짝 건드렸다. "실제로 면접을 보고 나서는 꽤 실망했어요. 물론 제가 완벽한 인재라는 뜻은 아니지만 솔직히 기대했던 것만큼 창의적인 방식으로 사람을 뽑고 쓰는 것 같지는 않았어요. 뭐랄까, 말하기 조금 애매한데…… 기대보다 그렇게 쿨하지는 않다는 느낌?"

정태영 사장과 우연히 조우했던
두 번의 기억

2012년 9월, 그야말로 얼떨떨한 상태로 편집장의 자리에 올랐다. 당시 나는 10여 년의 에디터 경력 중 첫손에 꼽힐 기사 중 하나인 '현대카드에서 보낸 일주일'을 위한 취재를 하느라 현대카드 여의도사옥에 엿새째 머물고 있었다. 급히 회사로 돌아오라는 호출을 받고 허겁지겁 달려갔더니 보스는 내게 "다음달부터는 당신이 편집장"이라고 통보하고는 휙 가버렸다. 그야말로 느닷없는 상황이어서 내가 뭐라 답했는지, 그 순간 무슨 생각을 떠올렸는지 기억은 또렷하지 않다. 초보 편집장으로 보낸 첫 1년은 마치 꿈결을 걷듯 현실감이 없는 상태에서 그저 시간을 흘려보냈다고 표현하는 게 적확할 것이다. 디테일을 포착하는 감각으로 생계를 유지하는 에디터로서는 아이러니하게도, 2013년은 내게 디테일로는 전혀 기억되지 않는다. 버티고 견뎌낸 거대한 시간의 퇴적물로만 남았을 뿐. 마치 허공을 부유하는 듯했던 1년간의 무채색 기억 속에서 유독 총천연색 이미지로 남아 있는 몇 가지 편린들이 있다. 그중에서도 현대카드 정태영 사장과 우연히 조우했던 두 번의 기억이 오롯하다.

편집장이 되고 나서 가장 색다르게 다가온 업무 중 하나를 꼽자면 하루에도 몇 번씩 각종 행사와 파티에 참석하는 일이었다. 당연히 그 장소에 어울리는 적절한 의상은 필수. 비록 패션지에서 일하고 있지만, 이슈와 컬처를 주로 다루는 피처파트를 맡고 있기에 평소 옷차림에 크게 신경쓰지 않아도 되는 '특권'을 누리고 있던 나에게 이것은 새로운 세계의 개막이자 꽤 큰 스트레스이기도 했다. 2013년이 본격적으로 시작되고 겨울에서 봄으로 막 넘어갈 무렵, 현대카드 디자인라이브러리 오픈식에 초청을 받았다. 편집장이 되고 나서 처음으로 참석하는 현대카드 관련 공식행사. 이날의 풍경이 지금껏 또렷하게 기억나는 이유는 편집장이 된 이후 사실상 처음으로 흡족한 옷차림을 한 채 길을 나섰기 때문이다. 나는 몇몇 시행착오 끝에 공식적인 자리에 어긋나지 않으면서도 개성을 강조하는 스타일을 찾아낼 수 있었다. 이해를 돕기 위해 굳이 첨언하자면 이렇다. '저, 패션지 편집장이지만 패션아이템에만 미친듯이 몰두하는 '패피'(패션피플)는 아닙니다. 굳이 따지자면 제 스타일은 댄디즘에 그 젖줄을 대고 있어요. 대외적으로 어필하고 싶은 바는 바로 이런 거죠. 사회이슈와 문화에 대해 글을 쓰지만 옷도 꽤 잘 입는, 그렇다고 이상이나 백석 같은 1930년대 경성의 모던보이를 연상해서는 곤란하고요. 클래식하다기보다는 트렌드가 소소하게 반영된 스타일이라고 해야 할까요?'

　(내 생각에는) 이 의도가 제대로 반영된 옷차림으로 찾은 행사장. 한옥의 마당을 기본 모티브로 했겠지만 스페인식 정원 '파티오'를 연상시키기도 하는, 하늘로 열린 우아한 빈 공간을 가운데에 두고 유리로 사면을 둘러친 디자인라이브러리는 언뜻 보기에도 굉장했다. 한옥에 베이스를 뒀다지만 그런 정취가 은은하게 묻어나는 곳은 2층에서 바깥을 바라보는 고즈넉한 창문과 옥상 공간 정도였고, 외관에서 뿜어져나오는 첫인상은 '모던'과 '세련'이라는 단어가 저절로 입에 붙는 딱 '현대카드스러운' 형태였다. 더군다나 '디자인'이라니. 현대카드의 지난 10년을 만들어낸 최전선, 디자인을 테마로 한 세계 최대 규모의 도서관을 현실로 옮기기까지 얼마나 거대한 프로세스가 작동했을지…… 입구에 들어서자마자 정태영 사장과 딱 마주쳤다. 나를 한눈에 알아본 그가 함박웃음을 지은 채 내 어깨를 와락 감쌌다.

　"현대카드가 항상 목말라했던 각도로 기사를 써주신 유일한 저널리스트가 오셨군요."

현대카드
DESIGN
LIBRARY

사실 그때까지만 해도 나는 그를 잘 알지 못했다. 6개월 전, 1주일간 현대카드에 머물며 기사를 쓰는 동안 그를 제대로 만나본 것은 단 한 차례. 그것도 고작 한 시간 남짓 인터뷰를 진행했을 뿐이다. 물론, 그 짧은 시간 동안에도 정태영 사장만의 남다른 특성은 간파할 수 있었다. 먼저, 보통 사람들이 CEO라고 하면 떠올리는 고정관념에서 완전히 벗어난 독특한 애티튜드와 화법을 지녔다는 것. 이를테면 특유의 뉘앙스가 담긴, 손짓과 몸짓을 섞어가며 이야기하는 부드러운 말투, 그리고 천진한(그는 자신이 좋아하는 일을 앞에 두면 정말 스스럼없이 밝고 크게 웃는다) 웃음과 어우러지는 핵심을 꿰뚫는 위트 같은 것. (물론 일부 임직원들이 그가 업무상 잘못을 지적하고 깰 때에는 주변이 얼음왕국처럼 차갑게 얼어붙는다는 귀띔을 슬쩍 해주긴 했다.) 더불어 전혀 모르고 있던 주제도 잠깐의 설명만으로 재빨리 이해한 다음, 직관적으로 해결책을 내놓는 사고 프로세스를 갖고 있다는 것. 자기만의 취향이 분명하다는 것. 무엇보다 주변 상황에 맞되 자신만의 캐릭터도 드러나게 옷을 입을 줄 아는 감각을 지녔다는 것. 항상 모든 일에 호기심으로 가득차 있으며, 엄밀한 판단력과 기억력으로 거침없이 만사를 체크하는 그의 특성은 6개월 만에 디자인 라이브러리에서 조우한 그 짧은 순간에도 드러나고 있었다. 수많은 사람들 틈에서 오래전에 한 시간 정도 만났을 뿐인 나를, 그리고 내가 쓴 오래된 기사의 개요까지 곧바로 기억해낸다는 것. 무엇보다 행사 시작에 임박해 대화를 정리하며 "그사이에 패션의 뉘앙스가 많이 달라졌네요"라고 차이점을 짚어낼 정도로 날카로운 관찰력을 지녔다는 것.

행사 시작을 알리는 신호가 울리자 참가자들이 일렬로 늘어선 의자에 앉기 시작했다. 날카로운 금속성 골격과 부드러운 화이트 천 소재가 오묘하게 어우러진 모던한 의자에 앉자마자 관계자의 공식 스피치가 시작되었다. 어떤 행사든 공식 프로그램은 역시 딱딱하고 지루하구나, 라는 생각이 떠오를 무렵, 정태영 사장이 미세하게 그 공간의 흐름을 바꾸고 있는 모습이 시선에 잡혔다. 의자에 앉는 대신 벽의 한구석에 조용히 기대선 채 가볍게 다리를 꼬고 있는 모습은 격식에 어긋나지 않으면서도 그의 꿈틀대는 에너지를 느낄 수 있게 하는, 그야말로 딱 이 공간에 맞춤한 풍경이었다. 그때 그의 옷차림. 본질에 가까운 블랙슈트에 깅엄 체크셔츠, 같은 체크 문양이지만 서로 충돌하지 않고 세련되게 어우러진 옴브레 체크머플러, 무엇보다 빛바랜 듯 세심한 브라운 몽크 스트랩슈즈.

전설적인 이탈리아 디자인잡지 『도무스』에서 시작해 『레뷔』까지 이어지는 디자인라이브러리의 장서 리스트는 그야말로 압도적이었다. 매거진을 만드는 세상 모든 에디터들의 꿈이자 로망인 『비저네어』 역대 판본들을 첫번째 전시 프로그램으로 택한 그 세련된 취향에 감탄사가 터져나왔다. 라이브러리 운영의 담당자가 신입사원이라는 사실 역시 놀라웠다. 그녀는 뉴욕현대미술관MoMA 인턴과정을 마치자마자 현대카드의 부름을 받고 입사한 신참이었다. 6개월 전 인터뷰를 했을 당시 TFT에 속해 있던 그녀는 "입사한 지 얼마 되지도 않은 자신에게 이런 엄청난 프로젝트를 맡긴 회사가 참 놀랍다"는 멘트 외에 구체적인 내용은 이야기해주지 않았었다.

참, 현장에서 관찰한 또하나의 풍경 또한 빼놓지 말아야겠다. 현대카드의 명민함과 세련됨을 보여주는 디자인라이브러리 한편에서는 "이건 또 어디서 참고자료를 찾아봐야 하는 건가?"라고 나지막이 중얼거리던 일군의 임직원들이 막막한 표정으로 서 있었다는 것.

VISIONAIRE ✕ Hyundai Card

Curated by: Hyundai Card

2009	2010	2011	2012
SOLAR	53 SPIRIT	60 RELIGION	62 RIO
2010	54 FAIRYTALE	61 LARGER THAN LIFE	

지극히 우아하고,
또 지극히 폐쇄적인

　　정태영 사장과의 두번째 조우는 2013년 여름에 이루어졌다. 당시 난 현대카드가 발표한 '챕터2'라는 새로운 광고 콘셉트에 꽤 충격을 받은 상태였다. 이 전략의 핵심은 고객이 카드를 선택하고 이용할 때 깊게 고민할 필요 없는 직관적인 상품을 만들어야 한다는 것. 이를 위해 현대카드는 기존의 포트폴리오를 '포인트'와 '캐시백'을 두 축으로 한 '챕터2'로 심플하게 개편했다. '아니, 어떻게 지난 10년 동안 공들여 구축한 시스템을 하루아침에 무無로 돌리는 시도를 할 수 있지? 몇몇 경쟁사들의 올해 가장 큰 목표 중 하나가 현대카드의 알파벳과 숫자시스템을 벤치마킹하는 것일 텐데? 유연한 조직구조를 갖춘 스타트업이라면 또 모를까, 수천 명의 임직원을 거느린 대기업이 가장 중요한 시스템 중 하나를 일거에 바꿔도 괜찮은 걸까?'

　　그 여름, 나는 처음으로 청담동에 위치한 퍼플하우스를 방문했다. 편집장이 되면서 누리게 된 혜택이 꽤 많지만(물론 〈악마는 프라다를 입는다〉의 애나 윈투어에 미치진 못하겠지만 감사하게도 한국의 패션지 편집장들 또한 꽤 많은 혜택을 누리며 산다) 그중에서도 하나를 꼽자면 바로 퍼플카드를 발급받을 자격이 되었다는 것이다. 물론 블랙카드는 발급자격도 되지 않겠지만 카드를 단 한 장만 선택해야 한다면 단언컨대 블랙보다는 퍼플을 선택할 것이다. 한도나 혜택과 상관없이 가장 현대카드스러운 카드는 퍼플이라고 생각한다. 컬러, 이미지, 디자인, 마케팅 기법, 네이밍에 이르기까지 모든 면에서 현대카드의 수준을 명징하게 반영하고 있다. 해외출장을 갈 때마다, 특히 파리와 밀라노에서 미감이 발달한 숍캐셔들의 관심을 한몸에 받는 퍼플카드는 재질과 색감에서 유례를 찾기 힘든 독특한 카드임에 분명하다. 그런 퍼플카드의 이미지는 고스란히 퍼플카드 멤버십 전용 공간인 퍼플하우스로 이어진다.

사실 퍼플하우스의 위치를 정확히 아는 사람은 많지 않다. 로데오거리 한복판에 있다는데 직접 가보지 않고서는 도통 그 위치를 가늠하기 힘들다. 안쪽으로 깊숙이 들어간 의외의 장소에 입구가 있을 뿐 아니라 일부러(!) 눈에 띄는 간판도 설치하지 않았다. 입구를 간신히 찾아내더라도 이곳이 퍼플하우스인지 아닌지는 여전히 가늠하기 어렵다. 왼쪽에 놓여 있는 보라색 스틸 소재의 지구본 형태 카드리더기를 보고서야 이곳이 퍼플하우스라는 것을 간신히 짐작한다. 지갑에서 퍼플카드를 꺼내 지구본에 긁으면 스르르 문이 열리며 안쪽에서 조용히 반응이 나타난다. 멤버십이 없다면 발견하기도, 찾아오기도, 입장하기도 불가능한 이곳은 한국에서 가장 세련된 형태의 '자본주의의 본산'이라고 명명할 만한 장소다. 기준이 명확한 이들만 들어오도록 강제하는 이 우아한 폐쇄성. 사람들의 찬탄, 때로는 질투심을 불러일으키는 이 엄격함.

내부 공간은 안내 데스크를 중심으로 왼편의 바와 오른편의 레스토랑 등 크게 두 곳으로 나뉜다. 아주 넓지는 않지만 효과적인 인테리어디자인 덕분에 세련된 위엄이 곳곳에 배어 있다. 사람들은 보통 퍼플하우스에 들어서면 고가의 인테리어 소품들이나 거대한 음향장비에 먼저 시선을 빼앗기곤 한다. 하나하나 떼어놓고 봐도 엄청나다고 할 수밖에 없는 가구와 소품이 구석구석에 툭툭 놓여 있다. 하지만 퍼플하우스의 진정한 가치는 카드를 긁고 자동문이 열리면 곧바로 마주하게 되는 안내 데스크에서 가장 정확하게 파악할 수 있다. 내겐 오래전 모스크바 볼쇼이 극장과 상트페테르부르크의 마린스키 극장에 고전발레를 보러 갔을 때 느꼈던 이미지와 묘하게 오버랩되는 풍경이다. 그 옛날, 시베리아 횡단열차를 타고 한 달간 러시아를 횡단했을 때 가장 인상 깊었던 풍광은 러시아식 고전미의 본산인 발레극장의 위용, 더 자세히 들어가자면 관람객들이 공연장에 입장하기 전 두꺼운 겉옷과 흙탕물로 범벅이 된 부츠를 맡겨두는 안내 데스크였다. 19세기부터 발레에 푹 빠져 살아온 모스크바 시민들이 눈과 모래가 뒤섞인 지저분한 시내를 관통해 극장까지 오려면 두꺼운 겉옷과 부츠는 필수일 터. 하지만 제국 시절의 건축양식이 그대로 남아 있는 극장에 들어서는 금발 여인네의 투박한 코트 안에는 황홀한 비주가 반짝이는 블랙원피스가 반전처럼 숨어 있었고, 유독 눈에 띄었던 빅백 안에는 우아한 킬힐이 들어 있었다. 그리고 19세기부터 운영되어온 안내 데스크에는 안과 밖을 완전히 분리시키는 검은색 벨벳커튼이 무심하게 드리워져 있었다. 마치 여기서부터는 완벽한 성장盛裝으로 변신해야만 안으로 들어갈 수 있다, 라고 조용히 웅변하듯이. 퍼플하우스 안내 데스크의 뒤쪽에도 역시 보라색 벨루어커튼이 천장에서 바닥까지 드리워져 있다. 격식을 갖추면서도 현대적인 세련미를 추구하는 퍼플하우스의 콘셉트가 입구에서부터 드러나는 것이다. '핫팬츠와 슬리퍼 등 격식에 어울리지 않는 옷차림은 거절한다'는 강경한 안내문과 '필요하다면 로퍼를 대여해드릴 수 있다'는 위트 또한 현대카드답다.

사실, 내부의 다양한 가구 및 인테리어 소품들은 그에 비하면 오히려 감흥이 덜했다. 대단한 물건들이 같은 공간 안에 지나치게 많이 모여 있기 때문일 수도 있고, 이미 방문 전 소개책자를 통해 대충 일별한 탓인지도 모른다. 그럼에도 불구하고 전 세계에 단 여덟 점만 존재하는 리하르트 휘텐의 은빛 '클라우드체어'에 비스듬히 기대앉은 채 와인잔을 기울이고 있는 커플을 본다든가, 60년이 지난 지금까지도 여전히 모던한 아우구스토 보치의 '사포리티 코즈모스 세트'에 모여 앉아 파안대소를 터뜨리고 있는 40대 중년 남성들의 회합을 보는 것은 꽤 색다른 느낌이었다. 그저 눈으로만 볼 수 있도록 전시되고 있는 게 아니라, 누군가는 스테이크 소스를 흘리고 또다른 누군가

House of
the Purple

HoP

는 와인잔을 엎기도 하는 저 현실적이어서 오히려 비현실적인 풍광이라니. 새삼 "의자는 원래 앉기 위한 도구"라는 언명을 떠올려보아도 그렇게 비현실적일 수가 없었다.

내친김에 퍼플하우스를 구석구석 둘러보기로 했다. 그것은 말하자면 '오덕'과는 차별되는 좋은 취향을 가진 이가 할 수 있는 최고의 '보물찾기' 같은 느낌이었다. 커다란 호른과 압도적인 진공관의 배열이 돋보이는 웨스턴 일렉트릭의 앰프와 스피커는 단연 이곳의 분위기를 지배하고 있다. 〈스타워즈〉의 R2-D2를 연상케 하는 크롬 소재의 벨에포크 커피메이커 또한 공간의 품격을 한껏 끌어올리고 있다. 그런데 당연히 있어야 할 전설적인 소품 몇 가지가 보이지 않는다. 프랑크 부흐발트가 수작업으로 조립해 만든 머신라이트, 세계에 단 열두 개의 모델만 존재한다는 한정판 시리즈 중 여섯번째 작품이 분명 어딘가에 있을 텐데. 애플식 '심플디자인'의 경전과도 같은 디터 람스의 T1000 라디오도 분명 어딘가에…… 보물찾기를 하는 입장에서는 분명 한구석에 보일 듯 말 듯 배치되어 있는 이 엄청난 소품들을 하나하나 찾아가는 재미가 있을 테지만, 일반 고객들이 이것들을 제대로 보고나 갈까 하는 의문이 들었다. 아니, 지금 앉아서 밥을 먹고 있는 의자가 무엇인지는 알까? 심지어 아티스트 이명호의 〈Treescapes〉가 벽에 걸린 게 아니라 의자 옆쪽에 비스듬히 세워져 있는 걸 보고선 의구심은 더 강해졌다. 오브제를 조화롭게 배치한 게 아니라 마치 자랑하듯 꽉꽉 채워놓은 것 같았다. 관계자에게 확인해보니 퍼플하우스를 설계한 네덜란드의 크리에이티브 에이전시 스타트Staat는 이미 명확한 답을 제출한 상태였다. 퍼플'하우스'이긴 하지만 '집Home'을 생각하고 콘셉트를 잡았다는 이야기. 바와 레스토랑이기 이전에 집을 먼저 떠올리게 하는, 가까운 친구들에게 거실과 부엌의 세련된 일상용품들을 자연스럽게 (때론 자랑하듯이) 보여주는 공간이라는 것. 아하, 딴건 몰라도 명확한 콘셉트를 잡는 능력과 그걸 클라이언트에게 명쾌하게 설명해내는 능력만큼은 탁월한 에이전시라는 생각이 들었다. 정태영 사장이 비즈니스 관련 미팅에서나 지인들과 식사를 할 때 이곳저곳을 가리키며 친절한 설명을 덧붙이는 장면을 슬그머니 상상해보는 순간, 느닷없이 정사장이 실내로 들어왔다.

　이미 한참 지난 일이라 정사장과 나눴던 대화의 내용은 정확히 기억나지 않는다. 다만 공적인 자리에서보다 훨씬 부드럽고 친절한 화법과 태도, 최신 카메라렌즈부터 SPA브랜드의 전략에 이르기까지 종횡무진 어디로 튈지 모르는 대화 주제의 광범위함, 사석에서는 훨씬 더 세심하고 캐주얼했던 옷차림 등이 영화 속 한 장면처럼 떠오를 뿐이다. 그날의 하이라이트는 오래간만에 퍼플하우스에 들른 정사장이 위스키리스트를 손에 든 채 한참을 훑어보더니 정색하며 바텐더를 부르던 순간이었다. 당시 싱글몰트위스키에 꽂혀 있던 그는 피트향이 강한 아드벡의 짙고 깊은 맛을 음미하고 있었고, 나는 스페이사이드의 크래겐모어를 몇 잔째 홀짝이던 중이었다. 여자들이 좋아한다는, 과일향이 물씬 나는 바로 그 크래겐모어 맞다. 그렇다. 술이 약한 나는 피트향이 강한 정통 싱글몰트는 향만 좋아할 뿐 잘 마시지 못한다. 아쉽게도.

　처음에 조곤조곤 시작하는 듯했던 대화는 20여 분이 지나도록 끝날 기미가 보이지 않았다. 심지어 꽤 큰 논쟁(!)으로 발전한 듯했다. 시끄러운 음악 사이로 간간이 들려오는 대화를 슬쩍 엿들어보니 대충 이런 내용이었다. "이 술이 퍼플하우스에 어울릴까? 메뉴에 들어가 있어야 하는 이유가 전혀 논리적이지 않은 것 같은데? 처음에 주류 카테고리를 이렇게 나눈 건 다 이유가 있는 거잖아. 찾는 손님들이 있다고 해서 우리 톤에 전혀 어울리지 않는 위스키가 중간에 자리잡고 있는 이유를 난 잘 모르겠어." 궁금한 걸 참지 못하고 격식을 무시한 채 바텐더와 즉석에서 토론하는 그 캐주얼한 태도도 놀라웠지만, 대화가 끝난 다음에도 계속 주제에 집중한 채 취향과 감성에 맞는 위스키와 그렇지 않은 위스키를 손가락으로 짚어가며 "이건 좋지. 하지만 이건 아니지 않아?"라며 혼잣말을 무한 반복하는 모습을 관찰하는 것도 꽤 흥미로운 일이었다. 그날 난 머릿속에 오랫동안 품고 있던 의문, 즉 정태영 사장의 개인적인 취향과 안목이 현대카드라는 기업에 얼마나 깊숙이 침투해 있는지, 보통의 기업이라면 상상조차 힘들 '챕터2'라는 혁신적인 콘셉트가 어떻게 그리 짧은 시간 안에 실현 가능했는지 자그마한 실마리를 발견한 느낌이었다.

"아무런 제약을 두지 않는 특별 출입증을 드리겠습니다"

정사장과 헤어진 나는 곧바로 그 감흥을 담아 『아레나』의 첫 페이지를 여는 편집장의 글, 즉 '에디터스레터'를 작성하기 시작했다. 잡지 전체의 이미지와 방향을 좌우하는 에디터스레터에 한 사기업의 이야기를, 그것도 두 달에 걸쳐 집중적으로 다룬다는 것은 꽤 큰 부담이었다. 그럼에도 밀어붙인 이유는 2013년 8월호와 9월호에 실린 '그리하여 현대카드론'에 담겨 있다.

"현대카드 또한 CEO(또는 임직원)의 일상 속에서 직접 낚아올린 무수한 디테일과 착상과 상상력을 통해 새로운 결과물을 창조해낸다. 한 개인이 고급한 취향과 크리에이티브한 상상력으로 무장했을 경우 얼마나 끝 간 데 없는(단순히 한 기업의 수익 차원이 아닌, 한 사회의 문화적 수준을 업그레이드하는) 성과를 남길 수 있는지를 입증하는 생생한 사례일 것이다. (…) 물론 여전히 남는 의문은 이런 것이다. 아무리 창의적인 인재들만 모여 있는 조직이라 하더라도, 수천에 달하는 임직원들이 동일한 수준의 크리에이티브를 발휘하기란 불가능에 가까운 일일 터인데 지난 10년간 숨차게, 그것도 모두가 혼연일체가 된 듯 전력 질주를 해온 현대카드의 저력은 도대체 어떻게 발휘될 수 있었던 것일까? 솔직히 그 답은 여전히 잘 알지 못하겠다. 그런 세부까지 파악하기에는 현대카드를 직접 들여다본 기간이 너무 짧았다. 오히려 기대와는 다른 실망스러운 모습과 일부 조우하기도 했다."

　　내가 '현대카드'라는 현상에 주목했던 이유가 정태영 사장의 탁월한 취향과 창의성에 탄복했기 때문만은 당연히 아니다. 따져보면 고급한 취향과 폭넓은 식견을 갖고 있는 사람들은 꽤 많다. 문제의 핵심은 한 개인 또는 한 집단이 남다른 발상을 하는 능력이 시스템화되어 사회 차원의 감흥과 충격으로 전파될 수 있느냐다. 이를테면 애플이 미국 사회를 넘어 전 세계에 큰 영감을 준 것처럼 말이다. 특히 우리 사회처럼 어릴 적부터 창의력과 감성, 취향을 억누르는 데 익숙한 집단주의 사회에서는 그 활로가 더욱 절실할 수밖에 없다. 현대카드의 시스템을 분석하는 것이 그동안 에디터로서 해왔던 사회이슈와 문화이슈 분석에 버금갈 만한 일이라고 기대한 이유는 크게 두 가지였다. 첫째, 거의 1만 명에 달하는 조직원을 보유한 조직이 지속적으로, 그것도 시스템적으로 창의성을 보이고 있다면 창의력 부재에 시달리는 우리 사회가 탈출구를 찾는 데 영감을 얻을 수 있지 않을까 하는 점. 둘째, 막강한 자본력과 눈부신 실행력에 더해 차별화된 창의성까지 갖춘 현대카드의 다음 10년을 많은 사람들이 궁금해할 것이라는 점. 지난 10년 동안 분야에 상관없이 어떤 집단이 이 정도로 크리에이티브한 결과물을 우리 사회에 선사한 적이 있는가 생각해보니 금세 답이 나왔다. 즉, 현대카드를 주제로 다루는 것은 한 사기업을 상찬하는 차원을 넘어, 우리 사회의 고질적인 문제점들을 바라보는 새로운 시각 찾기로 범위를 확장시킬 수 있으리라 판단한 것이다. 그리하여 다음과 같은 바람을 담아 에디터스레터를 완성했다.

　　"서울을 문화적으로 유의미한 공간으로 만들어주시라. 베를린에 갈 때마다, 런던에 정주할 때마다, 심지어 리스본이나 자그레브에 갈 때조차 열등감에 분을 이기지 못하곤 한다. 10년 전만 해도 빈 공장과 산업 폐기물로 뒤덮인 쓰레기 매립장이었던 스트랫퍼드 지역이 런던올림픽을 기점으로 공공디자인이 적용된, 세계에서 가장 '핫'한 지역으로 거듭나는 것을 바라보며, 폐허가 된 베를린의 구동독 지역이 세계의 젊은 미술가들이 몰려드는 아트시티로 탈바꿈하는 것을 지켜보며 왜 서울은 불가능한가를 끊임없이 자문해보곤 했다. 알랭 드 보통의 '인생학교'에 버금가는, 어른들이 감성과 취향과 디자인을 체험하고 학습할 수 있는, 그런 시스템을 만들어주시라. 백년지대계라는 학교교육을 바꾸기에는 시간도, 방법도 현재로서는 없을 터이니. 대신 어른이 되어서라도 자신의 취향을 파악해볼 기회를 갖지 못한다면 단언컨대 대한민국은 평생 '크리에이티브'라는 단어와는 상관없이 살 수밖에 없을 것이다. 이왕이면 제주도 비자림과 같은 한가로운 곳에 취향을 업그레이드할 수 있는 요소들을 모아놓고, 한가로이 산책하며 사색할 수 있는 공간이 창출된다면 더 바랄 것이 없겠다."

그로부터 2주 정도 흘렀을까? 정태영 사장이 직접 메일을 보내왔다. 불필요한 부분을 생략하고 곧바로 핵심에 접근하는 딱딱한 글이면서도 예의를 갖춘, 그의 캐릭터가 그대로 연상되는 편지였다. 앞부분에는 내가 쓴 글에 공감한다는 이야기와 '특히 앞으로 10년 동안 현대카드에 바라는 바를 읽고 혹시 우리 임직원이 기밀을 누출한 것 아닌가 의심했다'는 농담이 서술돼 있었다. 핵심은 바로 그다음. '지난번 1주일의 취재로는 충분하지 못했을 테니 몇 개월 이상, 아니 가능하면 1년 정도 현대카드를 가까이서 관찰한 뒤 책을 써줬으면 좋겠다'는 제안이 주된 내용이었다. 마지막 문장을 읽고 나서는 나도 모르게 작은 탄성이 새어나왔다.

"아무런 제약을 두지 않는 특별 출입증을 드리겠습니다. 수익을 포함한 모든 대외비 자료까지 다 들여다보십시오. 1년 후 세상에 공개될 극비 프로젝트 관련 회의도 참관이 가능합니다. 단, 제게 내용이 기대에 미치지 못했을 때 발동할 수 있는 출판 거부권만 주십시오. 저희를 칭찬하든 비판하든 당신이 느낀 대로 솔직하게 서술하시면 됩니다." 우리의 약점까지 그대로 다 공개할 테니 상찬이든 비판이든 제대로 쓰기만 해달라니, 이 도전적이면서도 쿨한 제안을 받아들이지 않을 작가가 과연 세상에 존재할까? '현대카드에서 보낸 일주일' 기사의 모티브가 되었던 『공항에서 일주일을』을 쓴 알랭 드 보통조차도 이런 황홀한 제안에는 바로 넘어갔을 것이라 확신한다.

현대카드는 디테일에 집착한다는 사실, 강박에 가까울 정도로

제안을 받자마자 곧바로 수락했다. 빡빡한 업무 틈바구니 속에서 어떻게 1년이라는 긴 기간 동안 최소 1, 2주에 한 번씩은 현대카드를 드나들며 팩트를 모을 것인가, 라는 이성적인 고민 따위는 떠오를 틈도 없이 그저 마음이 이끄는 대로 결정해버린 지극히 (위험하지만) 매혹적인 판단이었다.

서서히 바람이 서늘해지는 가을의 문턱, 나는 딱 1년 만에 다시금 현대카드 여의도사옥으로 향했다. 본격적으로 취재를 시작하기 전 머릿속을 비우고 가볍게 사옥 전체를 찬찬히 둘러보고 싶었기 때문이다. 저 멀리, 입방체 모양의 건물이 단단하게 버티고 서 있었다. 솔직히 외관만 보면 별 특징 없는 여의도 빌딩숲에서 특별히 도드라지는 건물이라 보기는 어렵다. 여기에는 이유가 있다. 사실 이 사옥은 현대카드의 의도대로 지어진 건물이 아니다. 기존에 존재하던 두 개의 쌍둥이 건물에 입주한 다음 매년 꾸준히 리뉴얼을 진행해온 탓에 아무래도 현대카드의 콘셉트를 외관에서부터 완벽하게 적용하기에는 한계가 있을 수밖에 없었을 테다. 그래도 개인적으로는 전 세계 어디서나 흔하게 볼 수 있는 길쭉하고 높은 빌딩보다는 적당한 높이에 정육면체에 가까운 현대카드 사옥이 훨씬 더 원래적 의미의 모던한 느낌에 가깝다고 생각한다. 어쩌면 그것은 내가 르코르뷔지에와 미스 반데어로에의 초기 모더니즘 건축양식에 아련한 노스탤지어를 품고 있기 때문일지도 모르겠다. 르코르뷔지에가 자연에서 연원한 기하학, 기계에서 발견한 시적 감성을 바탕으로 창조해낸 백색건축시대의 명작들, 그리고 나치에 쫓긴 미스 반데어로에가 뉴욕에 정착해 전설적인 시그램 빌딩을 설계하기 전, 독일 바우하우스에서 일궈냈던 그 혁신적인 초기 모더니즘 양식들 말이다. 맨 처음 현대카드를 방문해 이 사옥을 올려다보았을 때부터 시대도 양식도 형태도 완전히 다름에도 불구하고 하늘을 향해서가 아닌, 옆으로 길게 뻗은 바우하우스의 데사우 작업장 건물이 묘하게 오버랩되곤 했다. 처음에는 실체 없이 희미하게 주변을 둥둥 떠다니기만 하던 그 느낌은 시간이 지날수록 점점 더 또렷해져갔다. 바우하우스, 앞으로 나는 현대 디자인과 현대 건축의 시조로 꼽히는 바우하우스와 현대카드의 여러 측면이 묘하게 교차되는 관찰기를 계속 써내려가게 될 것이다. 그것은 처음부터 나를 강하게 사로잡은(지금껏 제대로 실현된 적 없는 '한국식 모더니즘'에 대한 실마리를 바로 여기에서 찾아낼 수 있지 않을까 하는) 개인적인 영감 탓이기도 하지만, 실제로 현대카드의 몇몇 창조적 활동들이 바우하우스에서 깊은 영감을 받은 것임을 취재 중간중간 확인할 수 있었다.

차를 몰고 지하로 내려갔다. 지하주차장 입구에서부터 정중하지만 단호하게 방문의 목적을 묻는 보안요원과 맞닥뜨렸다. 지하 1층의 흡연공간을 지나가야만 지하 2층 방문객 전용 주차장으로 내려갈 수 있다. 흡연공간조차 사옥 전체 톤과 맞춰 심플하면서도 세련되게 만든 현대카드의 집착. 지하주차장 방향을 표시하는 화살표 또한 눈에 띄게 만들기보다는 전체 톤에 맞춰 회색으로 제작했다. 때문에 처음 방문하는 외부인은 순간 어디로 가야 할지 당황하곤 한다. 맞다. 현대카드는 때론 불친절을 감수한다. 사옥 곳곳에 놓인 소화기 또한 빨간색이 아닌 은색이다. 사실 이 대목에서는 디테일의 집요함에 박수를 쳐야 할지, 아니면 과유불급이라 해야 할지 모르겠다. 하지만 분명한 것은 그만큼 현대카드는 디테일에 집착한다는 사실, 강박에 가까울 정도로. 차를 주차하고 나면 곧바로 안내 데스크에서 보안점검을 받아야 한다. 방문부서에서 미리 예약해놓지 않으면 실내로 진입할 수 없다. 휴대폰카메라에는 밀봉 스티커가 붙여진다. 여기서 비로소 깨닫게 된다. 현대카드의 본질은 보안을 최우선으로 하는 금융회사라는 사실을.

이번 프로젝트를 도와줄 실무진, 커리어개발팀 정유진 차장과 함께 지하에서부터 옥상까지 건물 전체를 다시 한번 차분히 둘러보기로 했다. 현대카드를 쭉 둘러보다보면 서울의 다른 건물들에서는 결코 느낄 수 없는, 절묘한 균형감과 안정감이 분명히 감지된다. 회색과 은색을 주된 톤으로 하는 묵직하면서도 세련된 느낌이 사옥 전체를 감싸고 있다. 위쪽 사무공간으로 올라가면 옅은 파란색이 더해져 전체적인 분위기를 완성시킨다. 사실 한국에서 이 정도로 모더니즘 건축의 기본원칙, 즉 실용성에 기반해 기능을 정확히 반영하면서도 디자인적으로 흠잡을 데 없는 건물을 찾기란 쉽지 않다. 무엇보다 이 건물은 논리적으로 명확하다. 숫자를 중시하는 금융회사라는 정체성을 만방에 과시하듯 책상과 테이블, 파티션의 라인과 간격, 톤까지 완벽하게 맞췄다. 책상에는 동일한 규격의 파우치만 앞쪽에 걸려 있을 뿐 기타 지저분한 소품들을 전혀 찾아볼 수 없다. 각 층마다 양쪽 끝 동일한 위치에 동일한 크기로 만들어져 자유롭게 용도를 활용할 수 있는 임원실과 회의실은 전면 유리창을 통해 내부를 환히 드러내고 있다. 고품질 원두커피와 최고급 아이폰 전용 스피커가 놓여 있는 휴게실과 편하게 전화 통화를 할 수 있는 프라이빗룸 등도 각 층마다 똑같은 위치에 자리한다. 다음 챕터에 상세히 서술하겠지만 숫자와 기하학은 지금 현대카드의 핵심 화두다. 2015년 이후 발표될 극비 프로젝트 중 몇 가지에는 특히 기하학의 놀라운 향연이 준비되어 있다.

2관에서 1관으로 넘어가기 위해 다시금 지하층으로 내려왔다. 아무 생각 없이 걷고 있는데 올리비에 바빈의 〈Now, Here, There〉가 눈에 툭 들어왔다. 그토록 오랫동안 현대카드를 드나들었는데도 이렇게 시선에 잡힌 것은 처음이다. 이 사옥이 그 자체로 얼마나 미니멀한지를 입증하는 사례다. 컨템퍼러리아트의 최근 경향을 대표하는 미니멀 계열 유명 작품이 그 존재감을 제대로 드러내지 못할 정도라니. 작품을 자세히 들여다보며 실무진과 이런저런 이야기를 나누고 있으려니 보안요원이 정중하게 다가와 사옥의 시설과 인테리어를 개인적으로 둘러보거나 그에 대한 설명을 들으면 안 된다고 제지한다. "예?"라고 반문하니 정식 사옥투어를 이용해야 한다는 대답이 돌아온다. 흠, 현대카드는 보안을 최고의 가치로 두는 금융사라는 반증일까? 그래도 이건 지나치다. 이곳은 그저 지하주차장에서 식당으로 연결되는 통로일 뿐인데.

명확한 논리와 모던함, 그리고 쿨함

정태영 사장은 내가 이 책의 집필을 결정하기 전 다음과 같이 이야기했다. "하도 여의도사옥을 보고 싶다고 하는 사람이나 단체가 많아서 아예 소액을 받고 투어프로그램을 운영하기로 했어요. 거둔 입장료는 사회단체에 기부하기로 했고요." 그러고는 농담처럼 이렇게 덧붙였다. "사실 현대카드에 대한 책 저술을 부탁해보자고 생각하게 된 것도 이 때문입니다. 투어프로그램에 참여하는 사람들은 많은데 실제로 둘러보고 나서도 우리가 의도했던 것을 잘 이해하지 못하는 경우가 꽤 되더라고요. 그런 분들이 미리 읽고 우리 회사에 오면 좋겠다는 생각을 했습니다. 일종의 입문서라고나 할까요? (웃음)"

잠시 시간을 건너뛰어 2014년 초, 집필을 위한 본격적인 취재를 하면서 사옥투어에 참여한 적이 있다. 놀랍게도 사옥투어를 전담하는 직원이 따로 있었다. 역시 한번 결정하면 무엇 하나 허투루 하는 법이 없는 회사다. 30, 40대 남자 대여섯 명으로 구성된 팀이 투어에 참여했다. 회사명을 정확히 밝히진 않았지만, 오고가는 대화를 들어보니 금융권 회사의 기획실 직원들인 듯했다. 참여자격에 제한을 두지 않는, 현대카드의 '자신감'을 엿볼 수 있는 대목이다.

투어는 1층 로비에서부터 시작되었다. 일관된 색조 덕에 차분함이 느껴지는 로비에 강력한 포인트를 주는 디자인랩 입구와 줄리언 오피의 디지털 설치작품, 자칫 지루해 보일 수 있는 복도에 운동성을 부여하기 위해 설치된, 직원들이 실제로 이용 가능한 고가의 탁구대 등에 놀라는 기색이 역력했다. 하지만 이 공간이 주는 마력의 정체가 무엇인지 단번에 알아채기는 쉽지 않으리라. 나 또한 수십 번 이상 드나들고서야 왜 현대카드 여의도사옥이 서울의 여타 건축물들과 구분되는지를 깨달을 수 있었으니까. 이 사옥은 튀어 보이기 위해 인테리어된 것이 아니다. 어떻게 하면 모던한 디테일을 유지할지에 중점을 두고 있기에, 관찰하면 관찰할수록 이런 기조를 극한까지 밀어붙인 뚝심에 놀랄 수밖에 없다. 로비의 흠을 억지로 찾자면, 아이폰의 터치 시스템이 탄생하기 전 제작된 엘리베이터라 그런지 터치스크린을 손톱으로 꾹꾹 누르지 않으면 좀처럼 원하는 층수가 입력되지 않는다는 것(지금은 개선되었다), 그래서 처음 방문하는 사람이라면 으레 얼굴이 붉어지며 당황하기 십상이라는 것, 현대카드 직원이라면 자주 보는 일상적인 풍경인지 외부인이 도착하면 미리 버튼을 눌러주는 경우가 많다는 것, 하나의 통로에 두 대의 엘리베이터가 인공지능으로 번갈아 움직이는 최첨단 시스템인데도 의외로 엘리베이터가 도착하는 시간은 늦다는 것, 정도일 것이다.

도서관, 지하식당, 복싱 및 검도를 배우는 공간까지 갖춘 운동시설 등을 거치는 동안 "대단하다!"라는 탄성이 계속 터져나왔다. 그간 언론 등을 통해 사옥의 모습이 일부 공개되기는 했지만, 실제로 전체를 조감할 때의 느낌은 당연히 남다를 수밖에 없을 터. 다만 안타깝게도 건물 곳곳에 배어 있는 모던에 대한 정의, 디자인 원칙, 숫자와 기하학의 조화 등은 아무도 알아보지 못하는 듯했다. 그저 사소한 몇몇 소품에만 관심을 보일 뿐.

명확한 논리와 모던함, 그리고 쿨함을 겸비한 현대카드의 현재에 대해 불만의 목소리가 없는 건 아니다. 사옥의 경우, 완벽한 디테일을 갖춘 공간이긴 하지만 실제 업무를 보는 데 있어서는 불편함이 많다는 직원도 있다. 당연하다. 책상에 자료나 책을 마음껏 늘어놓을 수도 없고, 간단한 음식물도 일일이 바코드가 박힌 파우치에 담아서 사무실에 가져간 뒤 그대로 다시 밀봉해 버려야 한다. 카드의 경우, 논리와 콘셉트만을 정면에 내세우느라 실질적인 혜택에는 소홀하다는 의견도 있다. 또 현대카드가 슈퍼콘서트 등 다양한 프로젝트를 통해 대한민국의 문화지형도를 바꾼 건 인정하지만, 결국에는 후발주자들이 이름값 높은 아티스트들을 불러오기 시작하면 그 차별성은 없어지기 마련이라는, 그래서 더욱더 남다른 컬처마케팅을 시도해야 할 거라는 업계 관계자들의 지적도 있다.

그렇지만 천하의 애플도 스티브 잡스가 극단까지 밀어붙였던 사이즈에 대한 원칙을 포기하고 대중의 지지와 시장을 얻기 위해 다양한 크기의 아이폰을 내놓는 요즘, '매출에 집착하느라 많은 장점들을 포기해야 하는 1등

직원식당

운동시설

CS LOUNGE

이 되고 싶진 않다'라고 당차게 외치는, 시장점유율을 늘리기보다는 확고한 브랜드 이미지를 구축하거나 아니면 문화적 상징이 되기를 바라는 이 독특한 회사를 어떻게 평가해야 할까. 디테일과 완고한 자기중심성을 결벽증에 가까울 만큼 유지하고 있는 이 회사를 말이다. 분명한 것은, 40대에 접어든 뒤 점점 약해지는 시력과는 상관없이 난 여전히 원래 크기의 아이폰이야말로 기하학의 원칙이 이상적으로 반영된 애플 디자인의 핵심이라고 여기고 있다는 것, 그리고 까다롭기 이를 데 없는 원칙들이야말로 현대카드를 지탱하는 가장 근본적인 토대라고 생각하고 있다는 점이다.

하지만,
우리는 예술가가 아니다

아직 실체가 명확히 잡히지 않는, 이런저런 상념에 빠져 있다보니 조용하던 로비가 웅성이기 시작한다. 어느덧 점심시간이 목전이다. 2관 로비 엠카페 앞에는 정확히 열두시에 나눠주기 시작하는 샌드위치세트를 한시라도 빨리 받기 위해 벌써부터 몇 겹으로 줄이 늘어서 있다. 그제야 현대카드의 외관이 아닌 내부 사람들에게 관심이 쏠리기 시작했다. 누군가는 오전 업무가 잘 풀리지 않은 듯 얼굴을 살짝 찌푸리고 있고, 또 누군가는 동료들과 끊임없이 수다를 떨며 고요하던 로비에 청량감을 불어넣고 있다. 모던하면서도 질서 있는 사옥의 고요함 위로 인간적인 파동이 넓게 퍼져나가는 순간이다. 사실 나는 이런 대규모 조직에 맞는 인간형은 못 된다. 대학을 졸업할 무렵, 스스로의 한계를 깨닫고 일을 취미처럼 여길 수 있는 에디터라는 직업을 선택했다. 나는 여전히 한국의 대기업이란, 일을 기쁨으로 느끼게 하기보다는 괴로움이나 짐으로 받아들이게 하는 존재라는 선입견을 갖고 있다.

　　이런 고정관념은 나에게만 해당되는 것은 아니었던 모양이다. 작가 배수아는 10년 동안 '영혼 없는 무감각'의 상태로 공무원 생활을 하다 과감히 그만두고 나와 본격적인 작가의 길로 나섰고, 소설가 장정일은 가장 이상적인 삶을 이렇게 역설적으로 표현하곤 했으니. "어린 시절의 내 꿈은 동사무소의 하급 공무원이나 하면서 아침 아홉시에 출근하고 오후 다섯시에 퇴근하여 집에 돌아와 발 씻고 침대에 드러누워 새벽 두시까지 책을 읽는 것이었다." 아리스토텔레스는 이런 말까지 남겼다 한다. "만족하면서 보수를 받는 자리는 구조적으로 양립할 수 없다. 경제적 요구는 사람을 노예나 동물과 같은 수준에 놓는 것이다. 시민은 노동하지 않고 소득을 얻어 여가를 즐기는 생활을 할 때만 음악과 철학이 주는 높은 수준의 즐거움을 누릴 수 있다."

　　하지만 우리는 예술가가 아니다. 노예를 부리며 살 수 있는 고대 그리스의 시민도 아니다. 현대인의 99퍼센트는 매달 돈을 벌어야 하는 직업인으로 살아간다. 일과 실생활 사이의 이런 균열을 어떻게 극복할 수 있을까? 마침 알랭 드 보통이 정답에 가까운 의견을 내놨다. 그의 『일의 기쁨과 슬픔』이라는 책에는 다음과 같은 대목이 있다. "18세기에 디드로와 달랑베르라는 선지자가 이미 빵을 굽고, 아스파라거스를 심고, 풍차를 조작하고, 닻을 만들고, 책을 인쇄하고, 은광을 운영하는 일과 관련된 각별한 재주와 기쁨을 찬양하는 스물일곱 권짜리 백과사전을 발표했다. '인문적 기술은 이미 자신의 찬가를 부를 만큼 불렀으니, 이제 기계적 기술을 찬양하는 노래를 부르는 데 목소리를 높여야 한다. 기계적 기술은 편견 때문에 너무 오래 격하되어왔는데 인문적 기술은 기계적 기술을 그런 상태로부터 해방시켜야 한다'라고." 알랭 드 보통은 디드로와 달랑베르에게 받은 영감을 바탕으로, 물류공장부터 회계회사, 비스킷공장에 이르기까지 갖가지 일터들을 가까이서 관찰하며 일의 슬폼보다는 기쁨에 초점을 맞춰 이렇게 담담하게 서술했다. "근대 이전의 여행자들은 새로운 나라에 도착하면 그 나라의 곡물창고, 도수관, 항구, 작업장에 특별한 호기심을 드러내곤 했다. 노동현장을 관찰하는 것이 무대나 교회 벽을 구경하는 것만큼이나 흥미로울 수 있다고 생각했기 때문이다. 관광이라고 하면 바로 노는 것을 연상하고, 그래서 알루미늄공장과 하수처리시설에 대한 관심으로부터 우리 눈길을 빼앗아 뮤지컬이나 납인형 진열관의 널리 떠벌려지는 즐거움 쪽으로 몰고 가는 현대의 관점과는 사뭇 다르다."

문득 나의 여건은 매우 좋다는 데 생각이 미쳤다. 단순 반복이 주가 되는 작업장도 아니고, 현재 한국에서 창의력과 콘텐츠가 가장 꿈틀대는 현장 중 하나인 현대카드를 1년간 밀착 관찰할 수 있으니 말이다.

1년간의 밀착 관찰기,
그저 즐겨주시라

눈썰미 좋은 당신이라면 이미 알아챘겠지만 1년이라는 시간 동안 차곡차곡 관찰한 내용들을 서술할 이 책의 주된 뼈대, 즉 그리드 중 하나는 모더니즘(또는 모던함)이다. 현대카드는 지금껏 실현된 적 없는 한국형 모더니티의 새로운 가능성(물론 한계까지)을 품고 있는 하나의 사회현상이라는 게 나의 주된 관점이다. 프랑스어가 어원인, 과거와 완전히 단절된 '새롭다'라는 뜻의 그 모던 말이다. 건축이든 디자인이든 모더니즘의 핵심은 기하학과 단순성이라는 것. 여기에 혁신과 실험이 덧붙어 지금껏 끊임없이 스스로를 갱신하는 모더니즘의 흐름이 이어져왔다는 측면에서 모더니즘이라는 콘셉트와 현대카드의 친연성은 더욱 두드러진다.

또다른 그리드는 콘텐츠다. 이제는 너무나 식상해져버린 이노베이션이나 크리에이티브라는 단어 대신 앞으로 나는 '콘텐츠'라는 단어를 쓸 예정이다. 콘텐츠는 스토리 또는 스토리텔링과도 질적으로 다른 개념이다. 현재 우리 사회에서 남발되고 있는 '스토리'는 핵심에 대한 고찰은 없는, 기업이나 개인의 외양을 꾸미고 화장하는 도구에 가깝다. 브랜딩 또한 핵심 내용이 없다면 자칫 '이미지 입히기' 정도로 치부될 가능성이 크다. 이노베이션이나 크리에이티브 또한 마찬가지다. 정부 관료부터 교육기관 말단직원에 이르기까지 하나같이 '창의성'을 외치고 있지만, 여전히 우리 사회는 창의성과는 180도 거꾸로 된 방향으로 나아가고 있다. 최근 유행하는 '인문학' 또한 겉핥기식 유행으로 그칠 가능성이 농후해 보인다. 내게 콘텐츠란 기업의 경우로 한정하자면 한 단어 또는 한 문장으로 축약되는 브랜드의 콘셉트를 근원부터 뒷받침하는 시스템 또는 내용이다. 애플의 'Think Different'와 레고의 'Everything is awesome!', 좀더 구체적으로는 세계 최고의 문화웹진으로 꼽히는 'Coca-Cola Journey'의 홈페이지를 훑어보면 감이 올 것이라 믿는다.

그렇다고 딱딱하고 무거운 분석기 또는 논문 같은 방식으로 글을 전개해나갈 생각은 전혀 없다. 밀착 관찰한 내용을 바탕으로 최대한 생생하게 흥미로운 여행기 또는 관찰기에 가깝게 책을 서술해나가고자 한다. 그것은 말하자면, 식민지시대 '미쓰코시 백화점'(지금의 신세계백화점 본점) 쇼윈도의 신상품을 감상하며 명동 거리를 산책하던 작가 이상이 느꼈던 설렘과 흡사할 것이며, 옥상에 수족관과 카페가 있었던 경성의 명소, 백화점을 구경하던 당시 모던보이들의 심경과도 비슷할 것이다. 무엇이 되었든 이 1년, 아니 그 이상을 넘나드는 긴 여행이 무척 다채롭고 흥미로울 것이라는 점만큼은 장담할 수 있다. 한 가지 덧붙이자면 이 책은 2013년 11월부터 2015년 6월까지의 취재를 바탕으로 하고 있으며 본문에서는 취재 시점에 따라 해당 상황을 서술했다.

Chapter

1

Winter

'자부심'이란
씨앗을 심는다는 것

일하기
'좋은' 회사란

———

자, 이제 무엇을 할 것인가? 아니 정확히는 무엇부터 시작해야 할 것인가? 거창한 포부로 서문을 열어젖혔건만, 실제 취재에 돌입하려니 막막한 느낌을 지울 수 없었다. 일단 최소 1, 2주에 한 번, 그리고 현대카드의 진면목을 보여주는 특별한 행사나 실제 업무과정을 밀착 관찰할 수 있는 기회가 있을 때는 반드시 출입한다 등의 원칙은 세워두었지만, 막상 관찰을 시작하려니 '화려한 불꽃과도 같은 이벤트가 매일같이 펑펑 터지는 회사' 같은 건 환상에 가깝다는 자각이 들기 시작했다. 하긴 누구나 선망해마지않는 구글과 애플에서 일하는 직원들도 실제로는 매일같이 밀려드는 성과의 압박과 야근에 시달려야 한다지 않는가.

마음을 비운 채 본격적으로 여의도사옥을 드나들기 시작할 즈음, 불쑥 취재 지원업무를 맡은 커리어개발팀 정유진 차장이 "1년간 사옥을 출입하기 위해서는 보안교육을 받는 게 필수"라고 일러줬다. 교육을 받기 위해 엘리베이터를 타고 4층 회의실에 도착했다. 들어가 5분 정도 앉아 있으려니 보안교육 담당직원이 들어왔다. 너무 딱딱하지도 않고, 그렇다고 빈틈이 보이지도 않는 적절한 태도를 유지한 채 왜 현대카드는 보안을 중요하게 여기는지에 대해 짧은 브리핑을 시작했다. 억지로 외운 것 같지도 않은데 크게 막힘없이 5분 정도 설명이 이어졌다. 화려하진 않지만 꽤 단단하고 안정적으로 이어지던 프레젠테이션은 "지금부터 영상을 봐야 할 시간"이라며 직원이 노트북을 여는 순간, 살짝 흔들리기 시작했다. 아, 이 양장본 두께의 낡은 노트북은 도대체 얼마 만에 보는 거지? 순간, 일관된 담담함을 유지하던 직원이 약간 민망해하는 게 느껴졌다. 살짝 웃음을 담아 "보안규정 때문에 노트북을 자주 바꿀 수가 없어서……"라며 말꼬리를 흐린다.

동영상의 첫 화면을 보는 순간, 나도 모르게 흘러나오는 웃음을 참을 수 없었다. 아, 미모의 여자 아나운서가 짠 하고 등장해 전형적인 포즈로 카메라를 보고 선 채 문서취급법과 화재시 대처요령 등을 조목조목 설명하고 있는 이것은, 그 옛날 예비군훈련 때 보는 둥 마는 둥 했던 각종 교육용 비디오를 연상시키며 아련한 추억에 젖게 했다. 마치 머리도 외모도 성격도 좋은 '엄친아'가 막상 실제 연애에는 서툴러 여자 앞에서 말을 더듬는 상황이 연상되었다고나 할까? 실망스럽다기보다는 일종의 위트처럼 느껴져 신선하다는 느낌마저 들었다. 그래도 꽤 지루한 내용에 완전히 집중하긴 힘들어 중간중간 고개를 들어 천장을 올려다보거나 잠깐씩 창밖을 바라보기도 했다. 슬쩍 담당직원의 옆모습을 훔쳐보았더니 가만히 정면을 응시한 채 무심하되 기품 있게 앉아 있는 모습이 인상적이었다. 방심하거나 딴생각에 빠져 있지는 않지만, 그렇다고 동영상이 상영되는 동안 휴대폰도 확인하지 못한 채 가만히 앉아 있어야 하는 이 상황이 권태롭지 않은 건 아니라고 조용히 웅변하는 듯. 문득, 모마가 소장하고 있는 에드워드 호퍼의 〈뉴욕 영화관〉이 떠올랐다. 고급스러운 붉은색 좌석이 돋보이는 영화관 내부 뒤쪽 입구. 관객들은 침묵을 유지한 채 거대한 화면에만 시선을 집중하고 있는 바로 그 순간, 단정한 금발 머리에 푸른색 제복을 입은 극장 안내원만이 빈 공간에 시선을 던진 채 생각에 잠겨 있다. 화려하고 거대하지만 비인간적인 도시에서 살아가는 외로운 사람들. 외로워도, 슬퍼도, 즐거워도, 괴로워도 이 대도시 속 일상은 담담하게 계속 이어진다는 사실을 아련하게 보여준 에드워드 호퍼의 작품과 묘하게 오버랩되는 지금 이 풍경. 과연, 앞으로 1년 동안 내가 관찰하게 될 이 회사의 직원들은 이 거대하면서도 현대적인 풍경 속에서 어떤 감정으로, 어떤 태도로, 어떤 일상을 살아가고 있는지 궁금증이 급속히 밀려오기 시작했다. 순간, 한 시간 남짓 이루어진 교육이 종료되었다. 이제 밖과 안, 그 중간에 선 경계인으로서 현대카드를 본격적으로 관찰할 수 있는 '진짜' 자격을 얻었다.

파견직부터 비정규직, 계약직을
아우르는 단 하나의 코드

1주일 후 다시 로비에 들어섰다. 여의도사옥을 처음 방문하는 사람이라면, 먼저 흠 하나 발견하기 힘든 디테일로 무장되어 있는 로비인테리어에 흠칫 놀랄 테고, 완벽하게 외부인의 동선을 통제하는 보안시스템에 또 한번 놀라게 될 것이다. 외부인을 응대하는 리셉션 직원들은 최소로 구성되어 있다. 여자 직원 한 명이 안내 데스크에서 사전등록 여부 체크와 신분증 수납, 휴대폰카메라 밀봉 스티커를 붙이는 일 등을 맡고, 남자 직원 한 명은 엘리베이터로 향하는 출입구 쪽을 담당한다. 그들의 옷차림은 최근에 딱딱한 유니폼이 아닌 좀더 부드러운 느낌의 캐주얼한 차림으로 변모했다. 회색, 검은색, 베이지색 등 기본적인 색상에 바탕을 둔 덕분에 보통의 직장인들과는 달리 크게 튀진 않지만, 일관된 디테일과 피트한 라인을 추구해 일반인과는 확연히 구분되는 인상적인 차림새다. 사옥 곳곳을 돌며 혹시 모를 사태에 대비하는 보안요원은 'GUARD'라는 글자가 큼지막하게 등에 박힌 검은색 조끼를 덧입어 멀리서도 눈에 띄도록 했다. 문득 그들을 직접 만나보자는 생각이 들었다. 실무진에서 두 명의 직원을 섭외해주었다. 보안을 총책임지고 있는 양황 보안팀장과 안내 데스크에서 일하는 이혜리 사원. 한시도 한눈을 팔 수 없는 직군인 탓에 로비 한편에서 최대한 빨리 인터뷰를 마무리해야 한다는 조건이 붙었다.

연배도 있고 사내 보안을 총괄하는 직책을 맡고 있어서인지 양황 팀장의 어투는 꽤 딱딱했다. 현대카드에서 일하는 보안요원은 총 83명이라고 한다. 그들이 얼마나 물샐틈없이 완벽하게 건물 전체를 관리하고 있는지에 대해 이야기하던 양팀장의 목소리가 딱 한 번 흔들렸다. 보안요원들 대다수가 20대 중후반에서 30대 초반의 청년들로, 보통 체육학과 출신이 많은데 아무래도 나이나 입지 등의 이유 때문에 고민이 많을 수밖에 없다고 한다. 파견직, 임시직까지 포함한 현대카드의 모든 직군 중 가장 인원 교체가 많은 부서라는 설명이 이어졌다. 청년실업과 비정규직이라는 지금 우리 사회의 가장 큰 화두를 세련된 로비에서 느닷없이 마주하다니, 기분이 퍽 묘했다.

반면 이혜리 사원은 꽤나 발랄했다. 캐주얼한 유니폼 때문에 그런 인상을 더 강하게 받았는지도 모르겠다. 그녀는 "아무래도 유니폼이 바뀌고 나서 마음이 훨씬 편해지고 행동도 많이 부드러워진 것 같다"며 새로운 유니폼에 대한 호평으로 말문을 열었다. 전에는 인천공항에서 일했다는 그녀는 현대카드는 정말 남다른 회사라고 힘주어 말했다. "제가 항상 1층 로비에만 있기 때문인지는 모르겠지만 가끔 엔터테인먼트 회사에 가깝다는 느낌이 들 때가 있어요. 다양한 직원 대상 행사가 줄기차게 이어지기 때문인 것도 같고, 딱딱한 회사와는 달리 사장님이 직원들의 집중 관심대상이기 때문인 것 같기도 해요." 그녀는 오픈클래스 등 사내에서 펼쳐지는 모든 행사에 파견직인 자신들 또한 스스럼없이 참석할 수 있다는 점을 최대 장점으로 꼽았다. 그녀를 포함해 안내 데스크 직원은 총 열세 명이다. 오전 여덟시부터 오후 여섯시까지 자리를 계속 바꿔가며 두 시간 근무 후 한 시간 휴식하는 패턴으로 일한다. "같이 근무하는 팀원들끼리 정말 관계가 끈끈해요. 한번 들어오면 중간에 퇴사하는 경우도 거의 없고요. 비슷한 또래의 여자들끼리 모여 있어서 그렇기도 하지만, 아무래도 현대카드에서 일한다는 자부심이 크기 때문이 아닐까, 저는 그렇게 생각합니다."

로비의 출입을 책임지는 두 사람과의 짧은 대화를 마치고 나니 일선에서 일하는 직원들을 더 만나보고 싶어졌다. 완벽한 디자인 때문에 냉랭함마저 감도는 건물이지만 여기 또한 사람들이 일하고 대화하고 웃고 슬퍼하는 공간일 터, 곳곳에 생생한 이야기들이 더 많이 배어 있을 것 같았다. 예전부터 기하학적 아름다움마저 느껴지는 '메일박스' 안에서는 어떤 직원들이 일하는지 궁금했던 기억이 떠올랐다. 실무진에 문의하니 30분 만에 뚝딱 현장에서 일하는 직원과 연결해준다. 경영기획팀 소속 배상현 사원. 아직 앳된 표정과 쑥스럽게 짓는 옅은 미소가 인상적이었다. 그는 인터뷰 초반부터 오히려 내게 질문을 던졌다. "제 업무가 취재거리가 되나요? 정말 기본적이고 간단한 업무만 보고 있는데……" 그는 자신이 하는 일이 주목을 끈다는 사실 자체를 놀라워하며 약간 달뜬 목소리로 설명을 이어나갔다.

현대카드는 보안을 굉장히 중시하기에 모든 우편물은 정해진 원칙에 따라 분류, 전달된다. 먼저 아침 여덟시 전국 거점으로부터 받은 행낭과 등기를 손으로 일일이 분류한다. 하루에 약 1000건이 넘는 우편물이 배달되어온다고 한다. 비록 수작업이지만 현대카드식으로 정리되어 있는 팀별 번호(메일박스 넘버)와 수신자·발신자 정보, 행낭번호 등이 정확하기 때문에 큰 오류 없이 오전 중에 각 부서로 갈 우편물 분류가 끝난다. 오후부터는 각 지점 및 외부로 보내는 우편물 정리에 들어간다. 전국 각 지점으로 가는 270여 개의 행낭을 다 꾸리고 나면 대략 여섯시에서 여섯시 삼십분 사이. 야근을 하는 경우는 거의 없다. 그야말로 황금비율에 따른 업무 분할의 전형을 보는 듯하다.

"무엇보다 가장 중요한 것은 보안원칙입니다. 우편물 장기보관이 금지되어 있는 것도 그 때문이고요. 예전에 설비 관련 회사에서 일했는데 현대카드에서 일하고 나서부터 그야말로 놀라움의 연속이었어요. 예상보다 보안이 훨씬 세다는 것도 놀라웠고요. 문을 통과할 때마다 출입증을 계속 찍으면서 다녀야 하니까요. 처음에는 적응하기가 좀 힘들었는데 다니면 다닐수록 안정적이면서도 새로운 일이 많이 벌어지는 흥미로운 회사라는 생각이 들어요."

그는 원래 파견직으로 업무를 시작했다. 그러다가 계약직이 되었고 이제 정규직으로 전환을 눈앞에 두고 있다. 비용절감과 비정규직 확산이라는 테제가 철옹성처럼 제 자리를 지키고 있는 대한민국에서 파견직이 계약직을 거쳐 정규직까지 가는 경우가 그리 많지는 않을 것이다. 현대카드가 노무 관리에 있어 완벽하다고 하기는 어렵겠지만, 비용절감을 노무 관리의 최우선 가치로 두는 일부 기업들에 비해서는 나은 부분이 많은 것도 사실이다. 그에 앞서 비정규직, 파견직이라는 거대한 사회문제를 일개 기업의 문제로 파악할 수 없다는 것 또한 분명할 터. 이 책의 계기가 된 『아레나』 기사를 작성할 당시(그 기사를 취재하게 된 과정은 독특했다. 2012년 여름, 평소 친분이 있던 정재승 교수와 이재용 감독, 후배 기자와 함께 술자리를 갖기로 했다. 그런데 모임 당일, 느닷없이 후배가 현대카드의 민운식 홍보팀장이 참석해도 되겠느냐고 물었다. 왜 기업의 홍보

팀장이 과학자, 영화감독이 함께하는 자리에? 나중에 보니 현대카드는 그런 회사였다. 홍보팀이 단순히 보도자료를 배포하고 기자를 관리하는 역할만 하는 것이 아니라, 콘텐츠를 갖추고 있는 외부인사와의 네트워크를 만들기 위해 직접 발로 뛰고 있었다. 그날 밤, 나는 오랜만에 만난 정교수와의 대화보다 현대카드라는 회사에 더 관심이 많아졌다. 그리고 민팀장과의 협의 끝에 1주일 동안 현대카드의 곳곳을 헤집어보고 일선 직원들과 생생한 대화를 나누는 전무한 기획을 실행시킬 수 있었다) 가장 인상 깊었던 대목은 화려한 건물의 모양새도, 앞서가는 브랜딩 전략도 아니었다. 그런 것은 이미 기존 언론기사로도 충분히 파악 가능한 부분이었다.

내 시선을 강하게 잡아끌었던 것은 지하주차장 한쪽을 차지하고 있는 용역대기실에까지 완벽하게 손길이 미친 집요할 정도의 디테일, 세련되고 멋진 청소 용역 '아줌마'들의 유니폼이었다. 내게 그것은 '배려'라기보다는 '자부심'으로 비쳤다. '당신이 현대카드라는 울타리 안에 있는 한 당신 또한 자부심을 가져야 하고, 우리는 그를 위해 모든 것을 다 할 것'이라는 강한 주장으로 보였다는 뜻이다. 그러고 보니 현대카드 내부에서 벌어지는 이벤트와 행사에 참여하는 직원들은 언뜻 봐서는 정규직인지 비정규직인지 파견직인지 전혀 구분할 수 없다. 주변 눈치를 보는 사람 하나 없이 모두 자신감 넘치는 표정으로 즐기거나 배울 뿐이다.

정규직과 비정규직(파견직)의 격차가 갈수록 커져가는 요즘, 부서와 근무조건에 상관없는 '자부심'이라는 코드는 분명 참고할 만한 가치가 충분하다는 생각이다.

메일박스

용역대기실

PPT 작업까지 가능한
대한민국 유일의 셰프

현대카드를 본격적으로 드나든 지 몇 주가 지났건만 아직까지 눈에 띄는 사건이나 큰 이벤트는 없는 평온한 나날이 이어졌다. 슬슬 조바심이 나기 시작했다. 사옥만 쭉 둘러보다가 실무진 또는 평소 안면이 있던 임직원들과 식사하고 돌아가는 일이 반복되고 있었다. 그날은 더박스(사옥 1층에 외부로 돌출되어 있는 직원 전용 레스토랑)나 입점식당(가장 트렌디한 음식점들을 시즌별로 바꿔가면서 계약을 맺고 지하식당에 입점시킨다)이 아니라 직원식당에서 식사를 해보기로 했다. 말만 직원식당이지 식사의 질이나 깔끔함은 타의 추종을 불허한다. 식사를 마치고 퇴식구에 식기를 반납하려는데 저 앞에 땀을 뻘뻘 흘리며 직원들을 진두지휘하고 있는 낯익은 얼굴이 눈에 들어온다. 가까이 다가가보니 2012년에 인터뷰했던 장갑성 조리장이다. 다짜고짜 잠깐 얘기 좀 할 수 있느냐고 물으니 점심 관련 업무가 종료되는 두시에는 괜찮다는 대답이 돌아온다. 장갑성 조리장은 현대카드의 독특한 인사 관리를 상징하는 인물 중 하나다. 두바이버즈 셰프 출신이자 국내 5성급 호텔의 셰프로 이름을 날렸던 그는 2009년 정태영 사장의 권유를 받고 현대카드에 입사했다.

"당시 이름만 이야기하면 다 아는 유명한 셰프 친구가 비아냥댔어요. '너 갈 때까지 갔구나'라고요. 그때까지만 해도 대기업 직원식당에서 일한다고 하면 단체급식을 한다고 생각했으니까요. 지금요? 다들 부러워하죠. 일하는 여건에 대해 여기저기 뉴스에도 많이 나오고, 호텔에서보다 훨씬 다양한 실험도 많이 해볼 수 있으니까요."

아직 이마에 땀도 채 마르기 전에 더박스로 뛰어올라온 장조리장의 일성이다. 그의 존재는 현대카드가 '푸드'라는 테마에 대해 얼마나 진중하게 생

각하는지 잘 보여준다. 수년째 성황리에 진행되고 있는 프로젝트 '고메위크'
와 아직 오프더레코드지만 '뮤직라이브러리' 다음으로 준비중인 '푸드라이브
러리' 등 음식에 대한 관심이 깊고도 깊다. 인터뷰 당시 그는 "일은 힘들지만
마음만 먹으면 세상 그 어디라도 가서 음식 연구를 할 수 있게 뒷받침해주는
시스템이 마음에 든다"고 말한 적이 있다. 그동안 그는 어디까지 전진했을
까. "아이고, 매년 담당 실장님에게 그만두고 싶다고 이야기하는걸요. 이렇
게 힘든 조직은 또 찾기 힘들 거예요. 그런데 왜 계속 다니느냐고요? 여기처
럼 성취감을 느끼게 하는 곳이 한국에는 또 없을 거라는 확신이 있기 때문이
죠. 나중에 혹시 그만두게 되더라도 꼭 목표했던 바는 다 이루고 주변 직원들
에게 그 정도면 됐다, 라는 이야기를 듣고 나가고 싶어요."

　　그는 현대카드에 들어오고 나서부터 '셰프'란 존재는 어떠해야 하는
지, 진지한 고찰을 시작할 수 있었다고 설명했다. "셰프는 모든 것을 다 할
수 있어야 해요. 단순히 제공해주는 고급 재료를 가지고 음식만 만든다? 지
금 제 밑에 아홉 명의 셰프들이 있는데 그들을 뽑으면서 깨달은 것은 셰프
도 옷을 잘 입어야 한다는 것이었어요. 다양한 경험을 해볼수록, 트렌드를
잘 익힐수록 더 창의적인 발상이 튀어나올 수 있더라고요." 장조리장은 심지
어 패션쇼도 주기적으로 참관하며, 패션잡지를 매달 정독한다고 말했다. "옷
의 형태가 바뀌거나 유행하는 컬러가 바뀌면 음식에도 영향을 미치게 되니까
요. 많은 경험을 하기 힘드니까 이런 식의 간접경험이나 학습을 통해 음식에
새로운 요소들을 끊임없이 도입할 수 있어야 하죠."

　　그는 음식이 나오기까지의 과정을 숫자 1부터 10까지라고 가정한다면
식기에 담겨 나오는 음식은 8에서 10 사이쯤에 위치할 거라고 말했다. 이제
음식은 예전처럼 단순히 맛있기만 하면 다가 아니라 종합예술 같은 퍼포먼
스에 더 가까워졌다는 것. 그러니까 1부터 7까지를 차지하는 건 음식의 콘셉

트, 재료에 대한 탐구, 디자인, 라이프스타일 등이라는 설명이었다. 이어서 그는 요즘은 예전처럼 무지막지하게 해외출장을 강행하지는 않는다며 웃음을 터뜨렸다. 대신 업무영역은 더 넓어지고 깊어졌다고 한다.

"현대카드를 가만히 조망하고 있으면 사무공간을 룸으로만 바꾸면 호텔과 똑같다는 생각이 들어요. 식당, 안내 데스크, 운동시설 등 각종 편의시설까지 시스템은 호텔과 같습니다. 그렇게 생각하고 나니 업무를 보는 눈이 한층 더 넓어졌습니다. 예전에는 해외출장을 나가면 하루에 수십 곳씩 소문난 맛집에 가서 음식 사진만 찍다 왔어요. 내 임무는 외국에서 유명한 레시피를 가져와 적용하는 거라고 단순하게 생각했던 거죠. 이제는 180도 달라졌어요. 더이상 맛집에서 먹는 데 몰두하지 않습니다. (웃음) 자기만의 철학이 있는 셰프들을 찾아가서 술 한잔하거나 하며 편하게 대화를 나눠요. 그들 요리의 핵심이 무엇인지 듣고 싶은 거죠. 그리고 박물관, 미술관 같은 곳을 많이 갑니다. 그전에는 왜 영국에서는 피시앤드칩스를 먹는지, 스페인에서는 왜 초리조가 필수 음식이 됐는지 등을 전혀 알 수 없었는데 박물관에 가보니까 다 알 수 있겠더라고요. 프라도 박물관에 있던 400년 된 초리조가 나름의 변화과정을 거쳐서 레스토랑에 메뉴로 등장하더군요. 그런 걸 보며 고민하죠. 그럼 나는 현대카드에서, 아니 한국에서 음식으로 무엇을 할 수 있을까, 하고요."

장조리장은 얼마 전 기업문화팀 소속으로 세션 발표를 한 기억을 떠올리며 "대한민국 셰프 중 대기업에서 프레젠테이션을 진행해본 사람은 내가 유일할 것"이라며 너털웃음을 터뜨렸다. 아, 그는 PPT 작업까지 가능한, 대한민국 유일의 셰프인 것이다.

셰프들의 사무실

HR에 구현된
'Make-Break-Make'

　'자부심'이라는 코드로 설명할 수 있는 현대카드의 인사와 직원 관리시스템에 대해 좀더 자세한 설명을 들을 수 있었던 것은 2014년 10월, 회사 운영 전반을 담당하고 있는 황유노 부사장과의 인터뷰를 통해서였다. 쇠뿔도 단김에 빼라고, 시간을 잠시 이동해 그와의 이야기부터 풀어보자. 황유노 부사장은 정통 '현대맨' 출신이다. 현대기아자동차그룹 내에서 주로 재경파트를 맡았다가 현대카드로 옮겨온 지는 이제 7년. 현대정공 미국 현지법인에서 정태영 사장과 함께 일했던 경험도 있기 때문에 사실상 현대카드의 임원들 중 가장 오래, 지근거리에서 업무를 수행해왔다고 할 수 있다. 항상 유쾌한 태도로 사람들을 대하는 그는, 정사장이 담당부서를 강하게 질책해 분위기가 경색되었을 때 활로를 뚫는 역할뿐 아니라 회의 때마다 큰 그림을 그리는 질문으로 논의가 막힘없이 흐르게 하는 역할도 종종 수행한다. 직원들 사이에서는 '현대카드의 어머니'로 불리곤 한다고. 황부사장은 "워낙 아버지가 엄하니까…… 어머니라도 좀 유순해야죠"라는 농담으로 대화를 시작했다.

　"현대카드로 옮겨왔을 때 가장 놀라웠던 점은 역시 회의문화였어요. 다른 대기업들은 토론은커녕, 타 부서의 일에 깜깜할 뿐 아니라 별로 관심도 갖질 않잖아요. 한마디로 '까라면 까는' 분위기죠. (웃음) 물론 회의 때 사장님의 의견이 제일 많이 반영되긴 합니다만 본부장급만 해도 20명이 넘는 인원이 거의 매일 회사의 흐름을 공유하고 적극적으로 토론에 참여한다는 건 대단한 거예요. 대면보고나 몇 사람이 모여서 하는 대면회의로는 절대 이렇게 못 합니다. 저희는 '셰어링'이 활발할 뿐 아니라 급한 사안에 대해서는 메일로 의견을 전달하거나 즉석에서 토론이 이뤄집니다. 다른 건 몰라도 한국에서 우리 회사처럼 할 얘기 못 할 얘기 다 하면서 CEO부터 말단까지 신속하게 사안을 공유하는 경우는 정말 찾기 힘들걸요." 맞다. 취재 초기부터 거의 막바지에 이르기까지 꼼꼼하게 지켜본 결과, 합리적이면서도 분명한 잣대로 모든 프로세스가 일관되게 진행되는 조직은 현대카드가 유일할 것이라는 데에는 나 또한 이견이 없다. 그런데 이런 시스템에 단점은 없을까. 황부사장의 이야기는 계속 이어진다.

"우리 회사를 한 단어로 규정하자면 '쿨'이라고 표현할 수 있을 겁니다. 직원들을 '크리티컬'하게 생각해주는 문화예요. 그러니까 술 먹고 회식하면서 챙겨주는 게 아니라 근무환경을 최고로 만들어주고, 인사평가도 엄정하게 해서 잘하는 직원은 '칼같이' 많이 주고, 못하면 하나도 안 줍니다. (웃음) 교육도 억지로 시키지 않아요. 만약에 당신이 원한다면 지구 끝까지라도 가서 배울 수 있게 해줄게. 교육 필요 없어? 그럼 받지 마. 커리어마켓(다른 부서로 옮기고 싶은 직원이 스스로를 '마켓'에 내놓는 제도) 만들어줄 테니 능력이 있으면 원하는 대로 부서 옮겨도 돼. 패널티 절대 없으니 안심해도 되고. 이런 식이죠. 대신 냉정해요. 우리 회사 디자인도 차가운 색과 직선 위주잖아요? 회사의 정체성이 반영되어 있는 거죠. 예를 들어 본부장들은 아무래도 팀 전체를 신경쓰고 싶을 때가 있잖아요? 공정성을 크게 해치지 않는다면, 지난번에 누군가 진급했으면 크게 능력이 떨어지지 않는 한 다음에는 다른 직원을 진급시키고 싶은…… 그런데 얄짤없어요. (웃음) 목적고과가 감사에서 지적되면 그 누구라도 벌금을 내야 해요. 저도 2000만원 벌금을 문 적이 있어요. 그나마 위안이라면 저보다 500만원 더 낸 본부장이 있었다는 것 정도일까요? (웃음)"

황부사장은 이른바 '보스문화'가 없다는 것은 현대카드만의 큰 장점이라고 힘주어 말했다. 부서를 지속적으로 옮겨다니고 목적고과도 못 주다보니 보스문화가 생기려 해도 불가능하다고. 그래서 현대카드 특유의 '혼혈주의'가 융성할 수밖에 없었다고 한다. 서로 상극인 리스크본부와 영업파트가 서로 부서를 옮겨가며 일함으로써 이해도가 높아질 수 있는 것은 아마 한국 대기업에서는 유일하게 현대카드만이 갖고 있을 장점이라고 강조했다. 다만 단점 또한 분명 존재한다고 했다.

"혼혈주의의 장점은 정말 분명합니다. 앞으로도 이 부분은 절대 바뀌지 않을 겁니다. 다만 보완할 점들이 군데군데 발생합니다. 예를 들자면 스페셜리스트를 키우기가 힘든 조건인 거예요. 한 직원이 몇 년 동안 한 파트를 맡아왔는데 어느새 다른 부서에 가 있는 거죠. 철저하게 시스템화, 서류화되지 않으면 해당 업무의 히스토리가 쌓이기 힘들 수 있어요. 그리고 아무래도 임직원들 사이에 피로감이 쌓일 수 있죠. 이노베이티브한 조직이다보니 작은 의문점이라도 생기면 신속하게 뒤집어엎고 바꾸는 경우가 정말 많아요. 채용제도만 해도 '왜 지원자에게 과도한 짐을 지우지?'라는 의문 하나에서 시작해 지금 180도 뒤집히고 있는 중이잖아요. 거기에 따라 발생할 수 있는 리스크나 피로감에 대한 대책이 잘 마련돼야겠죠."

이 대목에서 파견직이지만 현대카드에서 일한다는 자부심이 컸던 안내 데스크 직원과 비정규직에서 정규직 전환을 눈앞에 두고 있던 메일박스 직원이 떠올랐다. 현대카드만의 방식으로 특화된 직원 채용 또는 직원 관리 시스템에 대해 좀더 상세한 설명을 듣고 싶었다. 황부사장은 평소 현대카드가 강조해왔던 'Make-Break-Make' 프로세스가 HR영역에 적용된 대표적인 사례라고 설명했다.

"관습을 버리고 백지에서부터 생각하니 새로운 제도를 상상하는 게 가능해지더군요. 우리는 최근에 내부의 고정적인 직원 구분을 다 없애버리고 '직무급제'라는 것을 새로 만들었어요. IMF 이후 모든 기업들이 인건비를 절감하기 위해 정규직은 축소하고 비정규직을 늘리지 않았습니까? 그런데 가만히 지켜보니 회사 입장에서도 업무에 숙련된 직원들을 내보내는 게 큰 손실이더라고요. 그렇다고 공공기관처럼 서무 일만 보다가 연차·호봉이 수십 년 쌓이면서 억대 연봉까지 올라가는 것도 기업 입장에서는 손실이고요. 그래서 (일부를 제외하고) 단순 반복업무라도 정규직화한 다음 그 직무별로 체계를 만들었어요. 예를 들면 상담직군, 서무직군 같은 식으로요. 고용을 안정화할 테니 계속 일을 해라, 대신 당신이 제공하는 서비스만큼, 그 능력만큼 페이를 주겠다는 거죠. 연공을 완전히 무시하는 것은 아니지만, 예를 들어 북키핑하는 파트에서 20년 동안 일했다고 해서 북키핑 능력이 비약적으로 상승되는 것은 아니잖아요? 서로 합리적으로 판단하자는 거죠. 만약 능력만 된다면 커리어마켓을 통해 다른 부서·직무로 가는 것도 당연히 오케이입니다. 물론 페이는 새로운 직무에 맞춰 변경되겠죠. 역으로 경쟁이 치열하고 업무난이도가 높은 기획관리부서에서 단순업무를 수행하는 서무직군으로 전환하고 싶다고 나서는 사례도 분명히 있을 겁니다. 유연하면서도 시장원리에 맞는 방식으로 판단한다면 지금 한국 사회의 정규직, 비정규직 문제도 해결해나갈 수 있을 거라고 확신합니다."

다른 건 몰라도 현대카드의 직원들은 그 어떤 순간에도 주눅드는 기색이 없었다는 것, 그 어느 파트에서 일해도, 심지어 파견직이라도 스스로에 대한 자긍심으로 무장하고 있는 듯 보였다는 것에 대한 해답을 정확히 들은 셈이다. 질문을 하나 더 던지고 싶었다. '현대카드는 사회적 이슈에 대해 둔감한 편인 것 같다', 즉 'CSR(기업의 사회적 책임)에 그다지 적극적이지 않은 것처럼 보인다'는 세간의 평가에 대해서는 어떻게 생각하는지 말이다.

"이미 많이 느끼셨겠지만 현대카드는 사고방식이 남들과 다르잖아요. (웃음) 사실상 꽤 많은 CSR 활동을 하고 있음에도 불구하고 그렇게 보이는 건 역시 냉정하고 합리적으로, 우리만의 잣대를 바탕으로 활동하고 있기 때문일 거예요. 우리는 이렇게 생각한 겁니다. CSR은 무조건 어려운 이들을 도와주는 거냐? 고기 잡는 법을 가르쳐주지 않으면 계속 똑같은 삶을 이어갈 것 아니냐. 무엇보다 금융회사라 모럴해저드를 극도로 경계하는 경향도 있고요. 퍼주기식으로 운영해봤자 결국 모럴해저드만 일으키게 되더라고요. 그래서 우리는 미소금융재단을 운영할 때도 대출자가 돈을 어디에 쓸 건가, 즉 진정성을 중심에 놓고 심사했습니다. 그리고 '미소학습원'이라는 것을 만들었고요. 미소금융 대출을 받는 사람들은 보통 저신용자들인데 아무래도 일하는 방법을 잘 모르더라고요. 상품, 마케팅 등 경제활동 전반에 대해 교육한 다음 '드림실현팀'을 만들어 가게 오픈을 지원했죠. 그 첫번째가 과일가게였는데 저희에게 교육을 받은 다음부터 매출이 세 배나 뛰었어요. 이후 분식집, 미용실 등 열 번 정도 창업을 지원했죠."

드림실현 프로젝트에 대한 신문기사를 본 적은 있는데 이 또한 현대카드만의 합리적 사고시스템을 토대로 진행된 프로젝트라는 건 황부사장의 설명을 듣고서야 제대로 이해할 수 있었다. 설명은 계속 이어진다.

"드림실현 프로젝트의 노하우를 분석한 끝에 다음 단계로 고민하고 있는 게 바로 'CEO 플랜'입니다. 저희뿐만 아니라 이제 한국의 모든 기업들은 성장 정체기에 들어설 수밖에 없는 게 현실입니다. 회사 규모가 그대로이거나 더 작아질지도 모르니 직원들의 성장 또한 정체될 가능성이 높겠죠. 보통 샐러리맨들은 CEO가 될 꿈을 안고 신입사원으로 입사하지 않습니까? 사회구조가 바뀌었으니 새로운 방식으로 CEO가 되겠다는 꿈을 이루고 싶은 직원들을 적극 지원하겠다는 발상입니다. 지금 홍대 앞 파스타집이 1호점, 청주 한식집이 2호점, 서촌의 딤섬집이 3호점으로 오픈했습니다. 퇴사를 마음먹고 이 프로젝트에 지원한 직원에게 6개월 동안 월급을 주면서 창업 준비를 시킵니다. 예를 들어 파스타집의 경우 장갑성 셰프가 재료부터 조리방법, 내부 인테리어까지 철저하게 같이 연구하고 교육했어요. 제대로 된 맛을 못 내면 혹독하게 야단도 치고요. (웃음) 사실 자영업자들은 그야말로 정글로 뛰어드는 거거든요. 입지 선정부터 부동산 계약, 내부 인테리어까지 현대카드가 같이 고민하고 문제를 해결해주는 거죠. 파스타집의 경우 좋은 재료를 구할 수 있는 루트도 공동 개발하고, 피자를 굽는 화덕까지 이탈리아에서 같이 찾아냈어요. 분명 맨몸으로 뛰어드는 것보다는 큰 메리트가 있겠죠. 직원들을 대상으로 최소 100군데 이상 오픈해본 다음, 고객들 중 저신용자들에게까지 지원범위를 확대할 예정입니다. 우리도 몇 년 만에 망하는 자영업이 아니라 일본처럼 대를 이어 100년 넘도록 운영되는 가게를 만들어보자, 평생 회사만 다니는 게 불가능해진 사회구조에서 이런 적극적인 대안까지 모색해보자는 뜻 또한 담겨 있습니다."

황유노 부사장과의 인터뷰까지 마치고 나니 이제야 정리가 되는 느낌이다. 그렇다. 현대카드는 일하기 '편한' 회사가 아니라 일하기 '좋은' 회사였다. 일에 대한 자부심과 열정이 있는 사람에게는 뜻을 펼쳐볼 수 있는 확실한 무대. 단 이를 위한 어느 정도의 희생 또한 필수 불가결한.

아, 이렇듯 상식을 뛰어넘는 스케일과 스피디함이란

———

역시 현대카드는 정적인 조직은 아니었다. 아니, 그런 조직이 될 수 없다는 게 더 정확할 것이다. 쉬엄쉬엄 일선 직원들을 만나가는 동안 '뭐, 큰일 하나 안 터지나?' '왜 이렇게 조용하지?' 속으로 중얼거린 것도 잠시, 장차 세상을 떠들썩하게 할 역동적인 프로젝트가 개시되는 걸 눈앞에서 지켜볼 수 있었다. 2013년 말 온갖 신문 지상을 장식한 '가파도 프로젝트'. 이미 그 맹아는 2012년 현대카드가 제주도의 전통(정주석과 정낭 등 제주도 특유의 대문 형태)에 기반을 두면서도 지극히 현대적인(투명한 재질을 사용해 자연 풍광이 훤히 들여다보이면서도 그 형태는 심플하고 모던한) 버스정류장 셸터의 '디자인 기부'를 시행할 당시부터 싹트고 있었다고 한다.

현대카드에는 '인사이트트립'이라는 독특한 출장제도가 있다. 사장과 임원, 그리고 해당 부서원들이 특정 지역이나 테마를 정해 수시로 관찰 및 탐구를 수행하는 여행 또는 출장을 말한다. 현대카드만의 독특한 발상이나 제도 중에는 이렇듯 세계 곳곳을 둘러보다 착상해낸 것들이 많다. 구내식당 더 박스에 있는 '통곡의 벽'은 미국 모 언론사에 들렀다가 모니터에 독자들의 의견이 실시간으로 방송되는 것을 보고, 카드 고객들이 항의한 내용을 실시간으로 모니터에 띄우자는 발상에서 착안된 것이다. 기존의 광고 또는 지면에 담기는 기사를 뛰어넘어 스스로의 이야기를 적극적으로 표출하는 틀인 '익스프레션'은 미술, 음악, 건축 분야 등의 순수예술가들이 독일 바우하우스에 모여 협업을 진행하다가 현대적 디자인이라는 새로운 맥락이 튀어나왔다는 사실에서 모티브를 얻었다.

가파도 프로젝트 또한 '예술의 섬'이라는 별칭으로 더 유명한 일본 나오시마를 방문했을 당시 떠오른 착상이 현실화된 것이다. 둘레 16킬로미터에 거주하는 주민이 3600여 명에 불과한, 그것도 20세기 초반 세워진 구리 제련소로 인해 환경이 완전히 파괴되었고, 한때 남은 주민의 숫자가 수백 명대까지 떨어졌을 만큼 황폐화되었던 이 섬은 건축과 예술의 힘으로 다시 우뚝 섰다. 안도 다다오가 지은 미술관과 호텔을 결합한 콘셉트의 '베네세하우스'와 '지중미술관', 루이뷔통과의 협업으로 세계적으로 유명세를 떨쳤던 일본 미술가 쿠사마 야오이의 거대한 작품 〈빨간 호박〉 등이 곳곳에 펼쳐진 풍광은 이 섬을 방문하지 않은 많은 이들의 뇌리에도 이미 깊이 박혀 있다. 세계 유수의 여행잡지들이 '꼭 방문해봐야 할 세계 관광명소'로 꼽은 지 이미 오래다.

2013년 11월의 어느 날 오전 열한시, 제주지사 등 관계자들이 참석한 가운데 열릴 예정인 최종 프레젠테이션에 참석하기 위해 여의도사옥 2관 1층에 있는 오디토리움에 들어섰다. 전면 유리로 만들어진 문을 밀고 들어서니 가파도와 관련된 자료사진들을 하나 가득 붙여놓은, 사람 키를 훌쩍 뛰어넘는 화이트보드, 가파도 전체를 조망할 수 있는 입체조감도, 제주 삼다수를

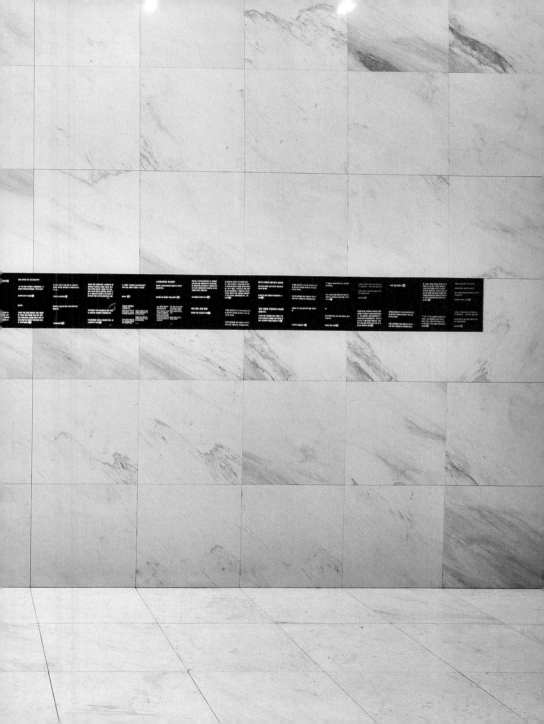

새롭게 디자인한 모형 등이 오른쪽 벽면을 가득 채우고 있었다. 호기심이 급상승해 그 내용을 자세히 들여다보려는 순간 정태영 사장이 제주지사와 나란히, 뒤쪽으로는 십여 명 규모의 스태프와 함께 우르르 회의장으로 들어왔다. 제주도청의 관계자들은 인구 280명, 약 0.9제곱킬로미터 크기의 이 작은 섬에 현대카드가 관심을 갖게 된 이유가 궁금한 듯했다. 실제 계획안 및 조감도를 일별하고서는 '관광객들의 관심을 끌 만한 특별한 볼거리가 무엇이냐' '새로운 건물을 많이 짓지 않는 이유는 무엇이냐'고 묻는 등 눈에 확 띄는 화젯거리를 찾는 데 집중하는 듯한 모습이었다. 현대카드 담당자의 대응이 미진한 느낌이 들자 정태영 사장이 바로 툭 밀고 들어온다. "이번 가파도 프로젝트는 화려한 볼거리를 추구하는 것이 아니라, 주민들이 실제로 자활할 수 있는 기반을 조성하는 데 초점을 맞출 예정입니다. 천혜의 자연환경을 해치지 않고도 주민과 방문객 들이 자연스럽게 공존하며 함께 살아갈 수 있는 섬이라는 콘셉트지요."

격식에 얽매이지 않고, 실질적인 이해가 뒷받침된 실무를 최우선으로 여기는 이 회사의 기풍이 드러난 장면이었다. 최고결정권자부터 실무직원에 이르기까지 해당 주제에 대한 일관되고 폭넓은 이해도를 갖고 논의에 임할 것. 격식이나 절차에 얽매이기보다는 압축된 시간 안에 치열한 논쟁을 거쳐 빠른 결론을 도출해낼 것. 앞으로 현대카드 내부 회의 또는 프레젠테이션 등을 관찰할 때마다 되새김질하게 될 테지만 의외로 현대카드만큼 아날로그적인 혹은 심플한 프레젠테이션에 능숙한 조직도 찾아보기 힘들 것이다. 나 또한 처음엔 현대카드라면 왠지 최첨단 그래픽 또는 최신식 기구나 기법을 동원한 프레젠테이션을 하지 않을까 하는 오해를 품고 있었다.

곧이어 가파도 프로젝트의 설계를 책임진 원오원 건축사무소 최욱 소장의 본격적인 프레젠테이션이 이어졌다. 섬에는 모두 105채의 집이 있는데 이중 30채가 빈집으로 버려져 있을 정도로 쇠락해가고 있기 때문에 주민들이 자활할 수 있는 시스템을 만드는 것이 섬 전체를 디자인하는 데 있어 대전제여야 한다. 빈집과 학교시설은 천문대, 도서관, 문학관, 특산물 포장 가공시설, 숙박시설 등으로 새로 단장할 계획이나 섬의 경관과 조화를 해치는 거대한 건설작업은 피한다 등등. 가장 인상 깊었던 것은 섬 주변을 빙 두르고 있는 아스팔트 도로를 없애고 땅을 그대로 밟을 수 있는 자연 그대로에 가까운 산책로를 조성하겠다는 대목. 어차피 걸어서 다닐 수 있는 넓이이기 때문에 교통수단에 의존하기보다는 자연스럽게 걸으며 이 섬을 만끽할 수 있도록 하겠다는 것이다. 지극히 제주스러운 자연환경을 최대한 활용해 가파도 전체를 일종의 자연사박물관이 되도록 설계하겠다는 것. 주민들의 자활 및 자연환경 보호를 위해 일일 방문객을 현재 주민 수에 해당하는 정도만 허용하는 일종의 '중용의 섬'이 되었으면 좋겠다는 바람도 내비쳤다.

올바른 관점이었다. 서울만 보더라도 이태원이든 가로수길이든 성수동이든 떴다는 소문이 나는 지역은 무수한 관광객과 그뒤를 따라 들어오는 상업시설들로 인해 짧은 시간 내에 초토화되기 일쑤다. 이 천혜의 환경이 거주자와 방문객이 조화롭게 공존할 수 있는 새로운 틀로 개발될 수만 있다면 그보다 더 좋을 수도 없겠다는 생각이 들었다. 다만 이미 '예술의 섬'이라는 타이틀을 확고하게 차지한 나오시마를 지나치게 의식한 탓인지 예술이나 건축에서 의미 있는 시도 등이 계획되지 않은 부분은 아쉬웠다. 자연사박물관이라는 콘텐츠도 추상적인 느낌이 강했다. 크리에이티브하고 톡톡 튀는, 충격과 반향을 일으키는 컬처프로젝트를 진행해온 기존 활동과는 달리, 오랜 기간 지속해야 하는 진지한 프로젝트이기 때문일까? 만약 대한민국 최남단 천혜의 자연환경 속에 크리에이티브한 활동이나 창의적인 예술 또는 교육 콘텐츠를 다루는 공간이 들어설 수 있다면 그 영향력은 '상상 불가'이겠다는 생각이 머리를 스치고 지나갔다. 프레젠테이션이 끝나고 사람들이 우르르 빠져나가는 동안에도 생각은 계속 이어졌다. 지금 우리 사회의 핵심 문제를 건드리는 중차대한 계획안을 듣고 나서인지, 고민이 한층 더 깊어진 느낌이었다. 저 멀리서 정태영 사장이 나를 보았는지 성큼 다가온다. 책 집필 제의를 수락한 이후 사실상 처음 나누는 대화다. 이런저런 이야기를 나누다 불쑥 이렇게 묻는다. "11월 말에 바쁜가요? 미국과 브라질 지사를 방문하러 출장을 가야 하는데 괜찮으면 같이 가시죠. 이왕 책을 쓰기로 했으면 제대로 보고 써야죠." 아, 이렇듯 상식을 뛰어넘는 스케일과 스피디함이란.

대기업 CEO가 소화하는 출장은 그 차원이 달랐다

출발 당일, 정신없이 짐을 싸들고 비행기에 탑승했다. 공항 라운지에 잠시 몸을 기댈 틈도 없이, 짧은 인사를 나눈 후 정태영 사장은 퍼스트석에, 우리(나와 황유노 부사장, 서상혁 해외사업부문 상무)는 비즈니스석에 각각 자리를 잡았다. 출발 직전 실무부서에서 받아본 스케줄표는 이랬다. '첫째 날 오전 여덟시 삼십분 어바인 현대캐피탈 아메리카 방문. 오전 내내 회의. 점심 후 LAX공항 이동. 상파울루로 출발—둘째 날 오전 열한시 상파울루 도착. 헬기로 시내 이동. 오후 세시 산탄데르 은행 보틴 회장 미팅. 연이어 산탄데르 브라질 CEO 등과 '중요한' 업무 협의—셋째 날 헬기로 현대차 브라질 공장으로 이동. 공장시설 참관 후 이구아수폭포로 이동……'

그동안 일정이 빡빡한 해외출장을 웬만큼은 겪어봤다고 생각했는데 (자동차 시승 출장의 경우 지형이 험난한 벽지까지 찾아가 하루종일 운전만 하다 오는 경우가 많다) 대기업 CEO가 소화하는 출장은 그 차원이 달랐다. 도대체 이동하며 비행기에서 자는 날만 며칠인 거지? 하루도 같은 호텔에 머무는 날이 없네? 상파울루에서는 헬기만 네다섯 번을 타야 하는군…… 무엇보다 난감했던 건 가뜩이나 경제용어나 복잡한 금융수식을 어려워하는데 출장 기간 내내 온갖 금융용어와 숫자가 난무하는, 그것도 대다수는 영어로 진행되는 회의를 계속 지켜봐야 한다는 것. 더군다나 그 회의들은 2013년 현대캐피탈 아메리카의 성과들을 총점검하고 2014년의 계획을 수립하는 자리이거나, 지금 유럽의 가장 강력한 은행 중 하나인 산탄데르의 보틴 회장을 한국 언론인으로는 최초로 접하는 기회이거나, 한국 금융사 최초로 브라질에 진출하는 현대캐피탈의 비밀스러운 전략을 논의하는 자리였다. 마음 한편에 낀 짙은 안개가 서서히 가라앉기까지는 꽤 긴 시간이 걸렸다. 평소엔 비행기 좌석에 앉자마자 곯아떨어지기 일쑤이건만, 영화를 서너 편 보는데도 흐리멍덩한 머릿속이 좀처럼 쾌청해지지 않았다. 결국 답은 초심에 있었다. '나는 왜 현대카드라는 회사를 그렇게도 자세히 들여다보고 싶었던 걸까. 화려한 이벤트들만 보고 있으면 그냥 지나치기 쉬운, 껍데기를 벗기고 벗길수록 더 파악하기 어려운 이 회사의 코어는 도대체 무엇인지 알고 싶었던 것 아닐까? 그렇다. 현대카드는 숫자와 금융에 기반을 둔 회사다. 언젠가 한 번은 부딪쳐야 할 일이다.' 생각을 정리하고 나니 비로소 스르르 눈이 감겼다.

드디어 LAX공항 도착. 바쁜 일정 탓인지, 평소의 습관인지 정태영 사장은 이미 한참 앞서 걸어가고 있었다. 심지어 까다롭기로 유명한 미국 공항 세관도 속전속결로 통과한다. 처음부터 단단히 긴장하지 않으면 주어진 일정 따라잡기에만 급급할 것이다. 예상과 달리 의전은 극히 단출했다. 아니, 의전이랄 것도 없었다. 아무리 그래도 대기업 CEO인데 당연히 수십 명의 현지 직원들이 출구에 도열해 짐도 받아들고 에스코트하며 이동할 줄 알았다.

하지만 공항에 나온 현지 직원은 고작 두세 명. 그들마저도 사실상 드라이버 역할을 위해 나온 것이었다. 하긴 지금 정사장의 옷차림을 보면 과연 CEO의 출장길이 맞나 싶을 정도로 캐주얼하기 이를 데 없다. 피트감이 좋은 카키색 코듀로이팬츠에 스포티함과 진중함이 적절히 섞인 비슷한 색 계통의 아우터, 실용적이면서도 세련된 백팩에 알루미늄 리모와 캐리어까지.

다음날 아침, 현대캐피탈 어바인사옥에서 오전 내내 회의한 뒤 곧바로 공항으로 가야 하는 터라 짐을 다시 싼 채 로비로 나왔더니 출발 1분 전. 정태영 사장과 황유노 부사장은 휑하니 목적지로 떠나버린 뒤였다. 서상혁 상무와 함께 황망히 그뒤를 따르며 든 생각. '마지막까지 긴장을 늦추지 말아야겠다.'

역시나 회의는 어렵고 딱딱했다. 그나마 잔뜩 애를 써서 현대캐피탈 아메리카에 대해 이해한 바를 거칠게 요약하자면 이 정도다. '현대캐피탈 아메리카는 캡티브Captive 금융사다. 현대캐피탈은 주요 국가에 단독 또는 조인트벤처JV 형태로 금융사를 설립해 진출하고 있다. 최근 해외 부문이 더 커졌을 정도로 급성장하고 있다. 보통의 국내 은행들이 교포를 대상으로 하는 소규모 업무에 머물러 있다면 현대캐피탈은 해당 국가의 고객들을 상대로 현지 금융사들과 치열한 경쟁을 펼치고 있다. 미국은 자동차를 구매할 때 금융상품을 이용하는 비율이 80퍼센트가 넘고 딜러의 파워가 막강하기 때문에 미국 내 1500개 이상의 딜러들을 대상으로 자동차 금융상품을 제공하고 있다.'

회의자리에서 정태영 사장은 매섭기 이를 데 없었다. 교포 출신 미국 현지 CFO는 지난해의 실적과 내년의 전망을 정확히 이해, 정리하지 못하고 있다는 이유로 끊임없이 추궁당하느라 연신 진땀을 흘려야 했고, 참석자들은 긴장한 빛이 역력했다. 이해하기 어려운 무수한 용어들이 난무하는 와중에 깊은 인상을 남긴 부분을 몇 가지 꼽자면, 예상과는 달리 당장 거대한 수익을 내야 한다는 요구나 질책은 거의 없었다는 점, 그리고 회사는 시스템으로 움직여야 한다는 것과 최고의 인재가 준비되어 있어야 한다는 원칙을 끊임없이 강조했다는 점이다. 잠시 휴식시간. 현대캐피탈 아메리카 조좌진 전무의 다음과 같은 차분한 설명이 귓가에 남았다.

"지난 몇 년은 현대캐피탈 글로벌라이제이션 프로젝트의 기본을 쌓는 단계였습니다. 기본을 망각한 채 수익만 거두는 건 별 의미가 없습니다. 도요타 등 이미 수십 년간 공력을 쌓아온 경쟁업체들과 맞서기 위해서는 합리적인 시스템을 마련하고 우수한 인재들을 모으는 게 우선시되어야 합니다. 그다음에야 남다른 발상으로 맞서 싸울 수 있습니다. 현재 고민하고 있는 방법이 몇 가지 있는데…… 계단식 금융상품, 즉 낮은 가격에서 시작해 높은 가격으로 점차 이동하는 방식의 할부를 적용하면 차를 바꿀 때 상위 모델로 쉽게 넘어가도록 고객들을 유도할 수 있지 않을까 생각됩니다. 또 36개월짜리 리스 상품이라면 33개월째에 중고차로 판매해버리고 나머지 3개월은 고객들에게 무료로 상위 모델을 타게 하면 어떨까 하는 아이디어도 고민하고 있고요."

나란히 앉아 곳곳을 누비느라 이제 꽤 친숙해진 서상혁 상무의 현대캐피탈 이직 에피소드도 인상적이었다. 서상혁 상무는 '3미터 앞에서 보면 조지 클루니'라는 별명을 갖고 있는 근사한 '훈남'이다. 미국에서 학교를 나와 미국 유수의 은행에서 탁월한 실적을 거두며 금융전문가로 일하다 현대카드에 입사했다. 화상 면접을 볼 때 정사장은 다음과 같이 말했다고 한다. "나는 해외 부문 사업이 한국에서 그 유례를 찾을 수 없을 정도로 최고 수준에 오를 때까지 계속 CEO로 일할 겁니다." 서상무는 미국 금융권에서 일하며 한국의 은행들이 해외 사업에서 매번 실패하는 이유는 CEO의 잦은 교체로 연속성 있는 전략 수립이 불가능하기 때문이라는 판단을 내렸다고 한다. 그가 오랜 미국 생활을 접고 과감하게 한국으로 들어온 이유는 단 하나. 한국에서도 일관되면서도 꾸준한 전략으로 세계적 수준의 금융사가 탄생하는 케이스를 보고 싶다는 것이었다.

쉬는 시간 정사장은 평상시의 젠틀한 모습으로 돌아와 있었다. 'Ted Chung'이라는 명패가 붙은 방으로 안내하더니 "보통 출장자용 또는 외부 접견용으로 쓰는데 오늘은 기분 좋으라고 직원들이 일부러 내 이름을 붙인 거예요. 이곳에 내 공간 따위는 없어요"라며 함박웃음을 짓는다. 나는 다음 회의에 따라 들어가는 대신 어바인사옥을 둘러보기로 했다. 현지 직원 한 명이 설명을 위해 동행해주었다. 현대캐피탈 아메리카를 비롯해 전 세계 모든 사옥들은 현대카드 브랜드 철학을 공유하면서도 각 지역의 특성을 반영하는 인테리어디자인에 초점이 맞춰져 있다. 어바인사옥의 경우 어느 자리에서나 캘리포니아의 풍성한 햇살을 마음껏 누릴 수 있도록 설계했고, 박물관 스타일에 근간을 둬 나무 바닥에 흰색 벽을 기본으로 하고 있었다. 가장 인상적인 부분은 여의도사옥에서 느꼈던 집착에 가까운 디테일이 여기서도 어김없이 구현되어 있었다는 것. 아니, 한층 더 강화되었다는 게 정확할 것이다.

사옥을 찬찬히 둘러보고 있자니, 현대카드(정확히는 현대캐피탈)가 어바인에 신사옥을 만들겠다고 결심했을 때 얼마나 많은 꿈과 희망이 반영되었을지 공감이 됐다. 햇살이 구석구석 치고 들어오는 건물을 고른 다음, 겐슬러라는 유수의 건축회사에 현대카드만의 디자인 원칙을 설명하고, 바닥의 넓이를 1.5미터 간격으로 무한 조합하는 콘셉트를 결정한 뒤, 파티션과 책상, 조명, 화이트노이즈(현대캐피탈 아메리카 사옥에 일관되게 적용되는 기능적인 콘셉트. 적절한 공기가 흘러나와 사적인 혹은 기밀한 대화가 바깥으로 흘러나가지 않게 하는 역할을 한다), 기둥 간의 거리 조합마저도 완벽한 사무공간을 완성하기까지 말이다. 사무공간을 한 바퀴 휙 돌아 햇살이 가득 들어오는 이 건물의 한가운데, 외부인을 맞는 리셉션 공간이자 직원들이 끊임없이 모였다 흩어지는 커먼스Commons에 다시 이르니 여의도사옥과 달리 아트 작품이 거의 설치되지 않은 이유를 알 것 같았다. 맞다. 이곳은 굳이 '화장'이 필요 없는 것이다. 건축 디자인이란 결코 비주얼을 꾸미는 행위는 아닐 것이다. 왜 이런 디자인이어야 하는지는 그 건물의 존재 이유와 맞닿아 있어야 한다.

　　커먼스에 10분 정도 서 있다보니 다과와 커피가 놓인 계단 옆 넓은 공간을 중심으로 직원들이 모이고, 대화를 나누고, 돌아가고, 다시 모이는 풍경이 끊임없이 눈에 들어왔다. 위층은 직원들이 휴식을 취하며 아이디어를 가다듬을 수 있는 클럽하우스와 바깥 풍광을 감상할 수 있는 야외 테라스로 이어지고, 아래층은 부서별 업무공간으로 이뤄져 있으며 이 모든 것은 끊임없이 순환된다. 사족 하나만 덧붙이자면 탕비실에 있는 냉장고는 서브제로 제품이었고, 오븐은 바이킹 것이었다. '그렇게까지 럭셔리한 가전제품을 굳이 사무실에 둘 필요가 있어?'라는 질문은 핵심이 될 수 없다. 이 사옥 곳곳의 디테일, 수준 높은 집기들을 알아볼 수 있는 취향 정도는 갖춘 인재들이 자연스레 모여드는 것이다. 미국에 첫발을 내딛는 한국의 신생 금융사로 면접을 보러 오는 현지인들(현대캐피탈 아메리카 직원의 90퍼센트 이상은 현지 채용 케이스다)이 사옥을 처음 보고 어떤 감정을 느꼈을지 연상되는 순간이었다. 저쪽 회의실이 웅성이기 시작한다. 이제는 떠나야 할 시간이다. 저 멀리 아메리카 대륙의 끝, 상파울루로.

한국 언론에 노출된 적 없는
유럽 금융 대부와의 미팅

상파울루로 향하는 헬리콥터는 예상외로 그다지 흔들리지 않았다. B&O의 스틸 헤드폰을 쓴 채 가만히 눈을 감았다가, 조용히 창밖을 내려다보기를 반복하는 정태영 사장의 모습은 마치 폭풍전야를 앞둔 채 명상에 잠긴 장수의 모습 같았다. 맞다. 우리는 지금, 비행기에서 밤을 꼬박 새운 뒤 스페인과 남미 금융권을 석권하고 있는 세계 17위 매출 규모 산탄데르 은행과의 중요한 미팅장소로 가는 중이다. 호텔에 짐을 풀자마자 멀끔한 슈트로 갈아입은 일행은 곧바로 산탄데르 빌딩 회의실로 향했다. 이번 출장에서 가장 긴장되는 순간이다. 아직 한국 언론에 전혀 노출된 적이 없는 에밀리오 보틴 회장을 직접 만나는 자리다(그는 2014년 사망해 이제는 고인이 되었다). 그는 페라리의 페르난도 알론소와 맥라렌의 젠슨 버튼을 후원하고 있는 F1 마니아이자 조그마한 시골 은행을 스페인, 아니 유럽 최고 수준의 은행으로 키워낸 인물이다. 열띤 스패니시 발음을 앞세운 채 들어선 보틴 회장은 언뜻 보기엔 작은 체격이었다. 후줄근한 빨간색 점퍼 차림을 한 그는 후덕하기 이를 데 없는 미소를 띤 채 정태영 사장을 따뜻하게 감싸 안았다. 둘 사이에 흐르는 대화도 한없이 부드러웠다. 한참 안부를 묻더니 "레드불이 여전히 최고인가?" "MIT에 이어 브라질의 대학에도 산탄데르가 기증한 건물이 들어섰다" 등등 주변적인 이야기만 흘러나왔다. 중간중간 "UK의 원 빌리언 달러의 규모는 크진 않지만 중요한 수치지, 그래도 가장 중요한 포인트를 갖고 있는 나라는 역시 브라질 아니겠어?" 같은 가벼운 비즈니스 이야기가 슬쩍 끼어드는 정도? 약 30분이 지난 후 그는 떠들썩한 웃음과 함께 퇴장했다.

장소를 옮겨 산탄데르 브라질의 CEO와 마주앉자마자 분위기는 냉랭해졌다. 어려운 전문용어들이 계속 튀어나오는 터라 좀처럼 회의의 흐름을 파악하기 힘들었다. 확실히 알아들을 수 있었던 단어는 미국에서 익히 접한 JV 정도? 브라질에서도 현대자동차의 약진이 이뤄지고 있기 때문에 새로운 금융상품 제공이 절실한 단계로 보였다. 브라질 금융시장을 사실상 장악하고 있는 산탄데르의 주장은 이런 듯했다. '낮은 단계Private Label의 금융 수준을 넘으려면 지금 당장 브라질에도 JV를 설치해야 하며, 영국과 독일에서 산탄데르의 노하우로 훌륭하게 성공한 것처럼 우리가 도움을 준다면 너희(현대캐피탈)의 브라질 사업도 탄탄대로일 것이다.' 현대캐피탈 쪽 참석자들은 별말 없이 침묵을 지키고 있었다. 무언가 산탄데르 은행 쪽이 여유롭게 압박하고 있는 듯한 흐름. 긴 침묵을 깨고 정태영 사장이 특유의 카랑카랑한 목소리로 입을 열었다. 첫마디는 이랬다. "왜 굳이 브라질에 JV를 만들어야 하죠?" 전문용어를 잘 몰라도 그 순간 흐름이 바뀌고 있다는 것만은 분명히 캐치할 수 있었다. 곧이어 송곳과도 같은 멘트가 계속 흘러나왔다. "UK의 경우 마케팅 보이와 걸 딱 두세 명 배치되어 있던데 인력 뽑기가 그렇게 힘든가요? 뭐 때론 이혼이 방법일 때도 있죠. (웃음)" 순간 마치 사전에 짠 각본처럼 현대캐피탈의 모든 임원들이 같은 방향으로 이야기를 쏟아내기 시작했다. 당황한 분위기가 역력한 산탄테르 측은 더이상 이야기를 잇지 못한 채 회의 종료.

회의장에서 나오자마자 황유노 부사장에게 우문을 던졌다. "혹시 사전에 다 계획하신 건가요?" 특유의 사람 좋은 웃음과 함께 황부사장의 설명이 이어진다. "당연히 이런 흐름으로 협상이 전개될 줄은 몰랐어요. 원래 협상이라는 것이 최선의 노력으로 임하지만 현장의 흐름에 따라 분위기나 방향이 바뀌는 경우도 비일비재하죠. 흐름을 놓치지 않는 것과 평소 열린 마인드로 토론과 대화를 하는 게 중요합니다. 그래야 어떠한 상황에서도 멤버십을 유지한 채 대응할 수 있으니까요."

다음날 아침, 현대기아자동차의 브라질 현지 공장을 방문하기 위해 다시 헬기에 올랐다. 이번 출장의 하이라이트가 종료되었기 때문인지 하나같이 평온한 표정이다. 거대한 열대우림 위로 날아가야 하기 때문에 이번엔 비행시간이 좀 길다. 거의 한 시간 남짓. 공장투어가 끝난 다음엔 곧바로 이구아수폭포로 가기로 스케줄이 짜여 있기 때문에 헬기에서 내리고 나서도 신속히 이동해야 했다. 사실 나는 공장에 대해 막연한 환상을 품고 있다. 어릴 적 공업도시 창원에서 성장한 탓에 내게는 '금빛 송아지 길게 울음을 우는' 유의 전원에 대한 로망은 없다. 거대한 공장 앞 공터와 자재창고. 파이프들이 순서대로 정렬된 공장 내부의 풍광들이야말로 내겐 노스탤지어에 가깝다. 야자수가 무성히 자란 브라질 열대우림 한복판에 위치한 현대자동차 공장은 그 자체로 매혹적인 느낌을 강하게 풍겼다. 더군다나 자그마한 자동로봇이 윙윙거리며 소규모 자재를 나르고, 샛노란 안전선이 길의 동선과 복층 계단 난간들을 우아하게 꾸미고 있는 풍경은 기대 이상이었다. 그래도 이 공장은 거대한 느낌은 아닌데? 라는 궁금증이 떠오를 무렵 정태영 사장의 친절한 설명이 끼어든다.

"공장은 어떻게 보면 오케스트라와 같다고 봅니다. 마에스트로, 즉 공장장의 취향에 따라 다양한 변주가 이뤄질 수 있어요. 잘 보면 의외로 공장 내부가 예쁘고 아기자기하죠? 여기 공장장은 아마 큰 야망은 없을 겁니다. 기록을 보니, 규모를 더 키울 수 있는데도 이 정도에서 멈췄더라고요. 대신 작더라도 제대로 운영할 수 있는 능력을 갖고 있죠. 좋은 공장장입니다."

이후 8년 만에 찾은 이구아수폭포는 환상적이었다. 예전에는 가뭄 때라 예상보다 빈약해 보이는 폭포의 규모에 실망하고 돌아와야 했는데, 이번에는 줄기차게 비까지 내렸다. 투명한 비옷을 입고 폭포에 접근하자마자 머리와 옷, 스니커즈가 푹 젖고 말았다. 결국 비옷을 벗어 던진 채 엄청난 장관을 온몸으로 느꼈다. '악마의 목구멍'은 뿌연 연무 탓에 실체가 보이지 않아도 콸콸콸 거대한 굉음만으로도 충분히 그 존재감을 만끽할 수 있었다. 푹 젖은 상태 그대로 곧장 비행기를 탔다. 한 시간 남짓 비행해 상파울루 공항에 도착한 뒤에는 근처 호텔로 직행해 30분 안에 샤워를 마치고 다시 공항으로 달려가야 했다. 이제 여기서 나는 댈러스로, 현대카드 임직원들은 캐나다로 갈라진다. 지극히 짧은 기간이었지만 마치 전쟁터를 넘나든 전우와 같은 친밀감을 느끼게 된 건 나뿐일까. 계속 잠을 자지 못한 탓인지 여전히 현실감 없는 몽롱함이 주위를 가득 채우고 있었다.

기록적인 매출을 올린 담당자가
문책을 당하는 워크숍이라니

2013년이 거의 막바지에 이르렀을 무렵, 담당직원이 꼭 참관해야 할 워크숍이 있다고 귀띔을 해주었다. 한 해의 성과를 최종 평가하고 다음해를 조망하는 '2014 경영전략워크숍'. 이쯤에서 현대카드의 회의체계를 정리해보자면, 1주일에 한 번 정태영 사장과 각 본부장들이 참석하는 '포커스미팅FM'이 가장 기본단위 회의다. 발제를 맡은 부서의 인력까지 포함하더라도 참석 인원이 채 20명을 넘지 않아 집중과 효율을 극대화할 수 있다. '탑다운' 또는 '탑투더보텀'으로 표현되는 합리적이면서도 신속한 의사결정과정의 핵심에 놓여 있는 체계인 것이다. 물론 이 회의에 참석하는 본부장급 임원들의 업무강도는 상상을 초월한다. 그다음이 부서 간의 칸막이와 경계를 허문, 회의 문화의 혁신을 대표하는 '마켓플레이스'. 한 달에 한 번 10층 컨벤션센터에 100명 가까운 임직원들이 모여 그야말로 '장터'처럼 시끌벅적하게 회의를 하거나 업무를 본다. 그리고 분기별로 야외에 나가서 색다른 기분으로 중요 이슈를 논의하는 '겟어웨이'가 있고, 주기적으로 세계 각지에 나가 있는 임직원들이 모이는 '글로벌포럼', 마지막으로 연말이 되면 세계 각지에서 달려온 임직원들이 한 해의 성과를 평가하고 다가오는 해의 계획을 수립하는 '경영전략워크숍'이 있다.

그런데 경영전략워크숍이 열리는 날이 하필 잡지 마감과 겹치는 기간이었다. 더군다나 장소는 평창. 골똘히 고민해본 결과 아침 일찍 출발해서 오전 일정을 관찰하고 점심을 거른 채 바로 서울로 돌아온다면 늦은 오후부터는 업무를 볼 수 있겠다 싶었다. 하지만 하필 전날, 12월 들어 가장 눈이 많이 내려 길까지 얼어붙는 최악의 상황이 벌어졌다. 중요한 사실은 현대카드는 전혀 개의치도 망설이지도 않았다는 것. 다음날 새벽 집 앞으로 차량을 보내 워크숍 시작에 맞춰 당도할 수 있도록 일정이 착착 정리되었다.

워크숍 당일, 새벽 다섯시 사십분에 집을 나섰기에 일찍 도착했다고 생각했는데 회의장은 이미 임직원들로 꽉 차 있었다. 정태영 사장을 비롯하여 부사장, GE 파견 임원 등이 착석하자 정시에 회의가 시작되었다. 기획지원본부, 카드사업본부, 해외사업실 등 각 부서별 책임자들이 PT 화면을 배경으로 설명하는 방식이었다. 무수한 자료 중에서 내게 열람이 허락된 것은 기획지원본부가 작성한 '14년을 넘어서—Portfolio 전환의 시점으로'라는 제목의 전체 개괄 문서였다. (앞에서도 설명했듯 현대카드의 보안시스템은 국내 최고 수준이다. 회의자료를 출력, 복사할 때도 출력자 및 배포자, 실제로 문서를 보는 사람들이 모두 체크되고 회의가 끝나면 전부 회수된다.) 현대카드의 공식문서를 받아본 첫인상은…… 마치 난수표 같다는 것이었다. 그래도 첫 페이지의 개괄 설명에 나와 있는 단어들은 예전 정태영 사장 공식인터뷰 때나 상파울루 출장 등에서 귀동냥으로 접해봤던지라 익숙했다.

2013년 한 해를 핵심 단어 중심으로 정리한 첫 페이지만 보더라도, 그간 언론에 꽤 많이 다뤄졌듯 현대카드가 가장 중점을 두는 과제는 '과거 10년의 영광 스토리의 반복은 이제 그만, 앞으로의 10년을 어떻게 준비할 것인가'라는 것을 알 수 있었다. '책갈피'를 연상케 하는 '챕터'라는 아날로그적인 표현방식으로 나를 사로잡았던 '챕터2'와 비슷한 맥락의 '스테이지2', 그리고 '만약 오늘 당장 현대카드를 인수한다면 어떤 부실을 털어내고 어떤 장점을 강화할 것인가'라는 마치 브레히트의 '소격효과(거리 두기)'를 연상케 하는 깜짝 발상 '데이1'까지. 여기에 2014년의 과제가 기업문화와 HR라는 것, 현대라이프 관련 신사업이 그룹의 미래라고 판단한다는 것을 추가로 파악할 수 있었다. 아, 그리고 앞으로 계속 주목해야 할 단어 '심플리피케이션'이 있다. 2014년 대한민국을 강타했던 스티브 잡스의 경영 스킬을 다룬 책 『미친듯이 심플』이 나오기 한참 전부터 현대카드는 이미 심플리피케이션에 주목하고 있었다.

약어 및 금융용어 중심 페이지를 숭덩숭덩 건너뛰다보니 각종 도표와 숫자로 2013년의 현황을 보여주는 페이지가 등장했다. 엄청난 숫자의 향연을 또 건너뛰니 마지막 장의 '기업문화—저성장, 전환기에서의 조직 Pride의 원천 발굴'이라는 문구가 눈에 띄었다. 맞다. 2003년 정태영 사장이 현대카드에 처음 입성했을 때 누구나 반대하던 사옥 리뉴얼을 가장 먼저 시행한 이유가 '조직 프라이드' 때문이라고 했던가. 물론 여전히 어렵지만 현대카드만의 특성을 오롯이 드러내는 단어와 정의, 숫자 들이 불쑥불쑥 튀어나오는 덕에 예전보다는 한층 편안해진 마음으로 회의를 참관할 수 있었다. 회의장에서는 발표와 질의응답과 즉석에서 펼쳐지는 치열한 논쟁이 물 흐르듯 이어지고 있었다. "HCA(현대캐피탈 아메리카)의 사례를 봅시다. OEM 계단식 할부로 인해 미국에서는 큰 성과를 거뒀어요. 콜센터 등 다른 식의 서비스 차별화가 주효한 것이죠. 그런데 중국은 재미가 없어요⋯⋯" 회의 중간중간 현대캐피탈 아메리카에서 직접 들었던 '계단식 할부'니 '콜센터를 통한 적극적인 공략'이니 하는 익숙한 이야기들도 간간이 튀어나오고 있었다. 멍하니 그 풍경들을 바라보고 있다가 문득 궁금해졌다. 지난 상파울루 출장에서 공장의 내부 설비 배치방식을 보고 공장장의 성향과 현대자동차 브라질 공장의 미래 방향을 직관적으로 예측했던 것처럼, 정태영 사장은 도대체 이 무수한 개념과 도표와 숫자의 틈바구니에서 어떻게 데이1, 챕터2 같은 직관적이면서도 틀을 뛰어넘는 발상을 떠올릴 수 있었을까. 상념에 빠진 것도 잠깐, 평온하게 흘러가는 듯했던 회의장의 분위기가 급변했다. 맞다. 상파울루에서도 이랬다. 마치 욕조의 물이 조용히 빠지다 귀를 찢는 날카로운 소리와 함께 급격한 소용돌이를 일으키듯 회의장 분위기가 갑자기 뒤흔들렸다.

"내가 안전하게 가라고 하지 않았습니까? 대체 왜 사장 말을 안 듣는 겁니까?"

상황을 5분 전으로 돌려보자면, 단상에는 현대캐피탈 중국법인장이 당당한 목소리로 2013년에 매출 및 수익이 기록적으로 증가했다는 내용을 자랑스레 발표하고 있었다. 그 중간을 정태영 사장이 찢고 들어가 고함을 내지른 것이다. 꽤 오랫동안 그를 봐왔지만 이처럼 크게 화를 내는 모습은 본 적이 없었다. 곧이어 다소 톤다운된, 하지만 여전히 매몰찬 말투로 질책이 이어졌다. "중국만 2003년의 현대카드를 보는 듯해요. 자산 확대에 대한 욕심보다는 사람과 기능에 대한 욕심을 먼저 내야 합니다. 내가 급격하게 성장하지 말라고 하는 이유는, 금융은 기본적으로 안전해야 하기 때문입니다. 시스템이 미비할 때 급격히 성장하면 문제가 생길 수밖에 없어요."

순간 주변엔 쥐죽은듯 정적이 감돌았고 나 또한 뒤통수를 얻어맞은 것 같았다. 매출 확대와 수익 증대를 존재의 조건으로 하는 금융사의 CEO가 기록적인 매출을 달성한 책임자를 문책하는 현장이라니. 아, 누구나 다 "금융은 안전이 우선이다"라고 이야기하지만 여타 은행들의 사례를 볼 때 이처럼 사문화된 정의도 없다 싶었었다. 지금 나는 너무나 당연한 이야기라 오히려 쉽게 무시되고 있는 기본을 역발상으로 새롭게 재정립하는 놀라운 상황을 현장에서 직접 관찰하고 있다. 감동도 잠깐. "당신, 교체 1순위야!"라는 날카로운 목소리가 이어졌다. 아, 이건 진담일까? 곧 이어지는 정태영 사장의 정리 발언. "그래도 마무리는 박수로 합시다."

휴식시간에 평소 친분이 있던 임원에게 쓱 다가가 나지막이 질문을 던지니 빙긋 웃음과 함께 다음과 같은 답변이 돌아온다. "그래도 요즘은 분위기가 많이 좋아진 겁니다. 몇 년 전만 하더라도 날카로운 지적과 직설적인 화법 때문에 회의에 참석하는 임원들은 끝날 때까지 오금이 저릴 정도였어요. 얼마 전부터 '내가 이제 나이가 들어서 마음이 약해졌어'라는 말씀을 많이 하시더니…… 그래도 오늘은 박수와 함께 회의가 끝났네요."

저 멀리서 몇몇 임원들과 함께 로비의 스탠딩 커피테이블에서 유쾌한 웃음을 섞어가며 담소를 나누고 있는 정태영 사장의 목소리가 들려왔다. 아직 그와 눈인사도 못 나눈 상태. 슬그머니 옆으로 다가가서 인사를 건넸다. 마치 용수철이 튀어오르듯 지극히 젠틀하면서도 나긋하고 경쾌한 반응이 돌아온다. 몇 마디 안부를 묻더니 어느새 내가 입고 있던 블랙 패딩아우터에 시선이 꽂힌다. "이거 캐나다구스인가요? 최상위 라인인가보네요. 역시 눈에 띄는 붉은색 라벨이 아니라, 시크하게 보일 듯 말 듯 블랙라벨이 팔에 붙어 있으니 훨씬 좋네요. 지나치게 눈에 띄는 라벨이 캐나다구스의 유일한 단점이라고 생각했거든요. (웃음) 나는 왜 캐나다 출장 갔을 때 이런 걸 못 봤지?" 빙고. '나 캐나다구스 입었어요'라는 뉘앙스가 싫어서 굳이 20퍼센트 정도 더 비싼 '블랙라벨'을 구입한 게 맞다. 너무 펑퍼짐한 느낌이 싫어서 구스의 양은 더 적더라도 몸에 피트하게 붙는 라인을 고른 것도 맞고. 딱 보자마자 옷의 종류와 느낌을 간파하고, 그 배경에 대한 짐작까지 하는 사람은 이 옷을 구매한 이래 처음이었다. 그것도 온갖 수치와 자료가 허공을 휙휙 날아다니는 이런 자리에서 단번에 간파할 정도로 예리한 촉수라니.

이후에는 크게 무리 없이 발표 및 토론이 진행되었다. 마지막으로 CEO 강평시간. 아까 크게 화를 냈던 게 마음에 걸렸던지 위트 섞인 인사말로 시작한다. "이번 워크숍은 가장 잔소리가 없었던 워크숍이었던 것 같아요. 왜 이렇게 편안하게 진행이 되었나 생각해보니 여러분이 잘한 건 아닌 것 같고, (웃음) 제 노화현상이 주된 원인인 것 같군요." 이어지는 코멘트들은 한결같이 핵심을 찌르고 있었다. 하루 꼬박 열린 치열한 회의의 핵심을 하나도 놓치지 않고, 아니 그 위에 새로운 상상력을 덧입혀가며 주도적으로 회의를 이끌었다는 이야기.

"하드랜딩은 더이상 걱정하지 않아도 될 것 같습니다. 중국도 한국도 소프트랜딩으로 가고 있는 것 같으니까요. 하지만 문제는 고통스럽게 오래가는 저성장이에요. 그래도 이건 예측 가능한 거니까 2014년에도 힘차게 나아가면 됩니다." 그는 "우리는 하드워킹 하는 회사"라고 힘주어 말했다. 비록 일부 직원들이 우울해할지언정 우리 스스로에게 프라이드가 있고, 다른 회사보다 분명 더 많은 걸 이루고 있음에도 욕심에 차지 않는 것은 그만큼 지향점이 높기 때문이라고, 마치 스스로에게 말을 건네듯이 그렇게 정의했다. 쿨하게 덧붙이기도 했다. "회사가 잘되고 잘 굴러가는 것에 인생의 목표를 두지 말라"고. 위대함을 목표로 삼아야 한다는 것.

CEO로서 위기에 대한 인지가 늦은 점에 대한 자기반성에 이어 그날 통틀어 가장 인상적인 코멘트가 흘러나왔다. "심플리피케이션을 자꾸 이야기하게 됩니다. 말로만 끝나는 게 아니라 죽자고 덤벼듭시다. 덧붙여 자기업에 대한 정의를 꾸준히 해야 합니다. 유통업인지 서비스업인지, B2B인지 B2C인지. 정의하지 않고 열심히 하는 건 소용없습니다. 자신의 롤을 시기에 맞춰 전환하지 않으면 결국 조직 내에서 자꾸 엉뚱한 일만 할 수 있습니다."

아직 현대카드 관찰 초반부. 불쑥불쑥 과연 내가 이 거대하면서도 복잡한 조직체를 완전히 이해할 수 있을까 하는 두려움이 들곤 하지만, 그래도 앞으로 주목해야 할 방향이 무엇인지, 어떤 디테일에 더 집중해야 하는지 약간의 힌트를 얻은 느낌이었다. 다만, 격렬한 회의가 끝나자마자 쿨하게 야간 스키를 타러 달려가는 임직원들을 바라보고 있자니 (부러워서) 서울로 향하는 발걸음이 잘 떼어지지 않더라는 것.

겨울의 냉기를 단번에 날릴 만큼 뜨거웠던 연말파티

개인적으로도 말 그대로 다사다난했던 2013년이 드디어 막을 내리기 직전이다. 연말을 맞아 사옥 내에도 크리스마스를 연상케 하는 작은 디테일이 더해진다든지, 왠지 들떠 보이는 직원들의 종종걸음이 이어진다든지 하는 사소한 변화가 일어나고 있었다. 그리고 오늘은 여의도사옥 전 직원이 한곳에 모여, 전국의 거점을 생방송으로 연결하는 '연말파티'가 열린다고 했다.

평소 마켓플레이스가 열리는 장소인 10층 컨벤션센터로 올라갔다. 이미 행사장은 간단한 음식과 맥주, 음료수 등을 놓은 테이블, 행사 준비를 맡은 직원들, 좋은 자리에 서기 위해(임직원의 규모를 생각했을 때 당연히 스탠딩 행사일 수밖에 없다) 미리 와서 서성이고 있는 직원들로 부산한 상태였다. 일반 기업이라면 호텔이나 연수원 등 널찍한 장소를 빌리든가, 아니면 주요 임원들만 참석하는 종무식 등으로 대체하는 것이 보통일 텐데 현대카드는 직원들이 자율적으로 참여할 수 있는 파티를 진행하고 있었다. 마치 시상식을 연상케 하듯 시간표는 꽉 짜여 있었고 입구에는 신분을 철저하게 확인하며 혹시 모를 사태에 대비하는 보안요원들이 서 있었다. 일단 시작하면 나올 수는 있으되 다시 들어갈 수 없다는 엄정한 원칙 또한 안전과 보안을 최우선으로 생각하는 회사다웠다. 솔직히 현대카드를 본격적으로 드나들면서 알게 모르게 촉수에 와닿은 건 왠지 모를 무거움이었다. 건물의 구성이나 인테리어가 완벽하고, 출입절차부터 업무방식에 이르기까지 지극히 합리적이면서도 모던한 조직이라는 것은 잘 알겠다. 하지만 구글, 애플 등의 창의적인 조직에 비할 때, 모던의 단단함이 생동감을 억누르는 기제로 변할 수 있지 않을까 하는 우려 또한 떨칠 수가 없었다.

　잠시 상념에 빠져든 사이, 어느덧 컨벤션센터가 꽉 들어찼다. 나는 일부러 직원들의 이동이 가장 잦은 뒤쪽에 자리를 잡고 있었다. 직원들은 자연스럽게 맥주를 집어든 채 마음에 드는 음식을 받기 위해 줄을 서거나, 동료들과 수다삼매경에 빠지거나, 간단한 게임을 즐기고 있었다. 그동안 일상 업무 과정에서는 볼 수 없었던 활기가 흘러넘쳤다. 사실 프로그램은 예상만큼 창의적이진 않았다. 걸그룹의 공연, 부산, 광주, 대전 등 생방송으로 각 지사 연결, CEO의 인사말 등등. 그래도 이렇듯 자유롭게 파티를 즐기는 직원들이 있는 (대)기업은, 임원들과 직원들 간의 거리감 또는 차별이 존재하지 않는 회사는, 무엇보다 열광적인 CEO가 존재하는 회사는 단언컨대 처음 보노라고 자신 있게 이야기할 수 있다. 기본 콘셉트가 아마추어적이어서 피식 웃음이 새어나오긴 했지만 사장 이하 모든 임원들이 힙하퍼로 분장한 채 춤과 노래로 직원들을 즐겁게 해주는 동영상을 상영할 때에는 가슴 깊은 곳으로부터 따뜻한 웃음이 절로 흘러나왔다.

임원들 앞에서는 무섭고, 까다롭고, 날카롭기 이를 데 없는 촌철살인의 멘트도 서슴없이 날리던 정태영 사장이 함박웃음을 지은 채 연단 위로 올라온다. 얼마 전 스키를 타다 다리를 다친 탓에 불편한 몸에도 직원들의 뜨거운 열기를 온몸으로 느끼고 있다. 공식적이고 딱딱한 말투가 아닌, 평소의 나긋나긋한 대화체 그대로 간단한 연설을 한 뒤 "여러분, 정말 사랑합니다"라는 인사말로 끝맺는다. 마치 아이돌을 대하듯 큰 환호성이 터져나온다. 문득 언젠가 한 임직원이 귀띔했던 이야기가 떠올랐다. "아마 사람에 따라 정태영 사장님을 좋아할 수도, 꺼려할 수도 있을 겁니다. 무서워서 피하고 싶어하는 사람들도 꽤 많을 거예요. (웃음) 다만 이거 하나만은 분명합니다. 어느 회사를 가도 현대카드만큼 CEO가 일반 직원들의 일상생활에서 주된 대화소재로 오르내리는 경우는 찾아볼 수 없다는 것. 그만큼 CEO가 실질적인 관심의 대상이자 화제의 대상이라는 거죠."

지금, 나는 현대카드의 연말파티 현장에서 다사다난했던 2013년을 이렇게 떠나보내고 있다. 매서운 겨울 냉기를 단번에 날려버릴 것 같은 뜨거운 열기 한가운데서.

쿨한 전략 이면의
지극히 인간적인 고뇌

2014년 새해가 왔다. 브라질 출장을 다녀온 이후 정태영 사장과는 마주칠 기회가 없었다. 연말연시라 공식적인 일정이 꽤 많은 듯했다. 나 또한 3월 창간기념호를 미리 준비해야 할 시기라 본래 업무에 몰두하고 있었다. 1월 중순이었을까, 느닷없이 정사장에게서 문자가 왔다. 오늘밤 한잔하지 않겠냐는 것. 마침 지난 10년간 현대카드의 광고를 전담하다시피 했던 김성철 TBWA 상무가 얼마 전 브랜드1실장으로 입사했다고 했다. 김성철 상무와 나는 친분이 두터우니 셋이 함께 보면 어떻겠냐는 제안이었다. 앞으로 더 많은 에피소드를 기술하겠지만, 이런 것이 바로 정태영 사장 특유의 커뮤니케이션 방식이다. 스피디함, 그러면서도 정중함을 놓치지 않는 것. 하루에 많게는 수십, 아니 수백 건까지 결재해야 하는 그는 오로지 일에만 집중한다. 앞에서 언급한 바 있는 탑투더보텀 방식의 스피디한 의사결정과정 덕분에 CEO의 업무강도는 그야말로 살인적이다. 한참 뒤의 일이긴 하지만, 시즌중 현대캐피탈 배구단의 용병을 교체하는 일이 안건으로 올라왔을 때 최종 결재와 실제 계약에 이르기까지 여덟 시간밖에 걸리지 않아 큰 화제가 된 적이 있을 정도다. 흥미로운 부분은 그렇게 바쁜 가운데서도 문득 관심이 꽂히면 느닷없이 전화나 문자, 메일로 연락하곤 한다는 것.

그날 밤, 우리는 한남동의 위스키바에서 조인했다. 싱글몰트위스키에 조예가 깊고, 트렌디한 공간의 흐름에 관심이 많은 그다운 선택이었다. 오늘은 초창기부터 지금껏 같이 뒹굴었던 전우가 입사한 특별한 날이어서인지, 과거 회상이 주를 이뤘다. 처음 현대카드에 들어왔을 때 상상을 초월하는 적자가 나는 회사를 운영하게 되었다는 사실에 너무 신나(?!) 와이프에게 앞으로 하고 싶은 일에 대해 흥에 겨워 줄줄이 읊었다가 핀잔을 들은 일, 무엇보다 먼저 구성원들의 무너진 자존심을 세워주어야 할 것 같아서 임원들의 무수한 반대에도 불구하고 사옥 리뉴얼부터 시작했다는 에피소드, 이른바 1세대, 즉 초창기 멤버들과 함께 디자인 지식이 전혀 없던 상태에서 M카드의 초기 형태를 직접 그려서 잘라 붙여보며 디자인했던 기억들, 그리고 지금은 다른 회사로 가고 없는 옛 멤버들의 이름을 하나하나 불러보기 시작하더니……술이 불콰하게 올라서였을까. 이 대목에서 갑자기 그가 눈물을 뚝뚝 흘리기 시작했다. 그러고서는 흐느끼며 이런 멘트를 반복했다. "미안하다. 미안해……"

지금의 현대카드는 지난 10년을 넘어 앞으로의 10년을 준비하는 세대교체의 시기다. 다양한 분야에서의 인재 등용을 원칙으로 내세운 탓에 초창기부터 정태영 사장과 나이대가 비슷한 임원들이 주를 이루었다. 현재 그들은 거의 회사를 떠나고 없다. 2014년 말 현대라이프 대표이사를 맡았던 최진환 부사장이 떠나면서 공식적으로 1세대 임원들은 사실상 모두 현대카드를 떠났다. 이를 둘러싸고 내부적으로 다양한 의견들이 표출되는 걸 취재기간 내내 캐치할 수 있었다. 먼저 부정적인 의견. 정태영 사장 특유의 강한 추진력과 광범위한 지식, 독할 정도로 꼼꼼한 디테일 등에 지쳐(덧붙여 탑투더보텀이라는 시스템 특성상 특히 임원들이 지칠 수밖에 없는 업무구조까지) 현대카드의 임원들은 오래 버티기 힘든 것으로 정평이 나 있다는 것. 회사 규모가 커지고 안정적으로 변하면서 초창기 멤버들의 입지가 지속적으로 줄어들었다는 의견이다. 긍정적으로 생각하는 측은 같은 현상을 정반대의 입장에서 바라보는 듯했다. 벤처나 IT기업 등의 사례에서 알 수 있듯 기업이 안정기에 접어들면 초창기 멤버들이 자연스럽게 물갈이되고, 아래에서부터 올라오는 새로운 주역들로 채워진다는 것. 초창기의 상황에서 스스로 변하지 못한 인력들이 자리를 지키고 있으면 오히려 조직의 발전을 저해할 수 있다는 의견이다.

솔직히 나로서는 아직 무엇이 옳고 그른지 판단할 근거가 극히 부족하다. 현대카드 내부에는 두 가지 목소리가 공존하고 있었다. 덧붙여 새로운 주역들이 올라오는 건 바람직한 일이지만, 언제부터인가 회사 내부에는 맘먹고 자신의 의견을 내놓는 임원들이 실종되고 있다는 또다른 입장도 있었다. 탑투더보텀 방식은 CEO의 의견을 즉각 이해하고 때론 반대되는 의견을 내기도 하면서 전체적인 이해가 넓어지는 루틴을 가져가야 제대로 작동할 수

인사이드 현대카드

있는데, CEO의 생각을 제대로 이해하지 못하거나 사후 해석에 급급한 경우가 늘고 있다는 비판적인 의견이었다. 터놓고 말하자면 현대카드 또한 안정기에 접어들면서 여타 국내 대기업들과 큰 차별점이 없는 경직된 조직 형태로 가고 있다는 쓴소리였다. 직원들이 회사의 경영방향을 '그들만의 리그'로 치부하며 소외감과 불만이 쌓여가고 있다는 목소리도 꽤 높았다. 이 지점에 대해서는 차후 꾸준히 관찰하며 들여다볼 계획이다. 다만 그날 밤, 나는 쿨하고 강인해 보이는 겉모습 이면에 지극히 인간적인 고뇌를 지닌 정태영 사장의 몰랐던 모습을 지켜볼 수 있었다. 한번 나간 직원들에게 다시 돌아올 기회를 주는 '연어 프로젝트'와 공채보다는 다양한 경력의 직원들이 섞이는 것을 선호하는 쿨한 방침 이면에는 이런 인간적인 고뇌 또한 존재하고 있다는 것을.

Chapter

2

Spring

새로운 시각을
꽃피운다는 것

지난 10년과 앞으로 10년의 갈림길에서

———

아무래도 겨울에는 몸도 마음도 조금은 움츠러들기 마련이다. 나름 꽤 열심히 현대카드를 드나들었다고 생각했는데 행동반경이 그리 넓지는 못했던 것 같다. 이제, 날씨가 어느 정도 따뜻해졌으니 여의도를 벗어나 더욱 시선을 넓혀서 현대카드의 자취를 짚어봐야지, 라고 마음을 먹자마자 양평에서 '겟어웨이'가 펼쳐진다는 전언이 왔다. 역시, 다시금 말하지만 (직원들 입장에서는 호오가 갈릴 수 있겠지만) 정적인 것과는 분명 거리가 먼 회사다. 분기별로 야외로 나가 새로운 분위기에서 머리와 마음을 열고 진행한다는 '겟어웨이'. 이번 장소는 가평 아난티클럽이다. 순간 고개를 갸웃했다. 정태영 사장은 골프를 치지 않는다고 알고 있었기 때문이다.

날씨가 기가 막히게 좋았다. 강렬한 태양 아래 푸릇푸릇 잔디가 생동하는 현장. 클립형 선글라스를 깊게 눌러쓴 채 점심시간 즈음 현장에 도착했더니 사람들은 이미 식사를 마친 뒤 가벼운 옷차림으로 자유롭게 대화를 나누고 있었다. 정태영 사장에게 슬쩍 다가갔다. '골프를 별로 안 좋아하지 않느냐'는 가벼운 질문부터 던졌다. "골프는 미국에 있을 때 주로 쳤고 한국에서는 골프채를 제대로 잡아본 지 참 오래됐죠. 무엇보다 시간이 별로 없어요. 그리고 골프 친다고 소문이 나면 같이 치자고 할 사람들이 너무 많아서…… 그 시간에 일해야죠. (웃음) 아, 그렇다고 골프를 못 치는 건 아니에요. 전 남들과 다르게 9번 아이언을 좋아해요. 멀리 보내겠다는 욕심 없이 가볍게 휘두르면 머릿속 계산대로 공이 정확한 위치에 툭 떨어지는 걸 즐기죠."

한가로운 점심시간은 이쯤에서 끝. 이제 본격적으로 회의가 시작될 시간이다. 회의주제는 화창한 날씨와는 정반대로 무겁고 어려웠다. 지난 연말 경영전략워크숍에서 정태영 사장은 CEO로서 위기를 빨리 파악하지 못했다는 점에 대해 반성하며 챕터2, 데이1, 웨이브1·2·3 등 새로운 툴을 적극 개발하기에 이르렀다고 밝힌 바 있다. 오늘 회의는 TVA^Total View Account라는 신무기를 바탕으로 창출된 이 새로운 콘셉트들이 실제 업무에 얼마나 잘 적용되었는지를 구체적으로 평가하는 자리(라고 사전에 누군가 귀띔해주었다). 분야별로 재무분석표를 짜는 게 일반적이라면 TVA는 들여다보고 싶은 분야별로 투입된 비용을 '모아서' 보는 방식이다. 거칠게 정리하자면 '회계비용+관련 비용+조직비용=TVA'라고 할 수 있다. 이를 통해 잘못 쓰이거나 잘못 설계된 영역을 제대로 판단할 수 있다고 한다. 무조건 비용을 줄이는 것이 아니라 어디에 잘못 쓰이고 적게 쓰였는지를 합리적으로 판단해 효율적으로 비용을 투입하겠다는 것이다. 예를 들어 일반적인 회계기준에서 인건비는 임직원 월급만 포함하며, 아웃소싱 업체 등 '외부인력'에 들어가는 비용은 고객유지비 또는 일반경비로 분류된다. '인력'에 투입되는 전체 비용을 정확하게 파악하기 어려운 것이다. 이에 현대카드는 새로운 시각으로 비용을 재편했고, 그 결과물인 TVA를 통해 카드사가 하는 활동을 상품, 채널, 마케팅으로 나눈 뒤 현재 어느 부분에 가장 많은 돈을 쓰고 있는지 살펴봤다. 같은 숫자를 분석하더라도 상상력과 과감성이 덧붙여졌을 때 얼마나 다른 결과를 산출해낼 수 있는지 잘 보여주는 사례다.

'데이1'은 TVA를 통해 들여다본 결과를 바탕으로 현대카드를 인수한 첫날인 것처럼 사업을 재구성하겠다는 것이다. 그리하여 2012년 11월부터 2013년 4월까지 '웨이브1' 기간 동안의 과제는 상품 서비스 비용률 축소, 브랜드 운영성 비용 절감, 카드 신영업모델 개발, O/S 비용 절감 등을 아우른다. 이를 '챕터2'라고 부르기도 한다. '웨이브2' 기간은 2013년 5월부터 12월까지이며 오토, 카드, 금융, 법인, 컬렉션, 커머셜 등을 아울러 거점을 최적화하고, 호텔링hotelling(호텔처럼 일이 있을 때마다 이용할 수 있는 거점조직) 등으로 비용을 합리적으로 줄였다. 이를 '스테이지2'라고도 부른다. '웨이브3'는 2013년 이후 기간으로 오토판매비와 금융판매비를 효율화하고 대손비용을 최적화하겠다는 계획이다. '빅스테이지'라고도 부른다. 이처럼 데이1은 TVA를 통해 사업에 새로운 상상력을 발동하는 프로세스다. 이 접근법으로 카드 사업의 챕터2라는 신개념이 탄생했으며, 왜 충성도 등이 다른 고객에게 같은 방식으로 같은 비용을 투입해야 하는지에 대한 근본적인 의문이 발생했다. 오토 분야에 있어서도 표준 거점체계를 만들고 10대 권역을 설정하며 호텔링이라는 개념을 도입하면 비용을 효율적으로 줄일 수 있음은 물론, B2B와 B2C 영업모델이 혼재되어 일으켰던 혼란을 통합으로 정리하고, 본사-지역본부-지점의 3단계로 구성되었던 기능도 B2B의 경우 본사-지역본부의 2단계로 정리하는 것이 훨씬 수월하다는 결론에 이르렀다.

"TVA로 보면서 언밸런스한 부분을 찾아내고 상상력을 발휘하게 되었습니다. 돈이 고객들에게 제대로 쓰이는지 아니면 과다하게 들어가는지를 알 수 있게 되었죠. 거점이라는 조직을 이전과 달리 다 모아서 보니 어떻게 운영하고 시너지를 낼 수 있을까도 알게 되었어요. 즉 가설을 만드는 프레임이 생긴 거죠."

이쯤에서 솔직히 현대카드의 비용절감 방안이 어떻게 흘러가는지는 대충 파악할 수 있었지만 TVA가 얼마나 대단한 툴인지는 잘 실감이 나지 않았다. 눈치를 챘는지 나를 흘긋 보던 정태영 사장이 미소를 짓더니 훨씬 더 쉬운 예를 들어 설명을 이어나갔다.

"TVA를 통해 리밸런싱은 물론 업의 정의를 새롭게 할 수 있습니다. 도요타가 수익에 비해 재고비용이 많다는 데에서 착안했어요. 업의 정의가 얼마나 중요한지 봅시다. 자라는 모든 옷을 스페인에서 만듭니다. 최신 유행을 세계 어느 곳에나 뿌리는 것이 목표죠. 그래서 한 달에 두 번 선적을 합니다. 이들의 키워드는 당연히 '운송'입니다. 반면 유니클로는 '조달'입니다. 최저가로 최상의 품질을 가진 제품을 공급하는 게 유니클로의 목표이기 때문입니다. 그래서 세계 곳곳에서 구매를 합니다. 그렇다면 우리 업의 정의는 무엇일까요?"

순간 장내가 조용해졌다. 난다 긴다 하는 (일선 직원들의 표현에 의하면 '천상의 구름 위에서 회의하는 사람들'인) 본부장급 임원들이지만 단번에 현대카드의 업을 어떻게 정의해야 할지, 어느 부분에 중점을 둬야 할지에 대해서는 선뜻 대답이 나오지 않는 분위기였다. 정사장의 농담 섞인 질문이 이어졌다. "여기 잡지사 에디터분이 계신데, 그러면 잡지의 업은 어떻게 정의해야 할까요? 중심을 판매에 둬야 할까요, 광고에 둬야 할까요?" 순간 숨이 턱 막히는 기분이었다. 디지털 격변의 시대, 편집장으로서 최선두에서 잡지의 미래를 고민하고 있건만 아직까지 명확하게 이 어젠다를 해결하지 못하고 있다. 그 아픈 속을 찔린 것 같아서 마음 한구석이 저릿하면서도 명쾌한 논리에 끌리는 것은 어쩔 수 없었다. 과연 매거진의 미래는 무엇일까? 요즘 유행하는 『킨포크』나 『매거진B』처럼 소수지만 열광적인 마니아들에게 의존하는 방식이어야 할까, 일부 매거진들처럼 판매나 대중성은 포기한 채 광고주의 기호에만 의존하는 방식이어야 할까. 이 두 가지 방향 외에 다른 방식은 불가능한가…… 문득 마셜 매클루언의 그 유명한 언명이 떠올랐다. "우리가 오늘날 겪고 있는 혼란의 대부분은 어제의 도구와 개념으로 오늘의 작업을 하려는 의도의 결과입니다." 잠깐 상념에 빠진 사이 진도는 한참 더 나가고 있었다.

"그렇다면 광고비는 무조건 줄이는 것에 집착해야 하나요? TVA는 전략적으로 관심 있는 분야 하나에만 집중해야 합니다. 첫번째 타자가 카드였는데 신규 모집비용이 기존 고객을 유지하는 비용보다 세 배나 더 들더군요. 충성도 50퍼센트 이하의 고객을 상위 고객들이 먹여 살리고 있던 꼴이죠. 우리는 충성도가 승부처라고 보고 공헌 고객들을 꾸준히 관리하는 길을 택했습니다. TVA를 할 때는 좁게 숫자에 집중할수록 본질에서 멀어집니다. 세계지도를 그리는 마음으로 큰 걸 봐야 합니다. 자기 업을 가장 잘 이해하는 사람이 절감도 가장 잘할 수 있는 겁니다."

브라질에서 공장의 내부 설비구조만 보고도 공장장의 성향을 파악했던 정태영 사장은 이 도표와 숫자의 틈바구니에서 TVA를 떠올리고 데이1, 챕터2 등 상상력을 발동해 현대카드의 새로운 장을 열고 있다. 앞으로 이 회사에 어떤 일들이 더 벌어질 것인지, 아직 반의 반도 제대로 들여다보지 못한 기분이다. 한편으론 아득하기도 하고, 다른 한편으론 설레기도 하는 이 기분. 다음 분기쯤 포커스미팅에서 현대라이프를 TVA로 집중 분석하겠다는 예고가 이어졌다. 그때쯤이면 아직 흐린 구름 속에 들어가 있는 듯한 내 머릿속도 조금은 쾌청해져 있지 않을까.

'10년 후 무엇을 먹고 살아야 하나'라는
절박한 질문

　몇 차례 중요한 회의를 참관하는 동안 가장 의아했던 사실 중 하나는 의외로 회의시간에 자신의 의견을 활발하게 표현하는 임직원이 드물다는 것이었다. 사실 이와 관련해서는 HR를 총괄하는 이윤석 상무와의 인터뷰를 통해 이미 확인하긴 했다. 매일경제 기자 출신인 이상무는 현대카드의 시작부터 함께한 초창기 멤버다. 초창기 임원들 중에서 사실상 유일하게 자리를 지키고 있을 뿐 아니라 정태영 사장의 지난 10년의 영광을 함께했으며, 세련된 외모와 스타일(절대 50대로 보이지 않는다) 등 외부에서 상상하는 현대카드 임원의 전형적인 모습을 갖추고 있다.

　"초창기만 해도 지금 같은 조직 규모가 아니었어요. 사실 어설펐죠. 입사 첫날까지도 뭘 해야 할지 몰랐어요. (웃음) 마케팅 PR 팀장이었나? 그런 직급이었고, 당시는 오영식 대표라는 외부인사가 비주얼커뮤니케이션이라는 팀을 만들어 이후 디자인랩의 기초를 닦던 시기였어요. 이 모든 팀들이 다 홍보실 소속일 정도로 초보적인 단계였죠. 그때는 광고 PT도 초창기 핵심 인력들이 모두 들어가서 볼 정도로 어떻게 보면 끈끈하고, 어찌 보면 업무 세분화가 안 된 상태였어요. 출근하자마자 무턱대고 PT 자리에 들어오라고 해서 사장님과 조좌진, 서호성, 변창우, 최진환 등 젊고 총기 있는 멤버들을 처음 봤죠. 깜짝 놀랐어요. 경제지 기자 생활을 하면서 수없이 많은 CEO와 임원들을 봤지만 이런 총기와 아우라를 가진 인물들은 정말 처음 봤어요. 물론 하루종일 일이 너무 힘들고 괴롭긴 했죠. (웃음)"

　이상무는 현대카드를 퇴사한 일부 임원들이 회상하는 것처럼 초창기에는 임원들이 정사장을 믿음직한 큰형처럼 따르는 분위기였던 게 사실이라고 말했다. 심지어 광고 PT를 할 때에도 일부 임원들이 자연스럽게 사장 앞에서 담배를 빼어 물며 진행할 정도였다고 하니. 하지만 그렇다고 정태영 사장이 기업 규모가 커진 다음 변했다는 일부 평가에 대해서는 동의하지 않는다고 말했다.

"사실 그때나 지금이나 사장님의 퍼스널리티는 비슷하다고 생각해요. 단지 그 당시는 불모지에서 새로운 것들을 쑥쑥 일궈가는 입장이었기 때문에 잃을 게 없어서 더 당당하거나 시원시원할 수는 있었겠죠. 당시에도 결과나 디테일에 대한 엄청난 집착은 똑같았어요. 덧붙여 디자인이나 컬처 등에 대한 관점도 크게 달라진 건 없어요. 다만 과거에는 아무것도 없으니까 자신의 기호에 맞아떨어지지는 않더라도, 필요하다 또는 이 정도로도 충분히 반향을 일으킬 수 있다 하면 그대로 'Go'를 외칠 때도 있었던 것뿐이죠."

여기에서는 의견이 좀 갈릴 수 있다. 회사가 성장하고 조직이 커지면서 토론이나 커뮤니케이션 방식에는 변화가 생길 수밖에 없다. 막상 취재를 해보니 외부에 전해진 것만큼 임원들이 활발하게 의견을 개진하고 치열하게 토론하는 모습은 쉽게 찾아볼 수 없었다. 10년 전쯤에도 과연 이랬을까? 초기에 현대카드가 일으킨 반향을 생각하면 분명 그때는 지금과 같지 않았을 것이다. 아이디어와 큰 방향은 정사장이 제시했겠지만 격의 없는 토론을 통해 또다른 아이디어가 얹히고 힘이 실리는 과정이 뒤따랐을 것이다. 때로는 변방의 보잘것없는 아이디어도 토론 테이블에 올라왔을 것이고, 사장과 겁 없는 임원들이 모여 생각을 발전시켜나갔기에 작품이 만들어졌을 터. 그런 과정이 10년간 쌓여 현대카드는 여타 기업과 차별화되는 브랜드와 이미지, 기업문화를 구축했으리라. 하지만 지금도 그런 과정이 계속되고 있는지는 의문이다. 일부에서 이제 현대카드도 여느 대기업들과 비슷해지고 있다고 우려하는 것도 이 때문이다.

"어찌되었든 저는 사장님의 개성이나 업무 처리방식은 변한 게 거의 없다고 봐요. 다만 일의 규모나 영역에 따라 사장님은 그 흐름에 최적화되어 왔는데 일부 초창기 멤버들은 따라오지 못한 것일 수 있죠." 이상무는 조직이 변하는데 기존의 방식만을 고집하고 추억하는 것은 너무 단순한 생각이 아닌가라고 반문했다. "따지자면 사장님의 의사결정에 '트리거' 역할을 할 수 있는 인력이 약해졌다는 게 핵심 문제인 것 같아요. 물론 다른 회사와 비교하면 뛰어난 인력들이죠. 그런데 우리 회사의 목표가 국내 최고는 아니잖아요. 목표는 구글 정도에 가 있는데 우리가 실질적으로 뽑을 수 있는 인력은 컨설팅업체 출신 정도가 대부분이에요. 물론 훌륭한 인재들이지만 컨설팅업체 출신들은 단점을 갖고 있어요. 특정한 조건이나 환경이 조성되어야만 일을 잘 수행한다는 것, 새로운 필드나 새로운 영역을 개척하기보다는 상시적인 관리와 목표 달성에 집중하는 경향이 강하다는 것 등이죠. 사실 사장님은 한번 확신이 생기면 외부의 그 어떤 테마나 방식도 내부로 가지고 오는 데 주저하지 않아요. 초창기에는 소규모고 친밀한 분위기라 그런 '트리거' 역할을 해주는 임원들이 있었지만 지금은 토론에서 다른 국면을 개척하는 임원들이 별로 없다는 것, 아마 사장님이 가장 답답해하고 있을 겁니다."

그런데 다소 경직된 회의 분위기에서도 전략기획본부의 김정인 전무는 조금 달랐다. 때론 사장의 의견에 보조를 맞추거나 혹은 가장 먼저 현재의 흐름과 문제점 등을 지적하면서 활발하게 회의를 이끌어나가곤 했다. 일부 임직원들에게 그에 대해 질문을 던져본 결과, 평가는 엇갈렸다. 한쪽에서는 CEO의 의견에 반대하거나 새로운 지평을 개척하는 게 전략기획본부의 임무인데 CEO의 생각을 미리 캐치하고 비슷한 의견을 제시하는 데 그친다는 비판의견을 냈다. 다른 한쪽은 그래도 현재 사내에서 그만큼 전체를 개괄해 날카로운 의견을 던지는 부서장도 없다는 입장이었다. 김정인 전무는 그런 분위기를 잘 알고 있다는 듯 "다양한 영역에 개입하고 의견을 내느라 무척 바쁜 부서인 것 같다"는 내 첫마디에 "숟가락 얹는 부서인 거죠"라는 농담 섞인 대답으로 대화를 시작했다. 그는 순수 국내파로 현대카드에 입사하기 전 매킨지에서 9년 동안 일하며 아시아퍼시픽 리스크를 담당하는 파트너로 승격하는 등의 경력을 쌓은 바 있다.

"사실 처음 입사 제안을 받았을 때만 해도 현대카드에 들어오겠다는 생각은 전혀 해보지 못했습니다. 사장님과 밥을 먹으면서 워낙 유명하면서도 특별한 분이니까 자연스럽게 관심을 갖게 됐죠. 제가 뒤늦게 구체적인 업무에 뛰어들어서 할 수 있는 일은 없을 것 같더라고요. 다만 각 팀의 리더들이 모인 회의에 주로 참여하면서 HR, 재경, 오토 사업 등등 다양한 분야에 대해 논의한다면 저 또한 배울 게 많을 것 같았습니다. 실제로 지금도 각 부서의 상황을 검토하고 플랜을 짜면서 많은 것을 배우고 있습니다."

김전무는 "다른 부서에서는 나를 싫어할지도 모른다"는 은근한 농담을 덧붙이며 본인이 맡고 있는 파트에 대해 구체적인 설명을 이어나갔다. "제가 원래 전략파트 일을 하다 왔으니 어떻게 하면 전략이 망하는지를 아주 잘 알고 있었죠. (웃음) 실무부서들이 피부로 느낄 수 있는 실용적인 전략을 짜는 게 전략기획본부의 첫번째 업무입니다. 두번째는 관제탑 역할이죠. 전략이 제대로 진행되고 있는지 보는 겁니다. 다른 부서에서는 자꾸 귀찮게 한다고 지겨워할 수도 있겠죠. (웃음) 마지막 역할이 남들은 잘 모르는, 혹은 몰래 하는 업무인데 포트폴리오 플래닝입니다. 3년에서 5년, 길게는 10년 후 우리가 무엇을 먹고 살아야 하나, 라는 절박한 의문을 가지고 미래를 모색하는 거죠."

전략기획본부의 전략에 따라 현대카드의 업무영역은 메인비즈니스와 뉴비즈니스로 나뉜 상태다. 메인은 현재도 주력군인 카드, 캐피탈, 오토 등이다. 오토의 경우 최근 몇 년 사이에 수익이 꽤 감소했다. 현대카드가 뉴비즈니스에 대해 끊임없이 압박을 받고 있는 근원적인 이유도 여기에 있다. 뉴비즈니스는 글로벌, 코퍼레이션(법인), 라이프 등이다.

"짐작하셨겠지만 저희 부서에서 가장 큰 비중을 두고 있는 부분은 세 번째입니다. 메인비즈니스는 업의 본질을 되짚어 어떻게 효율화시키느냐, 뉴비즈니스는 어떻게 성장시키느냐가 절대 과제인 거죠. 그래서 1년에 두 번 이상 포트폴리오를 다시 뒤집어보면서 재정립하기도 하고, 그게 데이1의 토픽이 되고, 챕터2라는 새로운 발상이 나오고…… 지난 몇 년 사이에 그런 과정들을 숨가쁘게 밟아온 겁니다."

노키아와 코닥필름의 사례에서 보듯, 그리고 워싱턴포스트 등 올드미디어 회사들이 겪는 딜레마처럼 기존 주력영역과 새로운 수익영역은 늘 충돌하기 마련이다. 새로운 수익영역에 집중하지 못한 무수한 업체들이 역사 속으로 사라져갔다. 세계 최초로 디지털카메라를 개발하고도 결국 폐업의 길로 향한 코닥필름의 사례는 시대적 흐름의 엄정함을 체감케 한다. 문제는 현실이 이론처럼 만만치 않다는 점이다. 현대카드의 놀라운 저력은 여기에서도 발견할 수 있다. 비록 야심차게 시도한 라이프 부문이 실적 부진으로 고전하고 있지만, 지금도 막대한 수익을 내고 있는(한때는 연 1조원에 달했고 지금도 연 수천억원 수준을 유지하고 있는) 기존 사업을 '업의 본질'을 중심으로 세밀하게 재조정하고, 미래를 확신하기 힘든 신사업에 매진하기는 분명 쉬운 일이 아닐 것이다.

"전 2011년에 입사했습니다. 우리 회사의 순익이 본격적으로 꺾이기 시작할 즈음이었죠. 사장님은 지금도 '네가 들어와서 꺾인 거다'라는 농담을 하세요. (웃음) 그때 생각했죠. 이 회사는 지난 10년 동안 성장만 한 회사다.

이제는 환경이 바뀌어 다시는 그런 성장의 시대는 돌아오지 않을 것이다. 그렇다면 전략부터 시작해 모든 부서의 마인드와 업무방식이 바뀌어야 한다. 지금 뉴비즈니스 영역은 10~20퍼센트밖에 되지 않아요. 하지만 몇 년 안에 적어도 40퍼센트까지는 그 비중이 올라가야 새로운 세상에 적응할 수 있지 않을까, 그런 마음으로 강력한 드라이브를 걸고 있는 겁니다."

이쯤에서 솔직한 질문을 던져보기로 했다. '현대카드는 조직 내적으로나 외적으로나 지난 10년의 영광과 한계를 뛰어넘어야 하는 거대한 변환기의 한가운데 서 있는 것 같다'고 서두를 꺼내자마자 김전무는 곧바로 고개를 끄덕였다. 역시나 진단과 해법 제시에 막힘이 없었다.

"현대카드의 저력은 과감함입니다. 한번 길을 찾으면 그 누구보다도 과감하게 베팅할 수 있다는 것, 도전적인 아이디어를 거리낌없이 생각할 수 있다는 것. 그리고 오랫동안 지켜보셨으니 잘 아시겠지만 정말 저희 직원들 죽도록 일합니다. (웃음) 애매하게 일하는 게 불가능한 조직입니다. 다만 회사의 규모나 업무영역이 예전과는 비교도 안 되게 거대해졌어요. 이젠 정말 큰 회사라고 할 수 있죠. 우리 회사의 업무영역을 쪼개면 적어도 여덟 개에서 아홉 개의 작은 회사가 나올걸요? 그렇다면 저는 장수체제로 가야 한다고 생각해요. 총사령관 밑에 여덟아홉 명의 장수들이 각자의 사고와 비전을 갖는 운영체계로 가는 게 필요하다는 겁니다. 사실 많은 회사들이 이런 변화의 압박을 받습니다. 역사적으로 무수한 기업들이 명멸해왔고 규모가 커짐에 따라 성공적인 변화를 이뤄낸 기업의 숫자는 손에 꼽을 정도로 적습니다. 그만큼 쉽지 않은 도전이겠죠. 제가 점쟁이는 아니니 답은 알지 못해요. 다만 우리 회사가 그런 전환의 시기를 맞고 있는 것만큼은 분명해 보입니다."

CEO의 성향이 깊게
반영된 기업

그후 1주일 정도 지났을까. 우연히 정태영 사장과 사석에서 조우했다. 퍼플하우스에서 지인들과 저녁을 먹다가 딱 마주친 것이다. 공적인 자리가 아닌 곳에서 만난 건 꽤 오랜만이다. 정사장은 안쪽에 앉아 있던 나를 보자마자 다가왔다. 일행에게 정중히 양해를 구하더니 비어 있는 옆자리에 툭 앉는다. 그야말로 '격의 없다'. 지인들은 조금 당황한 듯하다가 금방 익숙해졌다. 방금 전까지 모두 같이 있었던 것처럼 자연스럽게 몇 가지 주제에 대한 대화가 이어졌다. 정태영 사장과 대화를 나눌 때면 관심분야가 참 넓다는 것을 새삼 느끼게 된다. 이날도 그랬다. 마침 그는 카메라렌즈를 막 구매해 들고 온 참이었다. '요즘 카메라 성능이 하도 좋아져서 굳이 DSLR에 집착할 필요 없이 미러리스로도 충분한 것 같다' '여전히 화소 수에만 집착하는 사람들이 많은 것 같아 안타깝다' '심지어 아이폰으로도 웬만큼 퀄리티 높은 사진을 찍을 수 있는 시대인데' 등등 끊임없이 이어지던 대화는 합리적인 가격에 작은 사이즈임에도 불구하고 풍경에서 스냅까지 다 커버하는 참 마음에 드는 렌즈라는 '팬케이크 표준 줌렌즈'에 대한 평으로 마무리되었다. 술이 점점 불과하게 오르며 대화의 주제는 점점 더 넓어져갔다. 기억은 흐릿하지만 그가 요즘 가장 선호하는 브랜드라는 톰포드 슈트의 디테일에 대해, 요즘 사람들은 왜 블랙팬츠를 무시하고 화려한 컬러의 팬츠에만 집착하는지에 대해, 그리고 '블랙'이라는 색에 얼마나 다양한 변주가 포함되어 있는지에 대해 대화를 이어갔던 듯하다.

물론 그가 가장 관심을 쏟는 분야 중 하나인 디자인과 대중문화도 대화 주제에서 빠지지 않았다. BMW 바이크 R90T와 포르셰 파나메라 최신 버전의 우아한 라인에 대한 매혹(소유에 대한 욕망이 아니라 순수하게 디자인의 아름다움에 대한 찬탄이었다)을 거쳐 '다펑(다프트 펑크)이 쿨한가요, 퍼렐이 더 쿨한가요?'라는 '급질문'으로까지 이어졌다. 아, 이건 예전 브라질 출장길에 브루노 마스와 존 메이어 중 누가 더 현대카드스러운 인물인지 물었던 것과 같은 맥락의 질문이다. 그가 질문한다는 것은 곧 그 가수들을 불러오겠다는 다짐과 다름없다. 난 다프트 펑크에 과감하게 표를 던졌다. 예전에 크라프트베르크를 불러왔던 것처럼 사회적으로 또는 음악사적으로 의미가 분명한 가수를 불러오는 것이 앞으로 지향해야 할 바가 아닐까 생각하기 때문이다. 현대카드가 성공시켰던 공연들은 대부분 가수의 유명세에 힘입은 바가 컸다. 물론 이 또한 사회에 큰 영향을 미쳤으며 브랜딩의 신기원을 열었다. 하지만 이미 이 분야에는 경쟁자가 너무 많아졌고, 한국 시장은 일본 시장에 종속되어 있다고 해도 틀린 말이 아닐 만큼 너무 작다. 그만큼 불확실성이 크다는 것. 그렇다면 공연 프로젝트는 최대한 논리적이면서도 예측 가능한 방향으로, 그리고 의미를 담아 진행되어야 하지 않을까 하는 사견이다.

　　레스토랑에서 식사를 마친 뒤 지인들은 돌아가고 바 쪽으로 자리를 옮겨서 대화를 계속 이어갔다. 워낙 분 단위로 쪼개 스케줄을 이어가는 그와 이처럼 편한 분위기에서 오래 이야기할 수 있는 기회도 흔치 않다. 그는 바텐더 자리와 연결되어 있는 긴 테이블, 그것도 안쪽을 택했다. 의자가 높아 약간 불편한 대신 오고가는 사람들을 한눈에 관찰하며 전체를 조망할 수 있는 명당자리라는 것. 과연 많은 사람들이 오고가며 그에게 친숙하게 인사를 건네는 모습이 보였다. 아, 배우 이정재씨도 잠깐 들렀다 갔다. 나 또한 예전에 인터뷰를 해본 경험이 있었기에 셋이서 편하게 한 시간 정도 대화를 이어갔다. 이정재씨는 오래전부터 미술 작품을 수집하며 식견이 높아진 것으로 유명하다. 이날은 주로 리처드 프린스의 작품 세계에 대한 이야기를 나눴다. 구체적인 미술 작품에 대한 지식은 이정재씨가 훨씬 더 깊었지만 최근 미술계 전반의 흐름에 대해 받아치는 정사장의 실력도 그에 못지않았다. 예전에도 느꼈던 바지만 정태영 사장의 장점은 깊은 지식에 있지 않다. 그의 놀라운 장점은 공장의 터빈에서부터 테이트모던의 최근 전시에 이르기까지 분야를 가리지 않는 넓은 관심 분야, 그리고 처음 접하는 주제에 대해서라도 집중해서 설명을 들으면 자신만의 틀에 근거해 즉석에서 판단하는 직관력이다. 여기에 어릴 때부터 단련된 숫자, 로직, 미에 대한 풍부한 감성이 직관의 정확성을 높이고 있다. 일례로 예전에 김성철 상무가 다음과 같은 에피소드를 얘기해준 적이 있다. '슈퍼토크'와 관련된 일화다. 처음에 그가 'TED'와 비슷한 프로그램을 슈퍼시리즈 중 하나로 운영해보면 어떻겠느냐고 제안했을 때 그의 첫 대답은 이것이었단다. "테드? 내 영어 이름이잖아요?"

TED의 콘셉트에 대해 전혀 지식이 없던 그는 30분 정도의 설명만 듣고 곧바로 결정을 내린 다음 마사 스튜어트 등의 강사진으로 라인업을 꾸려 슈퍼토크를 출범시켰다. 버스 셸터 등 사회공헌 사업에 대해서도 마찬가지다. 사실 현대카드는 '사회공헌'이라는 단어를 잘 쓰지 않는다. 오히려 남다르고 색다른 실험으로 접근하는 것을 좋아한다. 다른 기업들이 단순히 시혜의 차원으로만 사회공헌에 접근할 때, 현대카드는 가파도 프로젝트, 뒤에 나올 봉평장 프로젝트 등에서 볼 수 있듯 완전히 새로운 차원으로 접근함으로써 차별화된 결과물을 낳을 수 있었다.

솔직히 그는 성격이 급한 편이다. 같이 출장을 갔을 때 세관을 통과하느라 기다리는 그 짧은 순간조차도 못 견뎌하는 모습을 종종 볼 수 있었다. 그만큼 그에게는 이뤄야 할 것도, 빨리 수행해야 할 과제도 많은 것이다. 심지어 페이스북에 당장 올려야 할 중요한 코멘트가 있는데 외국에서 컴퓨터로 접속했다 페이스북이 다운되었을 때(아, 페이스북의 이 엄청난 보안과정이라니) 만 하루를 참지 못하고 페이스북 한국지사에 최대한 빨리 복구할 수 있는 방법이 없는지 문의했던 적도 있다. 당연히 그는 회의에서 바로 핵심을 이야기하지 않고 빙빙 돌리거나 다른 이야기를 하는 것을 무척 싫어한다. 요점을 파악하지 못하는 임직원들도 강하게 질책한다. 현대카드를 떠난 임원들 중 정태영 사장에 대한 무서움(?)을 표현하는 이들도 꽤 된다. 반면 그는 지극히 캐주얼하기도 하다. 임직원들은 물론 처음 본 사람과도 편하게 소통한다. 흔히 대기업 CEO에게서 볼 수 있는 권위라고는 전혀 찾아볼 수 없고, 젠틀함을 넘어서 여성적이기까지 하다. 한번 관심이 꽂히면 상대를 정중히 배려하면서도 직성이 풀릴 때까지 대화를 나눈다.

오랫동안 그를 관찰하면서 느낀 것은 일부 사람들이 오해하는 것과 달리 그는 스티브 잡스와 전혀 다른 종류의 사람이라는 것이다. 물론 디테일에 대한 집착, 성과에 대한 강한 압박 등 겉으로 드러나는 모습은 비슷할 수 있으나 정사장은 오히려 유약한 내면을 마음속 깊이 숨기고 있는 쪽에 가깝다고 표현할 수 있겠다. 사이코패스에 가까울 정도로 사람에게 관심이 없고 오로지 자신의 성과에만 집착했던 잡스와는 분명 다르다는 뜻이다. 새로운 사람들과 끊임없이 접촉하고 새로운 것을 배우기를 본능적으로 즐기는 성향도, 개인의 취향을 마음껏 드러낼 수 있는 페이스북에 몰두하는 관계지향적인 자세도, 회의에서 임직원들을 질책하고 나면 오랫동안 마음에 담아두는 예민함도 이런 내면의 반영이지 않을까. 그렇게 정태영 사장과 그의 개인적인 성향이 깊게 반영된 독특한 기업 현대카드에 대한 상념과 함께 밤은 깊어갔다.

그야말로
'도깨비방망이' 같은 회사

———

봄을 맞아 현대카드 내에서는 규모가 크진 않지만 톡톡 튀는 기획들이 다양하게 전개되고 있었다. 그중 대표적인 프로젝트가 바로 '마이택시My Taxi'. 여의도사옥 2관 로비에 상시 전시된, 옅은 미색 바디에 검은색 지붕의 마이택시는 언뜻 봤을 때는 기존 '레이'와 큰 차별성이 느껴지지 않았다. 핵심은 콘셉트와 내부 구조 안에 숨어 있었다. 일단 '쏘나타'로 표상되는 한국 택시의 고정관념을 깼다. 사실 낮은 연비나 떨어지는 편의성, 그리고 세단이라는 구조적 한계 등 택시로 사용되기에는 그리 적합하지 않은 조건임에도 불구하고 쏘나타가 대한민국 택시계를 평정한 이유는 딱 하나다. 가격 대비 뒷좌석의 공간이 넓다는 것.

'마이택시'는 택시를 타기 싫어하는 승객들이 의외로 많다는 사실에서 디자인의 콘셉트를 찾았다. 사람들이 흔히 생각하는 것과 달리 디자인이란 사물의 외관을 예쁘게 꾸미는 것이 아니라 그것이 사회 또는 사람들에게 어떤 영향을 미칠지, 그것을 사용하는 사람에게 어떤 편의를 제공할지를 가장 중점에 두는 행위다. 마이택시는 복잡한 도심에 어울리는 작은 크기에, 거의 사용하지 않는 조수석을 과감하게 없애 공간을 확보하고 캐리어 등 여행용 짐을 쉽게 실을 수 있도록 배려했다. 그리고 9.7인치 승객 전용 디스플레이를 설치해 자신의 위치, 경로, 예상요금, 지역정보 등을 즉각 확인할 수 있게 했는데, 외국인을 위해 6개 국어를 지원하고 있다. 또한 스마트폰 앱을 통해 예약, 이용, 요금 결제까지 한 번에 가능하도록 했다.

물론 찬찬히 뜯어보면 외양에도 분명 디자인 디테일은 존재한다. 블루, 옐로, 레드 등 세 가지 루프 사인으로 승객 탑승 여부와 예약 여부를 한눈에 파악하게 한 것이 그렇다. 단 하나의 포인트로 지극히 현대카드스러운 디자인을 완성한 셈이다. 분명 런던의 블랙캡 등 외국 사례를 참조했겠으나(조수석을 제거해서 짐을 놓을 수 있게 하고 운전자석 뒤쪽에 임시 의자를 설치해 넓게 사용하거나 3인 이상 탑승하게 한 것), 현대카드스러운 디자인적 감수성이 잘 녹아든 부분이 인상적이었다. 솔직히 런던의 블랙캡은 눈에 잘 띄고 편하기는 하나 운전석을 삭막하게 막아버린 디테일이나 지나치게 육중한 외양 등이 아쉽다. 이에 반해 마이택시는 보기만 해도 경쾌하다. 2014년 iF디자인어워즈를 수상했는데 이미 2010년 '서울역 미디어 아트쉘터'로 IDEA, 레드닷, iF 등을 석권한 바 있는 현대카드 디자인랩의 저력이 다시 한번 입증된 것이다.

아쉬운 점 또한 분명히 존재했다. 이 택시가 실용화될 거라는 조짐은 찾아보기 힘들었다. 관계 부처나 택시업계에서도 별다른 반응을 보이는 것 같지 않았다. 이렇게 뛰어난 '작품'에 반응이 나타나지 않는 이유가 뭘까. 곰곰이 따져보다 마이택시는 애초부터 실용화보다는 현대카드의 디자인 역량을 입증하기 위해 만들어졌기 때문 아닐까 하는 데에 생각이 미쳤다. 전기차라는 점이 우선 그렇다. 적어도 인천공항까지는 왕복이 가능해야 할 텐데 아

직 전기차의 배터리로는 쉽지 않다. 디자인과정에서 서울시 등 관계 부서와 협의를 진행한 흔적도 별로 보이지 않았다. 택시 기사의 입장이 반영된 흔적도 찾기 힘들었다. 이후 마이택시는 직원용 간식 배달차, 즉 사내 복지용 차량으로 활용되었다. 분명 직원들에게는 또하나의 자존심이자 쿨한 복지시스템의 하나로 자리잡겠지만, 이 멋진 결과물이 세상에 선보이지 못한 채 현대카드 내에서만 운행된다는 것은 아쉬운 일이다. 사실 현대카드의 디자인 역량이 집결된 결과물들에 대한 인상평은 거의 동일하다. '지금껏 우리 사회에서는 보기 힘들었던 뛰어난 작품'이라는 것. 분명 현대카드 디자인랩은 한국의 디자인 수준을 한 단계 끌어올렸고, 세계적 수준의 디자인을 한국에서도 즐길 수 있도록 만들었다. 다만 그 결과물이 어떤 의미를 갖느냐에 대해서는 의견이 갈린다. 대규모 생산을 배제한 채 영감과 자극을 주는 디자인에 주력하는 것에 찬사를 보내는 쪽이 있고, 반대로 일회적 또는 자족적 디자인이 아니냐고 비판을 가하는 쪽도 있다.

물론, 현대카드의 무수한 실험과 상상력이 사회에 접목되지 못하는 건 금융 외 다른 업종에서 수익을 내는 것이 금지되어 있는 엄격한 금융규제의 탓도 크다. 대외 컬래버레이션이 일회성에 그치는 경우가 많은 것도 수익을 발생시키면 안 된다는 규제가 일정한 영향을 미치고 있기 때문인 듯하다. 향후 이러한 네거티브 방식의 규제가 포지티브 방식으로 바뀌면 현대카드의 상상력이 사회에 더욱 막강한 영향력을 끼치게 될 것이라는 확신이 든다. 이쯤에서 직원들이 누리고 있는 혜택에 대해 좀더 들어보고 싶었다.

"회사 앞 상가를 따로 매입했습니다. 아무래도 본관 건물은 포화상태라 직원들을 위한 세련된 편의시설을 따로 만들기 위해서죠. 바버숍과 네일숍 등이 들어설 것 같습니다. 지극히 현대카드답게 만들기 위해 미국의 유명 인테리어업체 겐슬러가 고군분투하고 있습니다. 그리고 현대카드다운 어린

이집을 만들기 위해 초안 작업중이고요. 원생과 보육교사의 비율을 4대 1로 맞추고 뉴욕 유명 스쿨의 유아 교육과정을 도입하기 위해 협의중입니다. 그리고 최근에 셰프가 열 명으로 늘었습니다. 정기적으로 아이엠셰프I am chef라는 이벤트를 열어 직원 100명에게 집에서 간단하게 데워 먹는 음식을 포장해 제공하고 있습니다. 아이들에게 '아빠 엄마가 셰프란다'라고 자랑할 수 있게 하려는 의도지요. 그리고 얼마 전 플리마켓을 시도해봤는데 30여 명의 직원들이 100여 종의 물건을 내놨습니다. 구경하러 온 사람들만 수백 명이었지요. 앞으로 정기 행사로 격상시키려 합니다. 점심시간 무렵에 시간대를 바꿔가며 런치클래스도 계속 열려고 합니다. 뷰티클래스 등 실생활에 필요한 팁을 쉽고 간단하게 제공하는 방식으로요. 아, 최근에 운동시설의 구성이 너무 단순하다는 지적이 있어서 복싱과 검도 등 다양한 스포츠를 배울 수 있는 구조로 개편하기도 했고요, 또……"

마치 대사를 준비한 것처럼 기업문화팀의 전진휘 대리는 거침없이 말을 이어나갔다. 그만큼 기업문화팀에서 현재 진행중이거나 기획중인 테마들이 넘친다는 뜻일 것이다. 현대카드는 이런 활동들을 복지로 생각하기보다는 직원들로 하여금 가장 트렌디하고 가장 멋있는 삶을 누리는 사람이라는 자부심을 갖게 하기 위한 방편으로 생각하는 게 분명했다. 항상 그렇지만 이런 대목에서는 현대카드 직원들이 참 부럽다는 생각을 지우기가 힘들다.

삶의 근원을 파고들기 시작하다
'봉평장 프로젝트'

춥고 덥고를 반복하다가 며칠째 화창한 봄날이 이어지고 있었다. 특히 여의도는 1년 중 가장 빛나는 1주일이 진행중이었다. 안 그래도 사람들로 붐비는 여의도지만 4월 둘째 주 정도 되면 그야말로 인산인해를 이룬다. '벚꽃 축제'를 보기 위해 몰려든 사람들로 보통은 텅 비는 야간까지 북적인다. 아마도 여의도에서 일하는 사람들에게는 '가장 나쁜 1주일'일 것이다. 출퇴근 때 고역을 치러야 할 뿐 아니라 야근이라도 하면 창문 너머로 한강변을 거니는 연인들을 바라보는 기분이 썩 좋을 리 없기 때문. 약 10년 전 여의도에 사옥이 있었던 『에스콰이어』를 다녔을 때 내 기분이 그랬다. 하지만 다른 걸 다 떠나서 그야말로 달콤하기 이를 데 없는 날씨다. 꽃샘추위도 벚꽃이 만개할 즈음에는 딱 그친다. 때마침 현대카드는 이런 날씨에 딱 맞는 프로젝트를 진행 중이었다. '봉평장 프로젝트'. 그동안 전통시장 부흥을 이야기하는 사람이나 단체는 많았지만, 제대로 된 기획력이나 상상력이 발휘된 적은 없었다. 정부의 방안 또한 마찬가지다. 전통시장 1킬로미터 이내 대형마트 입점 금지와 한 달에 두 번 대형마트 강제 휴무라는 정책에 어떤 연구와 모색의 노력이 포함되어 있을까. 심지어 이마저도 요즘에는 시들해져 사람들의 뇌리에서 서서히 잊히는 듯하다.

　　모던한 감각을 중시하는 현대카드가 전통시장 부흥 프로젝트를 한다면, 단연 네덜란드 로테르담의 명소 '마르크탈'과 스페인 바르셀로나의 '산타 카테리나 시장'이 떠오를 테다. 세계에서 가장 창의적인 건축 스튜디오 중 하나로 꼽히는 MVRDV가 설계한 주상복합 건축물 마르크탈은 터널처럼 가운데가 둥그렇게 파인 독특한 형태로 만들어졌다. 터널의 안쪽에 해당하는 천장에는 야채와 과일 등을 그린 벽화가 있고 바닥 쪽 공간에는 야채와 농산물 등을 판매하는 시장이 들어서 있다. "네덜란드에서 가장 거대한 예술작품"이라는 비공식적 찬사가 넘쳐나는 이 현대화된 전통시장은, 네덜란드의 위생 법령이 강화되며 전통시장의 존립이 위태로워지는 과정에서 탄생했다. 새로운 위생기준과 쇼핑 편의성을 충족시키면서 디자인적으로도 우월하고 전통시장의 활기 또한 그대로 유지하고 있는 그야말로 '모범답안'에 가까운 결과물이다. 150년이 넘는 역사를 지닌 전통시장인 산타카테리나 또한 탁월한 디자인과 현대성, 전통의 보존이라는 3박자가 적절히 어우러진 대표적인 사례로 꼽힌다. 스페인의 건축사무소 EMBT가 2005년에 완공했는데, 물결이 치는 듯한 풍경을 묘사한 5500제곱미터에 달하는 지붕이 이 전통시장의 위용을 대변한다. 심지어 지붕은 '가우디의 도시'답게 시장에서 실제로 판매되는 물건들에서 따온 60개 넘는 컬러를 사용한 32만여 개 타일로 덮여 있다. 인터넷에 익숙한 젊은 층을 위해 물건은 현장에서 보고 나중에 이메일로 주문할 수 있는 시스템까지 갖추고 있다.

하지만 기대와는 달리, 봉평장을 찾기 전 홍보팀에서 미리 받은 보도자료에는 이런 깜짝 놀랄 만한 혁신은 거의 포함되어 있지 않았다. 오히려 봉평장의 전통적인 모습을 되도록 훼손하지 않기 위해 디자인 역량 발휘를 꾹 참은 듯한 기색마저 엿보였다. 실제로 찾은 봉평장에서도 비슷한 인상을 받았다. 봉평장의 역사는 400년이 넘는다. 매월 2와 7이 들어가는 날에 열리는 요일장이며 100여 개의 점포가 명맥을 잇고 있다. 그렇다면 현대카드는 봉평장을 부흥시키기 위해 어떤 방식으로 개입했을까. 먼저 특산물인 메밀로 만들 수 있는 음식의 조리법을 찾고 정리했으며, 메밀 씨앗을 담은 메밀 놀이 주머니 같은 아이템도 제작했다. 시장 안에 쉼터를 만들고, 각 점포에는 주인장의 사진을 담은 정갈한 간판을 달았다. 농산물, 수산물, 먹을거리, 의류, 잡화 등으로 품목을 나눈 뒤 다섯 가지 색상의 천막을 제작해 장터 이용에 힘을 보탰다. 앞치마도 색깔을 나눠 제작했다.

시장 입구 및 바닥에 깔끔한 로고를 새긴 것으로 마무리된 '새 봉평장'의 첫인상은 깨끗하게 정돈되어 있고 알아보기 쉽다는 것, 모든 공간에 최소

한으로 개입하겠다는 원칙이 강하게 느껴진다는 것이다. 디자인랩 관계자도 귀띔했듯, 그동안 전통시장을 부흥시키겠다고 하면서 현실에 잘 맞지도 어울리지도 않는 거창한 포장이나 꾸밈에만 열중하다가 정작 본질은 놓치거나 훼손한 경우가 많았던 과거 사례들에 대한 반성의 결과물이었다. 즉 '거창한 아케이드를 설치하는 것이 전통시장의 현대화인가?'라는 본질적인 질문을 던진 것. 굳이 따지자면 파리나 밀라노에서 주말에 자주 열리는 생선 또는 과일, 꽃 등으로 특화된 거리장터를 모티브로 잡은 듯했다. 평상시엔 사람으로 붐비는 거리, 한산한 시간대에 간단하게 천막만 설치해놓고 즉석에서 쓴 가격표만 붙인 채 신선한 생선과 제철 과일 등을 파는, 말 그대로 전통시장 말이다. 파리나 밀라노 패션위크에 갔을 때 이런 소규모 전통시장들을 보면 얼마나 즐거운지 모른다. 즉석에서 척척 생선의 비늘을 발라내는 늙수그레한 아저씨의 넓적한 칼은 물론, 까맣게 때가 낀 앞치마와 모자까지도 어쩌면 그리 '간지'가 나는지.

다만 유럽의 심플하면서도 임팩트 있는 전통시장에 비해 봉평장은 무언가 조금 밋밋해 보였다. 어찌 보면 당연했다. 한국은 비정상적인 근대화과정을 지나왔기에 전통과 현재가 사실상 완전히 분리되어 있다. 과거의 유산(이 경우에는 전통시장)을 보존하는 데 그치는 것이 아니라 보다 더 적극적으로 우리의 현실로 끌어들이려는 노력을 해야 하는 것이다. 디자인랩 이정원 실장이 지나가듯 표출한 아쉬움과 같은 맥락에서 소설 『메밀꽃 필 무렵』의 배경지라는 점을 좀더 강조해, 흥미로운 스토리까지 포함된 디자인 콘셉트를 만들었다면 어땠을까 싶다.

오래된 것들이 많이 사라지기는 했지만, 새롭게 재조명할 수 있는 이야깃거리는 여전히 풍성할 것이다. 나는 여기에서 더 나아가 디앤디파트먼트 서울D&Department Seoul의 사례까지 참조할 만하다고 생각한다. 일본 그래픽

디자이너 나가오카 겐메이는 참 독특한 디자이너다. 그는 새로운 디자인을 창조하는 것보다 오래가는 디자인을 재발견하는 것이 훨씬 더 중요한 일이라고 판단했다. 그리하여 오래됐지만 젊은 층에게 어필할 수 있는 물건들을 재발견해 소개하는 디앤디파트먼트 매장을 일본 각 지역에 여덟 곳이나 냈다. 서울은 그 아홉번째 분점이다. 이태원에 있는 디앤디파트먼트 매장에 들어서면 시장통, 어시장 등에서 흔히 볼 수 있는 플라스틱박스가 차곡차곡 쌓여 있다. 옛날 자재창고 등에서 사용했던 얇은 조립식 쇠막대로 만든 매대도 눈에 띈다. 별다르게 인테리어를 하지 않았는데도 옛 물건들의 정취가 묘하게 현대적인 세련됨으로 다가온다. 여기에서 새롭게 재조명하거나 부분 리뉴얼을 거쳐 파는 물건들은 삼화금속의 가마솥 미니, 서울 브러쉬의 구둣솔, 송월타월의 이태리타월, 태극당의 모나카 아이스크림, 국제아피스공업사의 만년필 등이다. (아쉽게도 현재 판매하는 물건들 중 순수 한국 제품은 30퍼센트 정도, 나머지는 일본에서 가져온 것들이다.) 이것이 바로 겐메이가 강조하는 '롱라이프 디자인Long Life Design'이다. 일본에서는 단순히 매장에서 제품을 파는 데에 그치지 않고, 디자인에 초점을 맞춰 47개 현을 소개하는 잡지 『디 디자인 트래블』까지 발간하며 끊임없이 롱라이프 디자인 콘셉트에 맞는 제품들을 재발견해내고 있다.

현대카드가 시작한 '전통시장 부흥 프로젝트'는 봉평장 하나에만 그치지 않을 것이다. 담당자는 분명, 앞으로 훨씬 더 많은 전통시장을 연구하고 협의해 그 성과물을 늘려나갈 것이라고 귀띔했다. 이는 가파도 프로젝트, 라이브러리 프로젝트 등과 함께 현대카드의 브랜딩과 디자인 전략이 점점 더 공간과 삶의 근원으로 깊숙이 파고들어가고 있음을 보여주는 확실한 징표다. 분명 그 규모에 맞는 더욱 근원적이면서도 세심한 고민과 모색은 필수일 것이다.

크리에이티브? 기하학!
'브루클린 프로젝트'

한동안 현대카드 쪽에서 연락이 뜸하다 싶더니 아침 일찍부터 급히 호출을 받았다. 아무리 중요한 이슈가 있더라도 며칠 전에는 미리 공지를 해주던 그동안의 방식과는 달랐다. 중요한 프레젠테이션이 있으니 일단 무조건 와달라는 요청에 잡혀 있던 미팅을 몇 개 취소하고 달려갔다. 이렇게까지 급박하게 부르는 데는 분명 이유가 있을 터였다. 역시 예감이 맞았다. 그동안 진행하고 있던 극비 프로젝트의 PT에 참석하라는 것이었다. 외부인이 봐서는 안 되는 비밀스러운 내용들이 많지만, 정태영 사장이 긴급히 나를 참석시키라고 했다는 것.

디자인랩은 벌써부터 웅성웅성했다. 낯익은 디자인랩과 브랜드본부 임직원들의 모습도 보였지만, 현대카드와 어울리지 않는 '넥타이 부대'도 다수 섞여 있었다. 외부에서 온 파트너사 임직원들인 듯했다. 가운데 책상에는 난생처음 보는 휴대폰이 여러 개 놓여 있었고, 현대카드 특유의 직관적이면서도 아날로그적인 프레젠테이션의 필수품, 사람 키보다 조금 더 큰 화이트보드가 그 주위를 둘러싼 채 빽빽하게 들어서 있었다. 화이트보드에는 각종 참고사진 및 도표, 그래픽, 짧은 문장 등이 빽빽하게, 하지만 우아하게 붙어 있었다. 도대체 어떤 자리지? 의아해하는 순간 정태영 사장이 입장했다. 곧바로 가운데로 쓱 나서더니 환영사를 시작한다.

"자, 지금부터 팬택 휴대폰을 새롭게 부흥시킬 '브루클린 프로젝트'의 첫번째 프레젠테이션을 시작하겠습니다."

팬택? 브루클린? 팬택 휴대폰을 부흥시킨다? 그동안 현대카드가 수행해왔던 각종 브랜딩 또는 컬처프로젝트와는 질적으로 다른 주제였다. 현대카드와는 하등의 지분 관계도 없는 다른 회사의, 그것도 최고 난이도의 디자인 역량이 필요한 휴대폰을 개발해야 하다니. 분명 지난 10년 동안 축적해온 역량을 총집결한, 앞으로의 10년을 겨냥한 핵심 중의 핵심 프로젝트일 것이라는 확신이 들었다. 디자인랩 이정원 실장이 화이트보드에 붙어 있는 참고자료를 훑으며 개괄 설명을 하는 것으로 본격 프레젠테이션이 시작되었다. 뉘앙스를 파악해보니 이미 수개월 전부터 현대카드와 팬택의 기초 논의는 시작되었고, 양사의 합의하에 디자인랩이 진행해온 1차 결과물을 처음으로 팬택 측과 공유하고 논의하는 자리인 듯싶었다. '브루클린 프로젝트'라는 이름처럼 낡고 허름한 브루클린의 풍경 사진들이 첫번째 보드에 빼곡히 붙어 있었다. 그 위에 그려진 현란한 그래피티를 통해 낡은 공장이 새롭게 리뉴얼된 모습들. 한국 시장(또는 세계 시장)에서 초토화되다시피 한 팬택의 현재 모습을 황폐화된 브루클린으로, 젠트리피케이션(일단 젠트리피케이션의 부정적인 뉘앙스는 나중에 논의하도록 하자)을 통해 새롭게 리뉴얼된 브루클린을 현대카드의 디자인이 개입한 이후 팬택의 미래 모습으로 직설적으로 표현하고 있는 것이었다. 빈티지함 위에 지극히 현대적인 감성을 입혀 세계에서 가장 '힙'한 플레이스로 거듭난 브루클린. 이런 발상으로 팬택을 부흥시키겠다는 다짐이 발표 초반부에 깊게 녹아들어 있었다.

정작 깜짝 놀란 것은 본론으로 들어가는 다음 대목이었다. '브루클린 프로젝트'의 핵심 키워드는 럭셔리, 디자인, 문화적 감성, 크리에이티브 등의 단어가 아니라 '지오메트리(기하학)'였다. 살짝 허를 찔린 기분이었다. 곧바로 애플 휴대폰을 꼼꼼하게 파헤친 그래픽과 도표가 등장했다. 애플은 삼성 등 안드로이드 진영과는 달리 버튼, 카메라렌즈 등 모든 요소에 정확한 존재 이유가 있다는 것이다. 자연에서 발견한, 기하학에 입각한 미의 핵심 요소인 황금비율이 애플의 각 구성요소에 어떻게 반영되어 있는지를 무수한 점과 원, 사각형이 서로 연결된 이미지로 잘 표현하고 있었다. 그때 정태영 사장이 툭 밀고 들어왔다.

"혹시 주세페 테라니라는 건축가를 아시는지요? 이탈리아의 유명 휴양지 코모에 가면 이 사람이 1930년대에 설계한 카사 델 파시오(파시스트의 집)라는 건축물이 있습니다. 파시스트 사상이 아직 이상적이었을 때, 즉 무솔리니가 괴물로 변하기 전에 기존의 건축양식을 완전히 무너뜨리고 오직 숫자와 비율로만 설계한 놀라운 건축물을 만들었지요. 나중에 피터 아이젠만에 의해 재발견되어 베를린의 홀로코스트 메모리얼 설계에 깊은 영감을 주는 등 현대 건축에 큰 영향을 미쳤어요. 모던 건축양식의 미덕은 기하학과 숫자 또는 규준점이 얼마나 중요한지를 입증했다는 것입니다. 삼성과 엘지의 휴대폰에 근대 건축 또는 기하학에 대한 고려가 있었을까요? 하지만 애플은 굳이 물어보지 않아도 처음부터 규준점과 기하학을 염두에 두고 설계되었다는 것을 잘 알 수 있습니다. 팬택이 규준점을 바탕에 두고 휴대폰을 설계한 한국 최초의 회사가 되었으면 좋겠습니다."

주세페 테라니와 카사 델 파시오…… 밀라노 패션위크 가는 길에 세계 최고의 휴양지로 꼽히는 코모에 몇 번 들른 적이 있었다. 가물가물하긴 하지만 호숫가 근처에서 코모를 대표하는 곳이라는 표지판이 서 있는 건축물을 본 듯도 한데…… 코모 대성당 바로 앞에 지극히 모던한 형태의 건축물이 세워져 있는 배치가 꽤 흥미롭다는 생각은 잠깐 해본 듯도 하지만, 이 평범한 외양의 건축물이 기하학과 직결되어 있다는 것은 미처 파악하지 못했다. 지금껏 보아온 가벼운(?) 프로젝트들과는 분명 질적으로 다른 내용들이 계속 발표되고 있었다. 무엇보다 현대카드의 본질적 영역일 숫자와 기하학에 대한 강력한 친연성이 프레젠테이션 곳곳에 깊숙이 배어 있었다. 조금 거칠게 표현해보자면, 그동안 진행되어왔던 각종 브랜딩 활동들은 꼭 현대카드가

하지 않아도 되는 프로젝트일 수 있지만, 브루클린 프로젝트는 현대카드여서 가능한 발상이자 기획이라고 할 수 있을 것 같다. 지난 10년의 성과들이 주로 일회성 기획 중심이었다면, 이제는 다음 10년을 준비하며 근원으로 좀 더 깊숙이 들어가는 중 아닐까. 현대카드의 모던함은 그만큼 더 깊어지고 있는 게 아닐까 하는 확신 어린 예감에 (현대카드 취재를 본격적으로 시작한 이래 드디어!) 살짝 설레기까지 했다. 내가 애초에 현대카드를 가까이서 관찰해보고 싶었던 이유가 바로 이런 것들 때문이 아니었겠는가. 알 듯 모를 듯 현대카드를 관찰하면 할수록 바우하우스의 이미지가 지속적으로 중첩되었던 이유도 본능적으로 현대카드의 내부에 흐르고 있는 이런 수맥을 감지했기 때문이 아니었을까?

잠시 상념에 빠져 있는 사이 논의는 훨씬 더 구체적으로 진행되고 있었다. 주로 현대카드 쪽이 설명하거나 설득하면 팬택 관계자들이 반응하는 식이었다. 두 기업의 문화가 확연하게 달라 제대로 된 논의가 이뤄질 수 있을까 싶었던 애초의 걱정과는 달리 (절박한 상태까지 몰린 주변 환경 탓인지 모르겠으나) 팬택 쪽에서 대다수의 명제를 순순히 수긍하는 분위기였다. 이를테면 이런 식이었다. '과연 팬택이 삼성, 엘지와 같은 기술을 이야기하는 게 맞을까요? 우리는 대놓고 삼성카드와 신한카드가 싫은 이들만 우리에게 오라고 말합니다. 팬택은 이런 이단아적 행동을 한 적이 있는지요?' '휴대폰은 패션 소품이자 라이프스타일, 중성성 등을 반영하는 제품인데 안드로이드 진영은 늘 기능에 대한 이야기만 합니다. 모터사이클이 아니라 할리 데이비슨인 것처럼 휴대폰이 아닌 브루클린이었으면 좋겠습니다.' '럭셔리가 아닌 타임리스입니다. 네 맞아요. 디터 람스의 'Timeless Basic'을 말하는 겁니다. 즉, 진정성을 갖고, 지독할 만큼 일관성을 추구하며, 그리드의 엄격함 속에서 탄생하게 될 것입니다.'

'브루클린을 연구하느라 현지에서 밥값이 많이 들었습니다. 영수증은 팬택으로 청구해도 되겠죠? (웃음)'라는 위트 섞인 대화도 중간중간 흘러나올 정도로 화기애애한 분위기가 이어졌다. 결국 이 휴대폰은 비례와 기본에 가장 충실한 '아이폰'을 모티브로 한 제품이다. 그 한계는 어쩔 수 없다. 다만 한국 브랜드인 삼성과 엘지가 원칙이 불분명한 상태로 제품을 생산하고 있기 때문에(예를 들어 왜 측면을 3등분했는지 정확한 이유를 발견하기 힘들다) 국내에서는 꽤 큰 차별점을 만들 수 있겠다 싶었다. 물론 기하학을 알고 반영하는 것만으로는 부족하다. 애플은 차치하고, 1950년대에 이미 디터 람스가 브라운사에서, 더 거슬러올라가면 제2차 세계대전 직후 막스 빌(바우하우스의 영향을 받은 울름 조형대학 설립자)이 이미 "디자인이란 모름지기 매우 단순하면서 아름다워야 한다"는 명제를 발표했으며, 심지어 1880년대에 크리스토퍼 드레서가 1930년대 바우하우스 때나 등장하는 모더니즘과 기하학을 선취한 제품을 내놓았으니 말이다.

내 의문에 대한 답변도 슬슬 등장하고 있었다. "엄격한 그리드, 수학, 무성無性, 소재의 진정성 등이 키워드입니다. 여기에 약간의 취향과 레트로적으로 비트는 것을 양념처럼 넣으면 어떨까요. 즉, 그리드와 레이아웃은 정직하되 레트로적인 '힙'함을 포함시키자는 거죠. 특히 저희는 소재의 진정성에 주목하고 싶습니다. 갖가지 액세서리로 분장하지 말고 그 자체로 빛났으면 좋겠습니다. 리모와 캐리어처럼 아름답게 찌그러지는 것도 좋겠고요." 역시 바우하우스와의 친연성, 그리고 디터 람스에 대한 오마주가 두드러지는 대목이다. 이외에도 스피커(또는 프로젝터), 거치대, 본체를 같은 모양으로 3단으로 쌓아올린 독특한 형태가 제안되었다. 현대카드의 디자인 수준을 정확히 반영한 발상이다. 소프트웨어는 스위스그래픽에 빈티지적인 일러스트아트가 결합된 형태를 추구한다는 설명이 이어졌다. 역시 지극히 현대카드다운 일관성이다. 1930년대부터 모더니즘과 구성주의의 원리를 타이포그래피에 적용하기 시작한 스위스 디자이너들은 산세리프체 활자를 집중적으로 사용하면서 그래픽디자인에 결정적 영향을 미쳤다. 헬베티카와 유니버스, 그리고 푸투라에 이르는 일관된 모던함의 본산인 것이다. 아예 흑백을 과감하게 사용해 이런 기하학적인 단순성과 활자를 돋보이게 만들고 싶다는 욕심도 있었으나, 앱과 아이콘이 구별되지 않을 것 같아서 첫 화면만 블랙 느낌으로 가고자 한다는 이정원 실장의 보충 설명을 끝으로 프레젠테이션은 종료되었다.

사람들이 총총히 빠져나가고 있었지만 아직도 얼떨떨한 기분이었다. 도대체 6개월 넘게 관찰해도 볼 수 없었던 이 근원적 콘텐츠는 어디에서 나타난 것일까? 갑자기 하늘에서 뚝 떨어진 것도 아닐 터인데. 내게 여전히 현대카드는 어디서 어떤 선물이 튀어나올지 전혀 예측할 수 없는 '도깨비방망이'와도 같다.

바우하우스와 현대카드,
모던함이란 무엇인가에 대하여

━━━

어느덧 공기가 완연히 따뜻해졌다. 기후 변화 이후 냉과 온을 잡탕처럼 오가는 날씨 탓에 걸치다 벗었다를 반복했던 니트를 훌훌 벗어던지고, 셔츠의 긴 소매를 둘둘 걷어올린 채 양말을 생략한 화이트 스니커즈를 신고 곳곳을 산책해야 하는 시즌이 다가온 것이다. 지금껏 다양한 회의와 PT 등을 참관하면서 현대카드의 본질은 숫자와 논리라는 것, 이 회사는 뼛속까지 금융회사라는 점을 뚜렷하게 인지하고 나니 시야가 좀더 넓어진 느낌이다. 다만 내 두뇌는 일종의 '랙'이 걸린 것만 같다. 그래서 신록의 5월 마지막 주에는 조금 가벼운 마음으로 현대카드 곳곳을 산책해보기로 했다.

먼저 사옥의 외관을 다시 한번 살펴봤다. 고개를 들어 건물 꼭대기 쪽을 바라보면 세계 최초의 산업디자이너 페터 베렌스(바우하우스의 학장이었던 발터 그로피우스와 미스 반데어로에, 심지어 20세기의 가장 위대한 건축가인 르코르뷔지에가 모두 그의 제자였다)의 전설적인 아에게사 로고, 그 유서 깊은 모던함에 젖줄을 대고 있는 것이 분명한, 현대카드·캐피탈·라이프·커머셜 로고(라기보다는 서체)가 적절한 크기로 나란히 배열되어 있다. 독일 최초의 가전 브랜드 아에게는 페터 베렌스를 건축 및 디자인 고문으로 임명하며, 1900년대 초반에 이미 "모든 것의 핵심은 디자인"이라고 선포했다. 마케팅에서 동일 상표, 즉 동일한 이미지와 일관된 콘셉트가 얼마나 중요한지 알고 있던 베렌스는 아에게사의 로고와 광고물 디자인에 일관성을 부여하기 위해 세계 최초의 기업 전용 서체를 개발했다. 모든 광고물에 일관되면서도 엄밀한 레이아웃을 적용한 것은 물론이다. 이런 흐름은 제품 디자인으로 이어지다 결국 모더니즘 건축사에 길이 남을 '터빈 공장' 건설에까지 이른다. 로고부터 서체, 제품 디자인, 최종적으로는 건축에 이르기까지 일관된 논리와 디자인이 적용된 세계 최초이자 여전히 타의 추종을 불허하는 사례다.

　디자인의 중요성을 한국에서 가장 먼저 간파한 기업인 현대카드 또한 다른 디자인 요소를 개발하기에 앞서 '현대카드 서체'를 가장 먼저 개발했다. 다른 이들과 차별될 수 있었던 핵심 포인트는 CI의 개념이 반영된 서체였다는 것. 보통 로고와 서체가 완전히 분리되는(또는 로고만을 강조하는) 타 기업들과는 달리, 그 자체로 CI 역할을 하는 서체를 개발하면서 지난 10년간 눈부신 성과를 일궈냈다. 굳이 로고가 없어도 서체만으로 아이덴티티를 드러낼 수 있다는 점은 현대카드만의 쿨함, 즉 '우리가 주최하거나 지원하는 행사에 촌스럽게 큼지막한 로고를 박아넣지 않아도 괜찮아'라는 자신만만한 애티튜드를 가능하게 만들었다. 카드 모양을 연상시키는 사각형에 모티브를 둔 덕분에 회사의 정체성을 직관적으로 표현하고 있음은 물론이다.

　이쯤 되면 아무리 관찰력이 나쁜 사람이라도 이곳이 서울의 여타 빌딩 숲과는 무언가 다르다는 사실을 깨닫게 된다. 덕지덕지 설명을 붙이지 않아도 애플 아이폰이 여타 안드로이드폰에 비해 심플하고 우아하다는 것을 금세

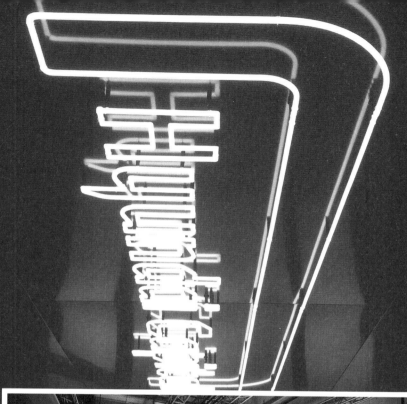
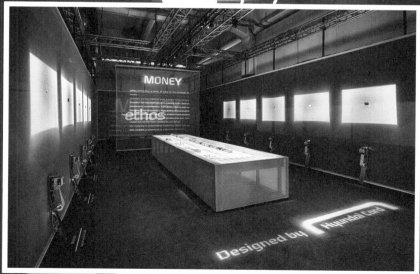

알 수 있듯이. 내가 현대카드에 주목하는 가장 큰 이유는, 서두에서도 밝혔다시피 기업의 운영원리, 마케팅 기법, 디자인을 중심으로 한 아이덴티티 표현에 이르기까지 우리 사회에서는 그 유례를 찾을 수 없을 정도로 철저히 모던함을 구축한 조직체이기 때문이다. 이를테면, 현대카드의 지난 10년의 성과를 모방해 '디자인'을 전면에 내세우는 기업들은 최근 한국에도 많이 늘어났다. 심지어 회사 고유의 활자를 제작해 배포하는 기업도 꽤 있다. 컬처프로젝트를 모방해 외국의 유명 가수들을 불러오려고 기를 쓰는 기업들은 차고 넘친다. 하지만 그들은 결코 현대카드의 모던함을 따라잡을 수 없을 것이다. 왜냐하면 현대카드는 아에게. 디터 람스의 브라운, 무엇보다 바우하우스의 핵심 개념을 정확히 꿰뚫어 기업 운영에 적용한 일관된 논리를 가지고 있기 때문이다. 그 핵심 논리를 이해하지 못한 채 외양만 모방하면 말 그대로 '짝퉁'에 머무를 수밖에 없다.

사옥 주변까지 현대카드답게
'스트리트 프로젝트'

오랜만에 별다른 일정을 잡지 않고, 사옥 곳곳을 둘러보고 있자니 저절로 머릿속이 맑아지는 기분이다. 마침 날씨도 좋아 주변 거리로 시선을 확장해 거닐다보니 현대카드와 맞닿은 뒷골목에까지 발길이 이르렀다. 1년 전 '현대카드에서 보낸 일주일' 기사를 작성할 적에도 이 뒷골목이 시선을 끈 바 있다. 당시 9층 회의실에서 문득 아래를 내려다보니 현대카드의 유앤아이 서체로 만든 간판을 내건 몇몇 가게들이 눈에 들어왔다. 분명 현대카드와는 전혀 상관없는 숍들인데? 담당자에게 문의하니 건물 안에서 창밖을 바라볼 때 시선이 닿는 매장들과 협의해 현대카드 서체로 다시 제작한 간판을 달아주었다는 답이 돌아왔다. 디테일에 집착하는 현대카드의 집요함을 새삼 느낄 수 있었다.

1년 만에 그 뒷골목을 다시금 둘러보니 건물에서 시선이 닿지 않는 매장들까지 간판에 현대카드 전용 서체를 사용한 경우가 더 늘어나 있었다. 혹시 그사이 또다른 변화가 있었나? 궁금증이 일어나 실무진에 질문을 던졌더니 재미있는 대답이 돌아왔다. 조만간 이른바 '스트리트 프로젝트'가 시작될 예정이라는 것. 내용 또한 흥미로웠다. 사옥의 주변 거리에까지 '현대카드다운' 취향을 퍼뜨리자는 게 주된 목적인 듯했다. 아마도 여의도라는 지극히 무無취향적인 지역에 데일 대로 데인 정태영 사장의 의중이 크게 반영된 것이리라. 이곳에는 현대카드 직원들이 이용할 수 있는 헤어숍, 의류 및 액세서리숍, 레스토랑, 그리고 결정적으로 24시간 동안 방송이 진행되는 에어룸이 들어올 예정이라고 한다. 에어룸? 다른 건 몰라도 방송을 위한 공간이 들어선다는 것은 예상 밖이다. 관계자들도 아직 이곳에서 무엇을 하게 될지는 정확히 파악하지 못하고 있었다. 그동안 쌓아온 각종 컬처마케팅의 결과물, 영상 광고, 기타 콘텐츠 등을 재가공해 방송하는 형태가 아닐까 짐작만 할 뿐. 물론 방송 또는 동영상이 대세이긴 하지만 현대카드가 '익스프레션' 하고 싶어하는 고난이도의 콘텐츠를 영상으로 만들어 24시간 동안 송출하겠다는 계획은 지금 단계에서는 분명 무리로 보였다. 엠넷이 심지어(!) 빅뱅을 주인공으로 내세워 만들었던 24시간 방송 프로그램도 인기 때문이 아니라 퀄리티 높은 콘텐츠를 채우기가 만만치 않아 흐지부지 폐지된 걸 기억하고 있는 내가 보기엔 더더욱.

지난 10년 동안 현대카드가 여타 기업들과 차별화될 수 있었던 데에는 여러 가지 이유가 있지만 그중에서도 바우하우스에서 영감을 얻었다는 '익스프레션'이라는 개념이 가장 매혹적이다. 바우하우스가 색채, 조형, 건축의 본질을 연구하다가 현대 디자인이라는 새로운 갈래가 툭 튀어나왔던 것처럼, 현대카드 역시 기존 매체의 표현방법을 탐구하다 자신만의 아이덴티티와 콘텐츠 표현방법 개발에 대해 고민하게 되었다는 것. 『PRIDE』 등 현대카드만의 스피릿과 콘텐츠가 담긴 서적을 줄지어 발간하고, 1900년대 초반 미국과 영국에서 유행했던 타블로이드판 신문을 연상케 하는 매거진 『모던 타임스』를 분기마다 발간하고 있는 것도 익스프레션 활동의 일부라 볼 수 있다. 에어룸 또한 이 연장선에 있을 것으로 짐작되었다.

하지만 본격적으로 취재를 시작한 지 약 6개월이 지난 지금, 새로운 익스프레션 채널들이 지속적으로 확장되는 것에 비해, 그를 뒷받침하는 콘텐츠 코어는 의외로 빈약해지고 있는 게 아닌가 하는 의문이 들기 시작했다. 지금 현대카드가 최우선적으로 고민해야 할 것은 현대카드의 본질, 즉 핵심적인 콘텐츠를 구축하고 전파하며 공감을 유도하는 부서나 사람이 정태영 사장 말고는 부재하다는 사실 아닐까 하는 생각이 든다. 브랜딩, 특히 컬처마케팅과 관련해 다른 기업과는 비교 불가한 우수한 팀과 조직원 들이 다수이지만, 언제부터인가 그들은 루틴에 따라 실무를 집행하는 역할에 그치고 있는 게 아닌가. 새로운 홍보 툴의 핵심인 뮤직페스티벌 등 퍼포먼스, 동영상, 페이스북, 블로그, 홈페이지 등이 회사의 핵심 전략에 맞춰 날카롭고 체계적으로 전개되기보다는 따로따로 흩어져 부수적인 것들만 생산하고 있는 게 아닐까 하는 우려가 들기 시작한 것이다.

CEO를 비롯한 핵심 임원들이 세계 각지를 누비며 회사의 남다른 운영방식과 새로운 마케팅 기법에 대해 중요한 착상을 얻어왔던 혁신적인 툴인 '인사이트트립'. 지난 10년간 거의 매달 진행되어온 이 인사이트트립의 핵심 콘텐츠를 궁금해하는 사람은 외부에도 무척이나 많다. 현대카드만의 창의성을 대표하는 시스템 중 하나이기 때문이다. 하지만 놀랍게도 지난 6개월 동안 취재를 진행해본 결과, 당시 현장투어에 참여했던 직원들 외에는 그 내용의 전반을 따로 축적해놓은 부서나 조직원이 부재한다는 결론에 이르렀다. 인사이트트립 때마다 주관 부서가 달라지니 사실상 전체 진행과정 및 내용을 꿰뚫고 있는 사람은 정태영 사장이 유일하다는 이야기다. 이 대목이야말로 지금 현대카드가 부닥치고 있는 문제의 핵심으로 보인다. 한동안 컬처프로젝트 및 브랜딩 활동을 선두에서 진두지휘하던 정사장은 2013년부터 현대카드·캐피탈 등 계열사들의 근원적인 사업구조 문제에 좀더 역량을 집중하고 있는 단계다. 이 과정에서 의도치 않게 콘텐츠 측면은 약화된 것으로 보인다. 아마도 회사 내에 정태영 사장의 카운터파트가 부재하기 때문이 아닐까. 이는 임원진의 인적 구성 문제일 수도 있고, 통합적으로 콘텐츠를 관리, 교육, 전파, 확장시키는 부서가 정확히 존재하지 않는 시스템 문제일 수도 있다. 현재 존재하는 부서 중에서 그런 역할을 해야 하는 곳을 꼽자면 브랜드본부일 텐데 컬처프로젝트, 시티브레이크, 브루클린 프로젝트 등 첩첩이 쌓여 있는 실무를 중심으로 움직이고 있는 지금으로서는 브랜드본부의 운신의 폭이 그리 넓지 않아 보였다.

최근 들어 가장 현대카드스러웠던 캠페인이나 퍼포먼스를 꼽자면 2013년의 '옆길로 새' 프로젝트일 것이다. '우린 엘리트이지만 때론 삐딱하고 긱스러울 수도 있다'라는 정체성을 명쾌하면서도 유쾌하게 보여준 이 캠페인에 호응하는 이들이 많았다. 심지어 한국 대기업의 답답함에 질려하는 '자유로운 영혼'을 가진 아티스트들도 '신선하다'며 호감을 표시하는 걸 꽤 많이 들었다. 하지만 그 이후 일러스트나 사진 등 부수적인 퀄리티는 높아진 반면, 핵심을 꿰뚫는 전략이나 발상은 제자리에 머물러 있는 듯한 느낌이다. 사실 이런 문제점은 정사장 또한 충분히 자각하고 있는 것 같다. 몇 개월 전 점심

식사를 마치고 집무실로 올라가던 그가 1층 구석에 놓여 있던『모던타임스』를 흘긋 보더니 지나가는 말처럼 다음과 같이 이야기한 적이 있다. "꽤 기대하며 이 매체를 시작했는데 잠깐 관심을 놓으니까 도대체 어디로 가고 있는지 파악이 되지 않더라고요."

2012년 우리 사회에 꽤 큰 충격파를 던졌던 뮤직 관련 프로젝트의 진행과정도 이 연장선에 있다. 인디밴드들에게 독자적인 음원 유통 툴을 만들어주고, 대중 앞에서 자신의 음악을 선보일 기회를 잡을 수 없었던 이들에게 데뷔의 기회를 준다는, 한국 음악계의 핵심 문제점을 제대로 짚어 화제를 일으켰던 '현대카드 MUSIC'은 홍대 앞 팝업스토어가 사라진 후 그 존재감을 잃어갔다. 여담으로 덧붙이자면, 언젠가 정태영 사장은 술자리에서 혼잣말처럼 이렇게 중얼거린 적이 있다. "컬처면 컬처, 광고면 광고, 최소한 담당자는 나보다 많이 알고 있어야 하는 거 아닌가요? 내가 우리 그룹 회장님보다 최소한 금융은 더 많이 알고 있어야 하는 것처럼……" 아마도 회사 내에 카운터파트가 없는 것에 대한 안타까움, 본인 스스로가 착상한 내용 외에 새로운 영감이나 프로젝트가 좀처럼 도출되지 않는 현실에 대한 갑갑함을 표현한 게 아닐까 짐작된다.

다시 '스트리트 프로젝트'다. 사람들이 흔히 오해하는 것과는 달리 현대카드는 '시혜적인 복지'를 강조하거나 '편안한 근무조건'을 내세우는 회사가 아니다. 현대카드는 자부심과 취향을 강조하는 회사이며, 스스로의 판단이라는 전제하에 임원들이 가정을 포기할 만큼 적극적으로 미션에 도전하는 회사에 가깝다. 물론 직원들에게 쓸데없는 야근을 강요하거나 정시 퇴근을 못 하는 분위기를 조성하는 팀장은 가열차게 응징한다. 최근 정태영 사장은 직원들 퇴근시간이 가장 늦은 부서는 연말에 그 사유를 물을 것이라고 경고한 바 있다. 이 또한 복지 차원이라기보다는 국내 일부 대기업들에 만연한 관료주의를 경멸하는 현대카드만의 방식에 가깝다. 심지어 현대카드는 일부 거품이 낀 IT기업들이 5만원짜리 점심을 공짜로 주는 것에 대해서도 거기에 핵심가치가 스며들어 있지 않으면 무용하다는 자세를 고수한다. 이 점은 나도 동의한다. 청소부와 보안요원에게 모던하면서도 세련된 유니폼을 디자인해 착용케 하는 것도 이 도저한 자부심에 근원을 두고 있으며, 매 시즌 입점하는 외부 요식업체를 엄밀한 기준으로 선정하는 것, 더 나아가 직원들이 사옥 주변의 상점들을 이용할 때에도 그 취향에 맞는 곳을 고를 수 있게 하겠다는 자존감이 바로 스트리트 프로젝트의 기본 취지일 터다.

하지만 앞으로의 10년을 위해서 스트리트 프로젝트는 그 이름에 걸맞게 발상과 콘셉트가 훨씬 더 확장되어야 한다고 생각한다. 아직 최종 결과물을 보지 않아서 단언하기에는 무리가 있지만 지금의 스트리트 프로젝트는 현대카드 사옥을 주변 거리로까지 넓힌 것에 그칠 가능성이 높아 보인다. 사업 카테고리는 전혀 다르지만, 미국 최대 온라인 신발쇼핑몰 자포스의 사례가 좋은 대비가 될 수 있을 것 같다. 자포스의 창업자 토니 셰이는 쇠락해가는 라스베이거스 외곽에 거대한 사옥을 짓는 대신 도시를 건설하는 '다운타운 프로젝트'를 진행하고 있다. 직원들로 하여금 회사 내에만 갇혀 일하는 것이 아니라 일종의 시민이 되어 자포스가 구입해 헐값 또는 공짜로 내놓은 주변 건물에 입주한 예술가, 음악가, 교육가, 스타트업 창업가, 카페 운영자 등 다양한 사람들과 마주치고 자극을 받게 하여 개인은 물론 회사의 혁신성도 높인다는, 일종의 '심시티'와 같은 꿈의 프로젝트인 것이다. 현대카드 또한 여의도(또는 서울 그 어느 곳이든)에서 이런 도심 프로젝트를 펼칠 수는 없을까?

현대카드는 이제 지난 10년의 영광을 가능케 했던 자긍심에 취해 자칫 닫힌 조직으로 갈 위험성은 없는지 한 번쯤 반문해볼 때가 되었다고 판단

된다. 창의성을 발휘할 수 있는 가장 좋은 방법은 항상 새로운 것과 교류하는 것. 회사라는 조직이 열린 형태로 구성될 수 있도록 시스템을 만드는 것 아닐까? 그것은 분명 외부 강연 몇 번으로 이룰 수는 없을 것이다. 분명 금융회사이면서도 디자인적이고 창의적인(『미친듯이 심플』의 저자 켄 시걸도 감탄을 금치 못했던), 독특한 정체성을 구축한 현대카드라면, 자신에 걸맞은 새로운 시스템을 찾아낼 수 있으리라. 어머니가 사망한 후 환불을 요구하며 신발을 돌려보낸 고객에게 스스로의 판단으로 꽃과 함께 위로의 메시지를 전했다는 자포스 전화 응대 직원의 사례는, 자칫 관료적으로 변할 수 있는 고객 응대 매뉴얼을 정하는 대신 평소 직원들이 창의적으로 사고하고 자율적으로 대응할 수 있도록 조직을 운영한 결과이지 않을까.

존 메이어의 슈퍼콘서트와
마리스칼 전

신록의 계절답게 온갖 공연과 이벤트가 넘쳐나야 하건만, 대한민국이라는 배는 멈춘 상태였다. 아니, 침몰한 상태였다. 세월호가 침몰하면서 그동안 수면 위로 드러나지 않았던 우리 사회의 온갖 문제점들이 한꺼번에 사회 전반을 강타했고, 이 나라가 얼마나 미성숙한지, 얼마나 많은 모순들을 안고 있는지를 실감케 하는 일들이 줄줄이 이어졌다. 정치, 사회는 말할 것도 없고 문화계 쪽에서도 비상식적인 일들이 벌어지고 있었다. 그중 대표적인 사례가 고양시가 공연 하루 전 일방적으로 취소해버린 '뷰티풀 민트 라이프 2014'였다. 이건 누가 봐도 말이 되지 않는 상황이었다. 서슴없이 유족들에게 모멸감을 안기는 저열한 정치의 반대편에 이렇듯 모든 문화영역을 편

협한 기준으로 박제화하려는 오류가 자리잡고 있었다. 사회 분위기가 음울하다는 이유로 이미 오래전부터 스케줄과 라인업이 정해져 있던 뮤직페스티벌을 취소한다는 결정을 내린 정책 결정권자에게 단 한 번이라도 제대로 뮤직페스티벌에 참여해 즐겨본 적이 있는지 묻고 싶을 정도였다. 이미 수많은 아티스트들이 각자의 방식으로 '세월호 사태'를 추모하고 기억하려는 준비를 하고 있었는데 말이다. 무엇보다 '음악'이 선거를 앞두고 상대방을 공격하는 도구로 악용되는, 또한 그 의도에 명쾌하게 반박하지 못하고 지레 겁먹고 발을 빼는 정치판의 모습에 많은 이들이 분노하고 있었다.

현대카드의 열네번째 컬처프로젝트인 존 메이어 방한공연 또한 미묘한 시기 때문에 난항을 겪고 있었다. 아무래도 소비자 또는 언론의 눈치를 많이 봐야 하는 기업의 특성상 더욱 조심스러워하는 느낌이었다. 존 메이어 공연 1주일 전, 점심시간에 현대카드를 찾았다. 친분 있는 임원 한 명과 오래간만에 가볍게 점심이나 먹자는 계획이었다. 그는 나를 임원식당으로 안내했다. 한참 직원들로 북적북적한 식당으로 들어가다 문득 오른쪽에 있는 샛길로 접어드니 느닷없이 작은 공간이 등장했다. 외부인들은 찾기 힘든 곳, 사장을 포함한 임원들이 좀더 호젓하게 식사를 하기 위한 목적으로 만들어진 듯했다. 아무래도 외부에 공개되지 않는 곳이니 인테리어나 내부 분위기는 실용적이고 단출했다. 한식, 양식, 자유식으로 세 종류의 식단이 짜여 있었다. 국수가 포함되어 있는 자유식을 선택한 다음, 막 흡입하려는 찰나 정태영 사장이 잔뜩 상기된 표정으로 들어왔다. 마침 (아니 당연하게도) 임원식당에서는 각 부서의 수장들이 거의 모두 삼삼오오로 식사를 하고 있었다.

"존 메이어 공연을 취소하자는 이야기가 왜 자꾸 나오는 겁니까?" 임원들의 표정에 긴장감이 떠오르기 시작했다. 해당 부서 임원들이 식판을 든 채 총총 정사장 쪽 테이블로 집결했다. 즉석에서 격렬한 토론이 벌어졌다. 귀를 좋긋한 채 전개되는 이야기에 집중해보니 각계각층에서 직간접적으로 사회 분위기가 이렇게 어수선한데 공연을 꼭 해야만 하느냐는 압박이 들어온 것 같았고 이에 대한 우려를 해당 부서에서 보고한 모양이었다. 즉석 회의는 길지도 않았다. 10분 정도 치열하게 논쟁이 벌어지더니 결론은 '강행한다'로 났다. 진정 음악을 좋아하는 사람이라면 우리의 진정성을 이해해줄 것이며, 아티스트에게 지금 우리 사회의 분위기를 전달하면 적절한 추모의 뜻을 공연에 담을 수 있을 것이다, 등등의 의견이 모아졌다. 무엇보다 논쟁의 결론을 가른 것은 SNS의 흐름에 대한 분석이었다. 고양시가 '뷰민라'를 취소한 이후 SNS에서 논쟁이 어떻게 전개되고 정리되는지를 면밀하게 분석한 결과, 공연을 진행하는 것에 대해 이해해주는 사람들이 훨씬 더 많을 것이라는 결론을 내릴 수 있었던 것이다. 꽤 놀라웠다. 일반 기업이라면 이런 중요한 사안이 실무자—담당 팀장—본부장—부사장을 거쳐 사장에게 이른 뒤 판단을 내리고 결정하기까지 얼마나 오랜 시간이 걸릴 것인가. 아니, 과연 이렇게 스피디하고 명민하게 음악의 본질을 분석하고, SNS 등 사회의 흐름을 민감하게 정책에 반영하는 일이 가능할 것인가. 아마 대다수의 기업들은 부담을 안기 싫어 행사를 포기하는 쪽으로 나아가지 않았을까 예상되었다.

공연 당일. 다소 조용한 분위기였지만 행사는 무사히 진행되었다. 모든 게 예상했던 대로였다. 존 메이어는 노란 리본과 희생자들을 추모하는 멘트로 관객들의 환호를 받으며 공연을 이어갔다. 바람은 꽤 찼지만, 올림픽보조경기장의 열기는 꽤 뜨거웠다. 다만 나는 아무래도 관찰자의 눈으로 봐서 그런지 현장보다는 이 공연이 현대카드의 브랜딩 활동에 어떤 의미인지, 어느 지점에 위치하는지를 따져보는 데 더 몰입하고 있었다. 문득, 예전 크라프트베르크의 공연과 지금의 공연이 오버랩되기 시작했다. 같은 '컬처프로젝트'라는 타이틀을 달고 있음에도 두 공연 사이는 얼마나 먼가 하는 데 생각이 미쳤다. 업무에서 카테고리를 나누고, 광고나 익스프레션에서도 논리 Reason를 지극히 중요시하는 현대카드지만 '컬처' 부문에서는 논리가 명확하지 않다는 데 생각이 미쳤다. 지난겨울, 마리스칼 전을 관람했을 때 떠오른 의문과 일맥상통한다. 잠시 시간을 과거로 돌려, 2013년 12월로 가보자.

현대카드의 열세번째 컬처프로젝트, 마리스칼 전. 슈퍼콘서트와 함께 현대카드를 대표하는 컬처마케팅의 최전선에 놓여 있는 프로젝트 연작이다. 슈퍼콘서트와 슈퍼매치 등으로 구성된 슈퍼시리즈가 마리야 샤라포바와 비너스 윌리엄스의 맞대결을 시작으로 빌리 조엘, 레이디 가가, 스티비 원더 등 그간 한국에서 보기 힘들었던 해외 유명인사들의 직접 초청으로 큰 화제를 모으는 데 집중했다면, 컬처프로젝트는 현대카드의 실무진들이 세계 곳곳을 누비며 가장 트렌디한 작품이나 한국에서 선보였을 때 유의미한 파장을 일으킬 수 있는(꼭 대규모 흥행이 되지 않더라도) 수준 높은 작품 또는 사람을 찾아 섭외한다. 예술의전당 한가람미술관에 들어서자 특유의 해맑은(마리스칼 특유의 컬러를 접할 때마다 이 단어밖에는 떠오르는 표현이 없다) 노란색을 배경으로 미키마우스를 닮은 듯한, 아니 스패니시만의 독특한 정취가 뚝뚝 묻어나는 형형색색의 캐릭터가 가장 먼저 눈에 들어온다. 마리스칼이 누군지 몰라도 전시장 입구를 장식하고 있는 이 설치물은 어디서 본 듯한 친밀감을 느끼게 한다. 여기에 "바르셀로나 올림픽의 마스코트 '코비'를 디자인했던……" 정도의 간단한 정보만 덧붙여지면 누구라도 "아……" 하고 나지막한 탄성을 내뱉을 것이다.

전시장 내부는 생각보다 넓지 않았다. 크게 세 섹션으로 나뉘어 있는 전시장은 첫번째 '스케치의 방'에서 시작한다. 사면의 벽과 가운데 테이블까지 점령한, 현재까지 이어지고 있는 마리스칼의 풍성한 작품 세계의 근원을 이루는 아이디어와 온갖 초기 형태의 스케치들이 가득한 곳. 두번째 '콜라주, 풍경을 이루다' 섹션은 마리스칼이 지금껏 선보여온 다양한 예술기법들 중에서도 핵심으로 꼽히는 콜라주 기법이 적용된 작품들을 모아놓은 곳이다. 1986년 바르셀로나에서 제작한 의자, 듀플렉스를 보면 색과 형태를 비틀고 서로 혼합시키면서 자신만의 작품 기법을 발달시켜왔던 마리스칼이 그래픽아티스트라는 한계를 넘어 가구, 인테리어디자인, 건축, 영화 등 다방면을 섭렵하는 아티스트로 영역을 넓혀나가는 단초를 발견할 수 있다. 마지막 방은 바로 '컬러퍼레이드'. 색채의 마법사로 세계적인 명성을 떨쳤던 마리스칼의 진면목을 굳이 말로 설명하지 않아도, 그야말로 넘실대는 색채의 파도를 짜릿하게 체감할 수 있는 곳이다. 당장이라도 캔버스 밖으로, 또는 독창적인 형태로 존재감을 자랑하는 조각품에서 툭 튀어나올 것 같은 천진하면서도 에너지 넘치는 색채의 향연.

예상보다 짧은 시간에 전시장 투어가 끝났다. 역시 나쁘지 않았다. 다만 아쉬움은 남았다. 마지막 섹션인 컬러퍼레이드. 2012년 아카데미 장편 애니메이션 부문에 노미네이트된, 영화라는 새로운 영역에도 깊은 발자취를 남긴 대표작 〈치코와 리타〉와 그 제작과정을 짤막하게 볼 수 있는 메이킹필름 등이 전시되고 있었지만 전체적인 맥락에서 어떻게 마리스칼의 작품들이 여기까지 이르게 되었는지, 왜 마리스칼의 작업이 주목할 만한 가치를 지니고 있는지 등에 대한 풍부한 고찰은 부족한 느낌이었다. 무엇보다 작품 일부만 봐도 '뛰어난 작가'라고 고개를 주억거릴 수밖에 없는 마리스칼이지만, 지금 이 시기에 왜 한국에서 이 전시를 열어야 하는지에 대한 설명은 부족한 게 아닐까 싶었다. 개인적으로, 마리스칼이 의미 있는 이유는 분명해 보인다. 런던디자인뮤지엄 관장인 데얀 수직이 『바이 디자인』에서 갈파한 것처럼 바르셀로나가 1990년대 들어 케케묵은 '가우디의 도시'를 넘어 '현대 디자인의 메카'로 자리매김할 수 있었던 배경에 바로 마리스칼이 존재하기 때문이다. 지금껏 낮은 수준의 캐치프레이즈로만 '세계 디자인 수도'를 외쳤던, 그리하여 질 낮은 공공디자인의 수준이 더욱 돋보이는(?) 서울이라는 도시가 자신만의 디자인적 특성을 갖기 위해서는 마리스칼의 사례를 철저하게 분석할 필요가 있기 때문이다. 그래서 이 전시에 서울과의 연계 고리 또는 도시와 디자인 등에 대한 고려가 부족한 점이 더욱 아쉬웠다.

사실, 이런 미묘한 의문은 마리스칼 전뿐 아니라 다른 컬처프로젝트 시리즈에도 비슷하게 적용될 수 있을 것이다. 팀 버튼의 괴기스러우면서도 독창적인 스케치 전시, 스튜디오 지브리의 베일에 싸인 작업과정을 알 수 있는 기획전시 등 과거에 진행되었던 컬처프로젝트는 "음, 이런 유명한 인물의 스케치를 가져오다니 역시 현대카드야!"라는 찬탄과 함께 주말이면 발 디딜 틈도 없을 만큼 대중적인 흥행을 거둔 것이 사실이다. 하지만 이 전시들이 지금 우리 사회에 어떤 의미가 있지?'라는 질문에는 딱 떨어지는 답을 꺼내들지 못했다. 물론, 예술의 기본단위임에도 우리 사회에서는 푸대접을 넘어 '무대접' 수준의 대접을 받고 있는 연극의 본질을 새롭게 조망한, 스코틀랜드 국립극단의 〈블랙 워치〉나 장 폴 고티에의 의상과 말러의 교향곡을 접붙여 세계 현대 무용의 수준이 어디까지 와 있는지를 정확하게 짚어준 〈스노우 화이트〉 등 의미 깊은 시리즈들이 줄줄이 이어졌던 것도 분명하다. 다만 세계적으로 유명한 인사들을 한국에 '최초'로 데려와 감동과 충격을 던지는 것이 기본 시스템인 슈퍼콘서트에 비해, 현대카드라는 회사의 취향과 우리 사회의 수준, 그리고 한국 문화계의 지형도 등을 종합적으로 반영하는, 어찌 보면 훨씬 더 어려운 미션을 안고 있는 컬처프로젝트의 방향성엔 여전히 모호한 구석이 있다.

컬처프로젝트의 모든 작품들에 기본적으로 '현대카드스럽다'라는 라벨을 붙일 수는 있겠다. 한국에 이 정도로 디자인적이고, 유명하고, 의미 깊은 작품들을 가져올 만한 기업(또는 단체)은 아직 없을 것이다. 모던하고, 쿨하고, 무엇보다 괜찮은 작품들이다. 하지만 그 '현대카드스럽다'를 보다 더 직관적인, 보다 더 선명한 어휘나 캐치프레이즈로 대체한다면 어떤 표현이 가능할까? 이 부분에서 무언가 애매한 느낌이 여전히 남는다는 것이다. 문득, 비슷한 시기에 연이어 관람한 아라아트센터의 〈ECM: 침묵 다음으로 가장 아름다운 소리〉와 대림미술관의 〈How to Make a Book with Steidl: 슈타이들 展〉이 오버랩되었다.

슈타이들 전은 몇 해 전부터 환골탈태한 대림미술관의 기획력이 어느 수준까지 다다랐는지 여실히 체감할 수 있었던 전시였다. 누구나 '더 빠르게! 더 디지털적으로!'를 외치는 요즘, 여전히 종이로 전해지는 아날로그적인 감성의 세계를 고수하고 있는 세계 출판계의 거장 게르하르트 슈타이들의 작품 세계를 입체적으로 조망한 전시. 사실 이 전시가 열리기 전에 '책'이 전시의 한 테마가 될 수 있다는 것을 떠올린 사람은 거의 없었을 터. 수공업으로 제작되는 유럽 아트북의 전통을 현대화해 지금에까지 이르고 있는 슈타이들의 책들이 시각, 촉각, 심지어 후각까지 아우르며 전시되고 있던 그 내부 풍경이 지금껏 뚜렷하다. ECM 전은 여기서 한 발짝 더 나아갔다. 손에 잡히지 않는 소리와 음악을 테마로 전시를 열 수 있다는 발상을 그 누가 할 수 있었을까? 입장하자마자 정면에서 은은하게 내리쏘는 빛과 함께 울렁이는 음악. 사각의 박스 안에 머리를 쑥 집어넣으면 일순간 주위와 차단된 채 만프레트 아이허와 10여 명의 직원들이 40년 동안 구축해온 그 장대하면서도 세밀한 음악 세계의 정수를 체감할 수 있는 섹션, '침묵 다음으로 가장 아름다운 소리'라는 캐치프레이즈가 어떤 의미인지를 체감할 수 있는 영상과 음악이 어우러지는 섹션 등이 인상적이었다. 알게 모르게 현대카드의 컬처프로젝트들이

'화제성'과 '지명도'에 몰입하는 동안 '하나의 문화현상을 기획하고 대중에게 제시한다'는 본래적 의미에 대한 탐구에는 둔감해진 것은 아닌지, 한 번쯤 되짚어봐야 할 타이밍이 아닐까. 정태영 사장 또한 나중에 사석에서 이 두 전시를 두고 '최근 한국에서 진행된 전시들 중 우리가 놓쳐서 아까웠던 거의 유이(唯二)한 케이스'라고 촌평한 바 있다.

이처럼 마리스칼 전에서 떠올린 의문이 2014년 5월, 다시금 재생된 것이다. 다프트 펑크에 이르기까지 예술과 대중음악의 경계선에서 무수한 영향력을 행사한 크라프트베르크와 존 메이어의 공연이 동일선상에 놓여 있는 것이 과연 옳은가? 물론 존 메이어의 음악성을 폄하하는 것은 아니다. 다만 존 메이어를 선택하는 데서도 직관적으로 인정할 수 있는 명확한 논리나 이유가 있어야 하지 않을까 하는 것이다. 음악에 있어서 현대카드의 활동은 큰 공연(슈퍼콘서트), 작은 공연(컬처프로젝트), 지원하는 공연(인디프로젝트) 등으로만 거칠게 구분되어 있는 것은 아닐까? 물론, 음악은 이성의 영역이라기보다는 감성과 본능의 영역이어서(아, 물론 바흐의 대위법 등 기하학에 가까운 음악의 본질, 즉 수학적 측면을 말하는 것이 아니다. 주로 청자가 음악을 감상할 때 일어나는 미적, 심리적 화학작용을 말하는 것이다) 논리적으로 구분하는 것이 무의미할 수도 있다. 다만 현대카드는 큰 조직의 특성상 스스로 논리를 구축하지 못하면 실행 주체들이 그 의미를 끌고 가지 못하거나, 핵심 내용들이 유실되거나 왜곡될 가능성 또한 상존한다. 지난 10년 동안 현대카드를 컬처마케팅 또는 브랜딩의 최강자 위치로 끌어올린 '음악'이라는 테마에 대해 보다 더 깊이 접근하지 못하면, 위기가 올 가능성도 있다는 뜻이다.

한층 더 깊어진 고민과는 달리, 존 메이어의 공연은 달달하기 그지없었다. 문득 한 음악인의 평가가 떠올랐다. 음악 성향은 완전히 다르지만 인기 측면에서 미국의 젊은 층을 양분하고 있는 브루노 마스가 무대 위에서 관객들(당연히도 여자들)에게 섹스어필하는 타입이라면, 존 메이어는 알 듯 모를 듯 감미롭게 여자의 마음을 건드리며 유혹하는 타입이라고. 어쩌면 내가 공연에 쉽게 몰입하지 못한 것은 눈에 '하트'를 잔뜩 그리고 있는 무수한 여자들에게 둘러싸인 채 관객석에 앉아 있었기 때문인지도 모르겠다.

Chapter

3

Summer

차갑게 생각하고,
뜨겁게 움직인다는 것

디자인이라는
커뮤니케이션

―――

초여름에 접어들자마자 현대카드의 핵심 중 핵심이자 사옥 내에서 가장 인상적인 악센트를 찍고 있는 디자인랩이 재오픈한다는 소식이 들려왔다. 설계를 한 사람은 장 누벨! 아쉽게도 오픈식 즈음에는 파리 패션위크에 참석해야 할 형편이라 디자인랩의 수장인 이정원 실장에게 미리 인터뷰를 요청했다. 현대카드의 최전선인 디자인랩은 어떻게 운영되는지 궁금하기도 한참이었다. 무엇보다 장 누벨이라는 거장이 바다 건너 극동의, 그것도 한 사기업의 사옥도 아닌 사무실 하나를 디자인하게 된 계기가 궁금했다.

"사장님과 함께 밀라노 디자인위크를 참관하러 갔을 때 우연히 장 누벨이 전시를 한다는 걸 알게 됐어요. 마침 주제도 '오피스 포 리빙', 그러니까 '사는 공간으로서의 사무실'이라는 새로운 콘셉트였죠. 흔치 않은 기회인 것 같아서 미팅을 요청했더니 흔쾌히 오케이 사인이 왔어요. 이런저런 이야기를 나누다 문득 나온 발상이 '웨어하우스'예요. 마침 브루클린도 가보고 하면서 관심이 꽂혀 있던 테마가 웨어하우스나 빈티지를 어떻게 현대카드답게 흡수할 것인가였거든요. 말 그대로 우연이 필연이 된 셈이죠."

깔끔하고 모던한 여의도사옥에 웨어하우스, 즉 창고라고? 최근 현대카드가 브루클린, 베를린 등의 도시를 탐방하면서 과거의 건물과 거리를 문화적으로 되살린 풍경에 꽂혀 있다는 사실은 '브루클린 프로젝트'를 통해 이미 확인한 바지만 그래도 의외이긴 했다. 이실장의 설명이 이어졌다. "사실 기본 발상은 간단합니다. 그동안에도 무채색 중심의 사옥에서 디자인랩은 일종의 포인트 역할을 해왔잖아요? 여기에 더해 마음껏 뭔가 실험해볼 수 있는 편한 공간이 있으면 좋겠다고 생각해왔어요. 디자인랩 정도면 그런 혁신적인 공간을 꿈꿔볼 수 있지 않을까 했던 게 마침내 현실이 된 거죠. (웃음)"

'빛의 장인'이라 불리는 장 누벨이 밀라노 디자인위크에서 최초로 선보인 신개념 사무실 콘셉트가 세계 최초로 한국에, 그것도 현대카드 사옥에 구현된 셈이다. 끊임없는 탐구와 인사이트트립으로 대표되는 치열한 현장 탐방정신이 이런 결실을 만들어낸 것이리라. 장 누벨 또한 자신의 새로운 콘셉트를 실험적으로 적용해보는 첫 사례인지라 의외로 돈을 많이 받지 않았다는 '훈훈한' 에피소드까지 곁들여진다. 그런데 이정원 실장은 팸플릿 등 거의 모든 대내외적 결과물들을 검토해야 하기에 워낙 바쁜지라, 다른 부서에서 협조 미팅을 요청하는 전화가 짧은 인터뷰 도중에도 계속 울려댔다. 인프라서비스팀 실무직원의 안내를 받아 새로운 디자인랩을 직접 둘러본 뒤 인터뷰를 이어가기로 했다.

2012년에도 잠깐 인터뷰한 적이 있는 인프라서비스팀 정우용 과장은 내게는 마블월드의 슈퍼히어로와 같은 존재다. 사실 디자인 또는 건축이라는 것은 위트를 조금 섞자면 '머릿속에 세운 최초의 환상적인 개념을 현실에 맞춰 지속적으로 다운그레이드하는 과정'이라고 규정할 수 있을 것이다. 그만큼 재료 또는 실현 가능성이 중요하다. 사실 현대카드의 놀라운 디자인 결과물의 뒤에는 눈에 보이지 않는 인프라서비스팀 직원들의 치열한 모색이 있었다. 정우용 과장은 건설회사에서 일하다 현대카드에 입사한 경우인지라 딱 맞춤한 부서로 배치받았다 할 수 있겠다. 그의 안내로 찾은 새로운 디자인랩은 언뜻 보기에도 굉장했다. 투명 LED 소자를 2미터도 넘는 높이와 너비로 촘촘히 박은 전면 유리벽이 입구에서부터 눈길을 사로잡는다. 예전에도 입구에 거대 영상 프로젝터가 설치되어 있긴 했지만 규모나 디테일이 비교 불가능할 정도로 달라졌다.

"기억하실지 모르겠는데 예전에는 프로젝터로 영상을 벽에 쏘는 방식이었어요. 설계 단계에서는 세 가지 안이 있었다고 하더라고요. 프로젝터로 쏠지 아니면 전광판 같은 걸 하나 놓을지, 가장 어렵다고 생각했던 세번째 안이 지금처럼 통유리 입구 전면에 투명 LED를 촘촘히 박는 방식이었어요. 결론은 금방 났습니다. 장 누벨이 외부에서 실내가 들여다보였으면 좋겠다고 했거든요. 지금껏 그랬듯 디자이너가 원하면 어떻게든 방법을 찾아내야죠. 국내 업체를 어렵게 찾아 투명하고 얇은 아크릴바 위에 LED 소자를 하나하나 박아서 완성해냈어요. 오픈 일정을 맞추느라 죽기 살기로 매달렸는데 막상 완성하고 보니 별로 티는 안 나네요. (웃음)"

이 엄청난 작업이 별거 아니라는 듯 씩 웃는 모습, 역시. 입구를 지나자마자 보다 더 고차원적인 결과물이 앞을 막아섰다. 디자인랩 실장의 방을 외부와 분리해 구획하고 있는, 거대한 물결이 휘몰아치는 듯한 투명 유리벽.

"정말 거대하죠? 라스빗이라는 체코 회사 제품이에요. 체코가 수백 년 넘은 유리공예의 전통을 갖고 있거든요. 그 나라 장인들은 가끔 이렇게 상상을 초월하는 건축 자재들을 창조해낸다고 하더라고요. 이렇게 엄청난 굴곡과 두께를 갖고 있는 통유리 자재라니, 이게 가격도 엄청나지만 만드는 데

3개월이나 걸리거든요. 더군다나 그들은 시공은 안 한대요. 그런데 어쩌겠어요. 장 누벨이 이 제품을 꼭 쓰고 싶다는데. (웃음) 무게는 또 한 판당 700킬로그램이 넘어요. 표면이 울퉁불퉁해서 〈미션 임파서블〉에 나오는 압축기는 사용할 수도 없고요. 열 명 넘는 사람들이 직접 들어야 했어요. 사흘 내내 작업해 천장과 바닥에 딱 맞게 고정시키느라 애를 먹었죠. 혹시 금이라도 갈까봐 얼마나 노심초사했는지 몰라요. 윗분들한테 깨지는 건 둘째 치고 새로 판을 만들려면 최소 3개월이 지체되잖아요. (웃음)"

정말 만사에 막힘이 없다. 하긴 지금까지 예산문제가 아닌 한 현대카드는 웬만한 난관은 다 뚫고 나갔다. 카드를 메탈 소재로 만들고 싶다면 그렇게, 휴대폰을 새로운 소재로 개발하고 싶다면 또 그렇게.

비록 한국을 방문해 현장에서 진두지휘하지는 않았지만 장 누벨은 기대보다 훨씬 더 세심하게 신경을 쓴 듯했다. 룸 한복판의 테이블 종류까지 지정했고 꼭 빨간색 의자 하나가 그 한가운데에 놓였으면 좋겠다는 코멘트까지 남겼다고 하니. 디자인랩 실장 룸을 지나 한 발자국 더 발을 들여놓으니 보통 사무실과는 확연히 다른 풍경이 한눈에 펼쳐졌다. 전체적으로는 바닥과 벽의 마감재를 그대로 노출시켜 '창고' 분위기를 확연히 드러내는 데 초점을 맞췄다. 핸들을 돌려 움직이는, 대형 도서관에나 있을 법한 아카이빙 선반은 업무공간과 복도를 가로지르고 있었다. 선반에 놓인 것은 이삿짐 쌀 때나 쓸 법한 직사각형 모형의 커다란 플라스틱 케이스. 이 또한 창고의 분위기를 드러내는 소품으로 사용되었다.

세련된 스틸 소재 계단으로 올라가면(맞다. 높은 로비 천장 덕분에 사무실을 복층으로 구성할 수 있었다) 2층에서 일하는 직원들의 책상과 의자가, 그 안쪽으로 한 걸음 더 발을 들이밀면 벽과 천장, 바닥이 모두 하얀색으로 칠해져 있는 독립된 룸이 나온다. 한 직원이 우스갯소리로 "잘못하면 하루 동안 간혀 있어야 하는 징벌방으로 쓰려는 것 아닐까요?"라고 농담을 하며 지나간다. 이 방은 진행중인 프로젝트나 완료된 프로젝트의 자료, 실물 크기의 모형 등을 설치해 스피디하면서도 입체적인 회의가 가능한 공간으로 사용될 예정이라고. 2층에서 내려다보니 바깥 또는 로비와 면하고 있는 벽이 모두 투명유리로 되어 있다. 와우! 매일매일 이처럼 시원하게 바깥 풍광을 즐길 수 있으면 참 좋겠다. 감탄한 것도 잠시, '그럼 도대체 보안은 어떻게?'라는 데 생각이 미쳤다. 역시 빈틈은 없었다. 창으로 사용된 유리는 바깥에서는 보이지 않는 이중 특수유리이고, 블라인드까지 촘촘히 설치되어 있다.

"짐작하셨겠지만 블라인드조차 특별합니다. (웃음) 한쪽 면은 매트한 화이트 재질이고 다른 면은 거울이에요. 당연히 국내에는 없는 제품입니다. '랭글라푸'라는 프랑스 제품이죠. 저쪽이 동쪽이라 아침에만 잠깐 햇빛이 들어와요. 전면 유리의 장점을 극대화하기 위해 블라인드를 거울 쪽으로 걷으면 불을 켜지 않아도 될 만큼 햇빛이 환하게 들어와요. 문제는 랭글랑이라는 유일한 제조사가 공장에 불이 나서 망했다는 거예요. 어떻게 했겠어요? 결국 견본을 바탕으로 국내에서 제조자를 찾아 일일이 다 만들었죠. (웃음)"

솔직히 억지로 흠을 찾으려 해도 찾기가 불가능할 정도였다. 하지만 내부를 둘러보는 동안 정체 모를 이질감이 마음 한구석에 남았다. 아직 직원들이 입주하지 않아 텅 비어 있는 탓에 인공적인 느낌이 강해서일까? 이정원 실장과 인터뷰를 이어가면서 어렴풋한 느낌은 보다 선명해졌다. 그것은 이 실장뿐 아니라 매일 사옥으로 출근하는 직원들은 의식하지 못할, 내가 외부인이기 때문에 느낄 수 있는 그런 종류의 이질감이었다.

"공사를 진행하는 동안 어디서 업무를 봤냐고요? 2관에 가보셨어요? 아, 못 보셨구나. 1층 흡연실 쪽 빈 공간에 3개월 동안 임시 디자인랩을 설치

했어요. 처음에 디자인랩을 리뉴얼하기로 했을 때 '이러다가 아예 복도로 나앉는 거 아냐'라는 농담을 했는데, 정말 말이 씨가 된 거죠. (웃음) 처음엔 복도에 천막이라도 쳐야 하나 했었는데 디자인랩의 자존심이 있지 대충 만들 순 없겠더라고요. 제약조건도 많았어요. 시설팀에서 받을 수 있는 최대 예산이 2000만원이었고, 주말 이틀 사이에 다 만들어야 한다는 시간 제약도 있었죠. 그래서 생각해낸 게 OSB(Oriented Space Board, 나뭇조각들을 압축한 합판 형태의 커다란 운송용 나무박스. 색감과 촉감 모두 코르크 표면과 비슷하다)입니다. 어설프게 마감을 할 예산도 시간도 없으니 날것 그대로의 재질을 살리고 마치 컨테이너박스를 쌓아서 공간을 만드는 것처럼 다섯 개의 공간을 구획해 쉽게 가자는 의도였죠."

이거다 싶었다. 곧바로 2관으로 넘어가 3개월 동안 사용되었던 임시 디자인랩을 구석구석 뜯어보았다. 디자인랩 팀원들은 특유의 발랄한 창의성을 발휘해 일하는 공간에 대한 새로운 발상으로 나아갔다. 운송용 나무박스만으로 업무공간을 만들겠다는 기본 콘셉트가 거의 90퍼센트는 먹고 들어간 듯했다. 크기가 다른 다섯 개의 나무박스로 각 팀의 공간을 확보한 뒤 박스 사이의 공간을 복도, 미팅공간, 회의공간, 아카이브실 등으로 활용했다. 놀라운 건 직원들이 일일이 조립해 만들었다는 사실. 2000만원으로 한정된 예산에 맞추기 위해서는 어쩔 수 없었다고 한다. 그런데 더 놀라운 대목은 내부에 있었다. 입구부터 벽을 따라 엄청난 규모의 수납 종이박스가 9층 높이로 열을 지어 쭉 늘어서 있었다. 일명 '프로젝트 박스'. 커다란 종이보드를 직접 자르고 접어 디자인 샘플, 자료, 모형 등을 보관하는 수납장을 만든 셈이다. OSB 벽과 색, 재질 면에서 완벽하게 맞아떨어지는 디스플레이 작품이자 보관장소가 탄생한 것이다. 이 종이보드는 디자인랩 직원들의 손을 거쳐 회의 테이블로, 각종 프로젝트의 진행과정을 담고 있는 커다란 보드판으로, 심지어 디자이너들의 책상과 책장, 진열장 등으로 화려하게 변신하기에 이르렀다.

"많이 비좁긴 했지만 오히려 팀원들끼리는 더욱 돈독해진 것 같아요. 다만, 본격적인 여름이 오기 전에 새로운 사무실로 이동하게 된 건 다행이에요. 특히 안쪽 이미지네이션팀에 남자들이 많은데 슬슬 불쾌한 냄새가 나기 시작하는 것 같더라고요. (웃음) 그래도 무척 재미있는 외유였던 것 같아요. 앞으로도 공간을 주제로 즐기고 플레이할 수 있는 기회를 더 찾아봐야겠다는 생각이 들 정도로."

이것이야말로 본래적인 '현대카드스러움'이라고 생각한다. 그 옛날 사옥 1관과 2관 사이의 도로를 막고, 책상을 쌓아올려 임시 네트를 만든 다음, 앤디 로딕과 라파엘 나달의 즉석 테니스대회를 열었던 그 발랄한 창의성과 콘텐츠. 많은 이들이 현대카드가 많이 무거워졌음을, 대기업다운 규모로만 승부하는 것 같다는 지적을 하고 있는 이때, 초창기의 이런 발랄함이 더욱 북돋워져야 하는 것 아닐까. 내가 새로운 디자인랩 사무실을 처음 접했을 때 느꼈던 이질감은 이런 것이었다. 웨어하우스 등의 콘셉트에 대해 설명을 들으면 분명 이해가 가지만, 단번에 직관적으로 와닿지는 않더라는 것. 세련되지만 무거운 사옥의 분위기 속에서(사실, 흡연실을 제외하고는 즉석에서 떠오른 생각을 노트할 수 있는 아이디어 테이블에서도, 세그웨이가 놓여 있는 로비에서도, 심지어 탁구대에서도 생동감을 찾기란 그리 쉽지 않다. 말하자면 역동적인 인물화라기보다는 정적인 풍경화나 정물화에 가까운 느낌이랄까) 디자인랩의 외관은 탄성의 대상일 수는 있을지언정 사옥 내에 강력한 생동감을 불어넣는 단계로까지 가지는 못한 것 같다는 것. 그럼에도 최근의 '옆길로 새' 광고 캠페인에 이어, 임시 디자인랩 건설과정은 현대카드의 여전한 창의성을 상징한다.

"맞아요. 분명 발랄한 발상이었던 것 같아요. 원래는 짐 정리를 하면서 이런 공간에서 잠깐이라도 업무를 봤으면 좋겠다고 우리끼리 스케치를 해

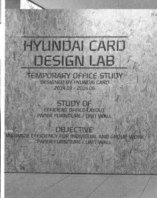

HYUNDAI CARD
DESIGN LAB

TEMPORARY OFFICE STUDY
DESIGNED BY HYUNDAI CARD
2014.03 - 2014.06

STUDY OF
EFFICIENT OFFICE LAYOUT
PAPER FURNITURE / UNIT WALL

OBJECTIVE
MAXIMIZE EFFICIENCY FOR INDIVIDUAL AND GROUP WORK
PAPER FURNITURE / UNIT WALL

놓았는데 사장님이 쓱 들어오셨다가 그걸 보셨어요. '이게 뭐야?' 물어보시 길래 '이런 걸 한번 만들어보면 재밌지 않을까요?'라고 답했죠. 물론 예산이 정말 조금 든다는 걸 강조하면서요. (웃음) 그랬더니 '쿨하네, 좋아' 하시고는 끝이었어요. 사실상 결재가 난 거죠. 아마 다른 대기업에서라면 상상도 못 할 절차일 거예요. 적어도 현대카드에는 가능하면 디자이너의 상상력을 받 아주겠다는 분위기가 분명히 자리잡고 있는 것 같아요."

여행에 대한 새로운 시각, 트래블라이브러리

　　드디어 트래블라이브러리가 개관했다. 볕은 따갑지만 여전히 바람은 선선한, 딱 여행에 맞춤한 여름 초입과 맞물려 현대카드의 야심작이 실체를 드러낸 것이다. 현대카드의 지난 10년이 레이디 가가, 빌리 조엘 등의 공연 과 전시, 독창적인 이벤트 등으로 구성된 컬처프로젝트로 대표된다면, 앞으 로의 10년은 디자인과 여행에 이어 음악과 음식으로까지 이어질 '라이브러 리 프로젝트'가 핵심 역할을 하게 될 것이다. 이 프로젝트의 중요성을 너무나 도 잘 알고 있는 정태영 사장은, 지난 수개월간 수시로 공사현장을 둘러보며 작은 디테일 하나도 놓치지 않기 위해 필사의 노력을 기울였다. 현장에 두 번 정도 동행했던 나는 디테일을 파악하는 그의 능력에 새삼 감탄하면서도 다른 한편으로는 'CEO가 세세한 디테일까지 다 체크해야 한다면 도대체 평소 업 무범위가 얼마나 광범위한 것일까'라는 생각에 아득한 기분이 들기도 했다.

　　완공된 트래블라이브러리는 더할 나위 없이 좋았다. 투명하게 내부 를 보여주는 듯하면서도 모든 것을 다 드러내지는 않는, 신비한 느낌의 커튼

월에서부터 '여행'이라는 테마에 대해 얼마나 치열하게 고민했는지 바로 캐치할 수 있다. 여행지에서 어떤 흥미로운 일이 벌어질지, 그 실체를 알 수 없어 출발 전부터 궁금해하고 설레어하는 과정 자체가 어쩌면 여행의 본질이라는 사실을 입구에서부터 보여주고 있는 것이다. 내부로 들어서면 인천공항과 실시간으로 연동되어 10분마다 타닥타닥 소리와 함께 비행기 출항 시각을 아날로그 방식으로 보여주는 스케줄마커가 먼저 눈을 사로잡는다. 여행에 대한 직관을 잘 보여주는 트래블라이브러리의 대표적 공간이라 할 수 있겠다. 일찍이 알랭 드 보통이 『공항에서 일주일을』에서 설파했듯 여행의 기쁨, 그 50퍼센트는 이미 공항에 도착하는 순간 달성된다고 할 수 있다. 어딘가로 떠난다는 것에 대한 기쁨, 일상의 시계는 멈춰버리고 한없이 느리게 흐르는 추상적 시간에 몸이 적응해가는 바로 그 순간 말이다.

세련된 비행기 미니어처들을 매달아놓은 뒤 거울을 장치해 공간이 무한하게 확장되는 페이크 효과를 불러일으키는 천장과 전 세계 주요 도시의 아날로그 지도들을 모아놓은 메일박스로 구성된 '파인드 공간' 또한 참 좋았다. 흔히 도서관 하면 떠오르는 무겁고 조용하고 엄격한 느낌에서 벗어나, '라이브러리'라는 공간을 얼마나 창의적으로 재해석했는지 한눈에 간파할 수 있었다. 자연의 빛에 따라 시시각각 인상이 변하는 아크릴과 유리, 그리고 타일과 돌이라는 서로 다른 재료가 오묘하게 어우러진 1층의 서가공간, 모던하게 외부로 열려 있는 야외공간과 북유럽 와그너 체어, 1950년대 에르콜 체어, 셰이커 체어 등 세계 곳곳의 여행 명소를 연상케 하는 매혹적인 의자들이 어우러진 고즈넉한 카페공간의 조화도 지극히 현대카드다웠다.

다만 2층 메인 서가로 올라가는 계단 아랫목에 위치한 안내 데스크와 여행 관련 물품을 전시, 판매하는 공간은 조금 애매해 보였다. 사실 이곳은 지난 달, 정태영 사장이 최종 확인할 때에도 문제가 되었던 공간이다. 먼저,

입구 쪽 전면 창 안쪽에 칸막이 형태로 설치된 빈티지 소품 전시공간. 정사장이 직접 런던 포르토벨로 거리의 골동품상에서 사 왔다는, 지난 세기에 만들어진 것이 분명한 천체망원경이 직관적으로 이 공간의 분위기를 지배하고 있다. 그런데 딱 거기까지. 더이상 인상적인 아이템은 눈에 띄지 않는다. 그 앞 좌대에서 판매하는 여행용 소품들은 상황이 조금 더 좋지 않았다. 현대카드의 영감과 감각을 드러내기보다는 키치하거나 1차원적인 물품들이 다수였다. (이후 수개월간 업그레이드를 거치면서 훨씬 나아지기는 했다.) 아마도 이는 현대카드 내부에 트렌디한 아이템과 소품을 일상적으로 체크하고 찾아나서는 부서나 인적 자원이 없기 때문이 아닐까 짐작되었다. 얼마 전 우연히 프리비아와 엠포인트몰 사이트에 접속했을 때, 그곳에서 판매중인 아이템들이 현대카드의 수준과 맞지 않아 보여 흠칫 놀랐던 기억이 맞물려 떠올랐다.

트래블라이브러리의 내부 공간은 사실 그리 넓은 편은 아니다. 수용인원에 한계가 있어서 보통 1층 공간에서 20~30분 정도 대기하다가 2층으로 올라가게 된다. 아마도 기획 당시 예상했던 것보다 대중의 반응이 폭발적이기 때문이리라. 오프닝 이후 세 번 정도 평일에 방문해봤는데 항상 그 정도 시간을 대기하여, 트래블라이브러리의 찌를 듯한 인기를 실감할 수 있었다. 과감하게 비틀린 각도의 계단을 천천히 올라가노라면 1층과는 급격하게 달라지는 내부 풍경에 놀라게 된다. 2층으로 올라가는 순간, 넓이에 대한 감각은 한순간에 마비된다. 벽과 천장 등, 내부의 모든 공간이 서가 형태로 인테리어되어 있기 때문이다. 이곳을 설계한 건축 에이전시 원더월Wonderwall의 크리에이티브 디렉터 마사미키 카타야마는 인테리어 모티브에 대해 "태초의 생명력을 연상케 하는 책의 동굴을 착상했다"고 설명했다. "트래블라이브러리는 매우 특수한 디자인으로 구성되어 있다. 밖에서 볼 때 놀라움을 주고, 일단 한번 들어오면 계속 안으로 들어가고 싶어지는 공간을 만들고자 했다. 여기에는 직선이 없고, 다 울퉁불퉁해서 올 때마다 풍경이 달리 보일 것이며, 다양한 성격의 코너들이 매번 새로운 발견을 선사할 것이다."

파리 콜레트(!)의 인테리어디자인을 총괄한 경력의 소유자답게, 그는 근래 한국에서는 분명 가장 인상적일 내부 공간을 보유한 건축물을 탄생시켰다. 그야말로 책의 동굴로 들어온 듯한 2층 공간에 특별한 포인트를 주는 곳은 정태영 사장이 구글 본사에서 실제 체험해본 다음 규모만 약간 줄여서 들여온 '구글 어스 버추얼 룸'이다. 사용자가 직접 컨트롤러를 조작해 자신이 가고 싶어하는 목적지(이를테면 런던 쇼디치)에 단숨에 접근한 뒤 2미터가 넘는 입체 모니터를 통해 실사와 똑같은 거리를 걷는 느낌을 체험해볼 수 있다는 것은 꽤 짜릿했다. 펜으로 썼다 지웠다 할 수 있는 거대한 화이트 벽 위에 여행 경로를 표시하거나, 여행에 대한 벅찬 감정을 낙서처럼 써내려가며 계획을 세울 수 있게 한 '플랜 공간'도 인상적이었다. 거기엔 심플한 시티맵, 즉 파리, 런던, 뉴욕, 베를린 등 주요 도시를 간략한 선 중심의 윤곽선으로 그려 그 위에 여행 코스를 스스로 기입해 여행 때 가지고 다닐 수 있게 한 지도가 높게 쌓여 있었다.

사실 트래블라이브러리의 진정한 가치는 수준 높은 인테리어나 시설에만 있는 건 아니다. 심지어 1만 4761권에 달하는 컬렉션의 방대함(사실 세계에서 유일하게 『내셔널지오그래픽』 전질을 갖췄다는 실무진의 자랑이 이번에는 왠지 어색해 보였다. 희귀 장서를 모은다는 콘셉트는 디자인라이브러리 당시까지는 적합해 보였지만 트래블파트에 이르러서는 조금 애매한 느낌이다. 장서의 규모나 희귀성에 집착하는 것은, 도서관이라는 공간을 새롭게 재해석한다는 콘셉트와도 충돌하는 부분이 있다)과 『가디언』 여행 칼럼니스트 케빈 러비 등 세 명의 유명 큐레이터가 각 2000권씩 장서를 골랐다는 전문성보다도 더 주목할 부분이 있다. 바로 '여행'이라는 테마를 목적지 중심이 아니라 아트, 아키텍처, 모험을 위한 여행 등

'영감을 얻기 위한 지적 활동'으로 규정했다는 신선한 발상이다. 『타임』의 트래블앤드레저 에디터인 캐롤리나 미란다의 다음과 같은 추천사가 바로 트래블라이브러리만의 남다른 정체성을 잘 보여주고 있다. "그저 라이브러리를 어슬렁거리다, 책 더미 속에서 길을 잃고 아무 책이나 하나 집어들어라. 아마 이런 식이 아니라면 절대로 읽지 않았을 책과 장소를 마주하게 될 것이다. 좋은 라이브러리에는 놀라운 발견이 있다."

　　"진정한 여행은 새로운 풍경을 찾는 것이 아니라 새로운 시각을 갖는 것이다"라는 마르셀 프루스트의 말처럼 '여행은 모든 감각의 스위치를 켜고, 오직 스스로의 힘으로 모든 경험을 받아들일 때 비로소 새로운 영감으로 돌아온다'는 것이 트래블라이브러리의 가장 핵심적인 콘셉트이며, 그 덕분에 여행이라는 테마를 '일상의 경계를 벗어나 새로운 세계를 발견하는 모든 형태의 지적 활동'으로 확대해 정의하는 색다른 시각이 가능했던 것이다.

　　여행에 대한 새로운 영감을 불러일으키겠다는 콘셉트도, 내부 공간의 세세한 디테일도 참 좋았지만 아쉬운 점 또한 진하게 드리워져 있었다. 먼저 위치 선정의 문제. 소개책자에는 "소비적인 라이프스타일의 숨가쁜 변화의 한복판, 청담동이라는 공간에 '여행'을 테마로 한 라이브러리를 만들고 싶었다"고 서술되어 있었는데 내겐 잘 와닿지 않았다. 지역, 더 나아가 서울이라는 공간에 대한 근원적인 성찰을 건너뛴 채 규모가 큰 팝업스토어의 콘셉트에 가깝게 트래블라이브러리를 바라본 게 아닐까 하는 의문이 설핏 들었다. 트래블라이브러리 오프닝 이후 일부 현대카드의 임직원들이 "이렇게까지 큰 반향을 일으킬 줄은 몰랐다"고 놀라워하는 반응을 보였던 것은 '여행'이라는 폭발력이 강한 테마를 우리 사회에 중대한 영향을 끼칠 콘텐츠로 여겼다기보다는, 하나의 이벤트적 계기로 바라본 측면이 있었다는 방증이 아닐까.

　　사실 '여행'이라는 테마가 우리 사회에서 화제의 중심에 올라 있는 이유는 학교, 직장 가릴 것 없이 강압이 일상화된 억압적인 사회구조와 나날이 창의성이 질식되어가는 후진 사회에서 탈출하고 싶다는 젊은 층의 욕망이 그 배후에 존재하기 때문이라고 생각한다. 예전, 세계 여행자들의 경전인 『론리플래닛』이 서울에 대해 평가한 내용을 다시금 되짚어본다면, 당시 『론리플래닛』 편집장은 1년간 홈페이지에서 진행한 '당신이 가장 증오하는 도시' 투표 결과 미국의 디트로이트, 가나의 아크라에 이어 서울이 3위에 선정되었다는 사실을 알리면서 이렇게 단언했다. "부드럽고 느긋한 아시아를 꿈꾸는 사람이라면 서울을 지나쳐도 좋다. 홍보 영상에서 보았던 부드러운 탈춤, 색색의 한복은 이곳 서울에 없다." 덧붙여 10년째 서울에 거주하며 아시아 각국을 여행해왔다는 『론리플래닛』 기자 네이트 하이의 말은 카운터펀치라 할 만했다. "형편없이 반복적으로 뻗은 도로들과 구소련식 콘크리트 아파트 건물들. 심각한 환경오염 속에는 어떤 마음도, 영혼도 없다. 숨막힐 정도로 특징이 없는 이곳은 사람들을 알코올중독자로 몰아가고 있다."

　　나는 현대카드만의 남다른 열정으로 창조되고 있는 라이브러리들이 서울을 대표하는 랜드마크가 되기를 바란다. 그리하여 서울이라는 척박한 공간을 근원부터 바꿔놓기를 희망한다. 지금의 라이브러리들이 일회적인 팝업스토어 느낌에 그치는 것이 아니라 주변 지역들과의 연관성, 무수한 사람들과의 교류 가능성 등을 더 세심히 고려해 서울의 문화적 수준을 끌어올리는 영구한 공간으로 자리잡기를 바란다는 뜻이다. 그리하여 뉴욕에는 브루클린, 런던에는 쇼디치, 베를린에는 이스트 지구가 있는 것처럼 향후 10년간 현대카드가 엄밀한 콘셉트에 맞춰 세워나가는 새로운 공간(또는 지역)들이 서울을 문화적으로 유의미한 도시로 만드는 출발점이 된다면 더할 나위 없이 좋을 것 같다.

　　사실, 그렇게까지 어렵고 심각하게 생각할 일도 아니다. 트래블라이

브러리가 오픈한 뒤 여름의 흔적이 한층 짙어졌을 무렵, 나는 방송인이자 여행작가인 손미나씨가 스페인 청년 두 명과 함께 낸 스패니시바 오프닝에 초대받았다. 평소 조용하기 이를 데 없는 상수동 한구석에 위치한 7평 남짓한 조그만 바는 기백 명이 넘는 초청객들을 감당하지 못해 근처 길거리까지 그 영역이 확장됐다. 술잔을 든 외국인들과 한국인들이 모였다 흩어졌다를 반복하고 있었고, 세계적인 재즈피아니스트 조윤성씨의 열정적이면서도 부드러운 연주 소리가 밤하늘로 끊임없이 퍼져나가는 것에 맞춰 유쾌하면서도 진중한 대화가 주변을 둥둥 떠다니고 있었다. 그것은 내가 아직 피가 끓던 30대 초반, 밤 열시에 비행기에서 내리자마자 방콕의 카오산로드를 걷던 그 기분, 또는 작고 허름한 클럽들이 줄지어 있던 바르셀로나의 뒷골목에서 희미하게 동이 트는 밤하늘을 바라보던 그때의 감상, 아니면 멕시코시티의 평범한 가정집 옥상에서 처음 보는 현지인들과 밤새 술 마시고 노래하고 춤추고 대화하던 초현실적인 풍경과 맞닿아 있는 느낌이었다. 그것은 향락적이고 일회적인 홍대 앞 풍경과도, 참가자라기보다는 관찰자에 가까운 행인들이 넘쳐나는 이태원의 풍경과도 다른 모습이었다.

그래서 더더욱 트래블라이브러리가 외국 여행을 준비하거나 새로운 여행지에 대한 영감과 감성을 북돋우는 장소로만 한정된 점이 아쉬웠다. 런던의 인생학교The School of Life에는 인생 자체에 대한 강의에 '문학으로 런던 둘러보기' '철학과 사색과 함께하는 런던 투어'라는 독특한 커리큘럼이 포함되어 있다. 트래블라이브러리가 1차원적으로는 척박한 '서울'이라는 공간에서 사람들이 즐겨 방문할 만한 새로운 장소로 기능한다면, 2차원적으로는 서울 또는 한국이라는 공간을 여행으로 확장하고 개발하고 찾아내는 장소에 대한 역할까지 하기를 바라는 건 너무 무리한 욕심일까? 바야흐로 서울, 그리고 한국이라는 공간에 대한 근원적인 성찰이 필요한 시점이다.

디자인은 '예술'이라기보다
'논리'의 영역이다

2014년 7월 진행된 마켓플레이스의 주제 중 하나는 '힐스테이트'였다. 그동안 여러 회사에 팔려다니면서 정체성이 훼손된 현대건설이 한때 업계 1위였던 힐스테이트 브랜드를 어떻게 재생시킬 수 있을지 문의해온 것 같았다. 브랜드본부장 이미영 상무가 정확히 현실 진단을 내린다. '이미 업계 3, 4위권까지 브랜드 가치가 하락한 데에는 디자인도 콘셉트도 중구난방으로 아파트 건설이 진행된 탓이 크다. 모 브랜드가 업계 1위를 지키고 있는 것은 특별히 잘해서라기보다 기본 콘셉트를 변함없이 지켜온 일관성 덕분인 듯하다.'

임직원들이 힐스테이트의 문제점 또는 개선안에 대해 이런저런 의견을 냈다. 디자인랩 이정원 실장의 견해는 명확하다. '크게 손을 대지 않아도 몇 가지 기본 논리를 세우고, 디자인의 원칙을 세우는 것만으로도 충분히 브랜드 이미지를 끌어올릴 수 있다. 예를 들어 게이트와 주차공간을 정비하는 것만으로도 편의성과 대외적인 인지도를 높일 수 있고, 아파트 외벽에 컬러링이나 그래픽사인을 집어넣는 것만으로도 문화적인 의미를 드높일 수 있으며, 게이트에서 엘리베이터 문까지 이어지는 일관된 디자인 논리를 지닌 방향 지시요소를 도입하는 것만으로도 충분히 세련되어질 수 있다. 여기에다 출입카드에 현대카드의 디자인 노하우를 적용한다면……'

가만히 듣고 있던 정태영 사장이 곧바로 핵심으로 접근했다. 오래간만에 직관적이면서도 논리적인, 핵심을 다루면서도 스피디한 현대카드만의 회의방식, 그 정수를 눈앞에서 감상하는 순간이었다. "우리는 순수미술이 아니라 산업디자인을 하잖아? 클래식한 쪽이 아니라 컨템퍼러리한 쪽이고. 과연 우리가 이것을 맡아야 할지, 맡을 수 있을지, 맡는다면 의미가 있을지, 현대카드다움에 적합한지부터 따져봐야 하지 않을까?" 말하자면 이런 논리였다. '팬택의 브루클린 프로젝트의 경우 사회적 약자인 기업을 재생시킨다는 의미와 광범위한 대중이 사용하는 휴대폰에 기하학 원칙이 명확하게 반영되었으면서도 쿨한 디자인을 입힐 경우 사회적 반향이 대단할 거라는 점 등이 고려됐지만 이번 케이스는 다르다. 자칫 계열사를 지원한다는 오해를 불러일으킬 소지도 있다. 차라리 부도를 맞은 성원건설 같은 경우라면 몰라도. 무엇보다 주 컬러를 정해주고 게이트 디자인을 손봐주는 정도로 의미를 찾을 수 있을까? 한 채에 최소 수억원이 넘는 주거공간을 근원적으로 바꾸는 기획은 본업으로 전력을 기울이겠다는 방향이 아니라면 접근하기 불가능하다.'

명확한 그리드와 논리에 따른 업무영역만 다루는 것, 지극히 현대카드다웠다. 그래도 아쉬움은 남았다. 회의를 끝마친 후 정사장에게 짧은 질문을 던져보았다. 건축이라는 분야는 그 무게감 때문에 오히려 더 중요한 테마가 아니겠느냐고. 현대카드가 새로운 시도를 해볼 만한 분야이지 않겠느냐고. "바우하우스가 그랬듯 현대카드 또한 건축에 관심이 깊은 건 사실입니다. 하지만 폭넓은 관심과 본업은 다른 차원의 문제예요. 사실 요즘 우리의 디자인 방향이 본질을 소홀히 하고 있는 게 아닌가, 살짝 우려하는 중입니다. 굳이 따진다면 작은 부티크호텔 정도에 현대카드의 방향을 심어보는 거라면 몰라도, 아파트라는 거대한 대상을 함부로 건드린다는 건 우리와 맞지 않습니다."

꽤 오랜 기간 동안 정태영 사장과 대화하고 교류하는 동안 깨달은 것은, 디자인의 본질을 정확히 알고 사용하는 것이야말로 그의 핵심 능력 중 하나라는 사실이다. 디자인은 흔히들 생각하는 것처럼 예술이나 환상의 측면이라기보다는 논리에 더 가까운 영역이기 때문이다. 어릴 때부터 숫자에 깊이 매혹되었던 그에게 금융과 디자인은 사실상 같은 영역일 수 있겠다는 생각이 들었다. 흔히 사람들이 그에 대해 평가하듯 '좌뇌와 우뇌가 같이 발달했다'고 추상적으로 표현하기보다는, 논리적 사고를 바탕으로 직관으로 점프해 상황을 정확히 파악하고 해결책을 찾아나가는 프로세스가 명확하다고 표현하는 게 더 적확할 것이다. 즉, 그는 규준점 또는 그리드가 명확한 사람인 것이다. 이탈리아의 위대한 디자이너 브루노 무나리는 『예술가와 디자이너』에서 다음과 같은 유명한 말을 남겼다. "예술가인 척하는 디자이너와 디자이너인 척하는 예술가를 경계해야 합니다. 예술가들에게는 위선자가 되지 말 것을, 디자이너들에게는 순수한 창의성을 잃지 말 것을 당부하곤 합니다."

회의 참관을 마치고 나오는 길에 엘리베이터 앞에서 디자인랩 이정원 실장과 마주쳤다. 서울시민의 70퍼센트가 거주하는 주거공간인 아파트에 근원적인 변화를 시도해볼 수 있는 계기가 아니었을까 생각한다는 내 의견에 대해 그는 "솔직히 디자이너로서 욕심나는 프로젝트"라며 웃음을 지었다. 삶 또는 라이프스타일에 근원적으로 접근해보는 계기일 수 있겠다는 점에서 디자이너 본연의 욕구를 완전히 감추기는 힘든 듯했다. 그래도 "현재로서는 시도해서는 안 되는 프로젝트라는 것에 동의한다"며 디자인랩으로 총총히 발걸음을 옮겼다.

현재 현대카드의 규준점에 어긋나는 테마라는 점에는 어느 정도 동의하지만 외부인인 나는 여전히 미진한 느낌이 남았다. 『론리플래닛』 기자가 정확하게 짚었듯 현재 서울의 풍경을 '구소련식 콘크리트 아파트'가 지배하고 있는 것은 얼마나 안타까운 일인가. 심지어 '데스테일' 운동의 창립자였던 J. J. P. 오우트가 모던 무브먼트 디자인의 시초로 꼽히는 공동주택단지(아파트) '스헤프바르트스트라트'를 건설한 때가 1924년이라는 것을 기억한다면, 단순히 땅이 좁은 나라여서 척박한 아파트에서 계속 살아가야 한다는 일각의 주장을 순순히 받아들이기는 쉽지 않다. 한발 양보하더라도 1950년대에 이미 로테르담에는 이런 흐름을 이어받은 우아하면서도 실용적인 고층 공용주거단지가 주택문화의 대세로 자리잡았으니 말이다.

그러고 보니 현대카드 디자인랩 수장과 '디자인' 또는 '디자이너'의 본질에 대해 심도 깊은 대화를 나눠본 적은 없다는 데 생각이 미쳤다. 곧바로 이정원 실장에게 추가 인터뷰를 요청했다. 디자인랩 구성원들의 회의도 직접 참관하고 싶다는 요청도 곁들었다. 현대카드의 심장이자 역량이 총결집되어 있는 디자인랩의 구성원들이라면 회의 또한 남다르지 않을까 하는 기대가 있었다. 약 1주일 후 디자인랩을 다시 방문했다. 편하게 대화를 진행하고 싶어서 이실장에게 어린 시절 디자인에 이끌린 계기를 먼저 물어보았다. 역시, 현대카드 디자인랩 실장은 이력마저 남달랐다.

"사람들이 깜짝 놀라곤 하는데 전 디자인 전공자가 아니에요. 대학에서는 국문학을 전공했어요. 제가 원래 좀 대책 없는 성격이었던 게 대학을 졸업하고 나서 갑자기 디자인이 배우고 싶더라고요. 무작정 UCLA로 갔어요. 그런데 막상 가니까 딱딱한 대학원과정을 밟기보다는 드로잉을 배우고 싶은 거예요. 그래서 샌프란시스코로 옮겨서 아트칼리지로 갔어요. 전문 직업학교를 다니며 드로잉의 기초부터 익혔죠. 사람들은 '도대체 미래 생각은 하는 거냐'며 나무랐지만 어쩌겠어요. 그걸 너무 하고 싶은데. (웃음)"

당시 미국에서의 경험은 이정원 실장의 디자이너 인생에 강력한 영향을 미친 듯했다. 1, 2학년 내내 펜으로 선 긋기를 했을 뿐 아니라, 타이포까지 일일이 손으로 만들 때였다고 한다. 보도니라는 서체를 A부터 Z까지 다 쓴 다음 트레이싱지로 베껴서 펜으로 그리는 작업 같은 게 수업과정이었다고 하니. 그즈음 맥컴퓨터가 처음으로 등장했다고 한다. (이실장은 나이가 노출된다며 민망해했지만 배경 설명을 하자니 이 에피소드의 삽입이 불가피했다. 죄송합니다.

지켜드리지 못해서……)

　　"돌이켜보면 수작업과 컴퓨터 작업이 병행되던 시기에 미국에서 디자인을 공부한 것이 제게 중요한 영향을 미친 것 같아요. 지금 생각하면 무슨 '막노동'이냐고 하겠지만 당시 팬턴 컬러와 똑같은 색감을 만들어내기 위해서 며칠 밤을 새우며 배색을 해보는 게 바로 공부였거든요. 그 오묘한 색감을 실제로 만들어본 '수작업'이 지금의 저를 만든 것 같아요. 흔히들 착각하시는데 디자인은 결코 고상한 작업이 아니에요. 주어진 환경 제약 속에서 최선의 노력을 기울여 사용자가 직관적으로 심플하게 이해하고 접근할 수 있게끔 하는 게 바로 디자인의 제1원칙이죠. 실제로 고상한 착상이나 이미지네이션 과정보다는 새로운 재료를 찾아서, 또는 실제로 제작이 가능한지를 타진하러 요란하게 발품 파는 게 거의 다일 때도 많아요. (웃음)"

　　바로 이런 이야기를 듣고 싶었던 것이었다. 이실장은 평소 디자인랩을 운영하는 데 있어서도 '커뮤니케이션'이 가장 중요하다는 것을 팀원들에게 강조한다고 힘주어 말했다. "사실 디자인은 무척 유용한 도구입니다. 중요하다고 생각하는 지점을 시각적으로 강렬하면서도 심플하게 보여줄 수 있으니까요. 그런데 문제는 스스로 말하려고 하는 바를 정확히 알지 못하면 잘 표현할 수가 없다는 거예요. 그래서 팀원들이 제게 많이 당해요. (웃음) 디자인을 하다보면 이미지에 도취되어서 뭘 이야기하고 싶은지 잊을 때가 종종 있거든요. 결과물이 예쁘고 웅장할수록 커뮤니케이션의 과정은 잊거나 생략되는 거죠. 디자인이란 흔히들 착각하는 것처럼 어렵거나 거창한 게 아닙니다. 아니, 그래서는 곤란합니다."

　　이실장은 가끔 인터뷰 때문에 일간지 기자들을 만날 때면 처음에는 실망스런 표정을 짓곤 한다고 웃음을 지었다. "디자인을 잘 모르는 분들은 디자이너라고 하면 왠지 화려해 보일 거라고 생각하시잖아요. 그런데 민낯에 화장도 잘 안 하고 나오니 처음엔 놀랐다가 나중에는 좋게 생각해주시는 분들도 많더라고요. 저는 현대카드 디자인랩에서 일한다는 건 '아티스트'가 되는 것과는 전혀 상관없다고 생각해요. 저희는 한 개인이 디자인을 만들어낼 수도 없는 구조고요. 물론 초창기에는 아이덴티티를 잡기 위해 개인의 캐릭터가 중요했을 수도 있었겠지만 지금은 '집단지성'의 힘을 믿는 쪽으로 나아가고 있습니다. 크리에이티브도 집단으로 접근하면 더 큰 성과를 낼 수 있다고 확신합니다."

그렇다면 현대카드 디자인의 최전선에 서 있는 팀은 어떤 이들로 구성되어 있을까. 현재 70퍼센트 정도는 디자인 전공자, 30퍼센트 정도는 패션 MD, 푸드, 마케팅, IT 프로그래머 등 다양한 출신들로 구성되어 있다고 한다. 5대 5 정도로 디자인 전공자와 비전공자의 비율을 맞춰보고 싶은 욕심도 있지만 생각만큼 쉬운 일은 아니라고. 일단 공연 포스터부터 시작해서 브로슈어 작업 등 실무가 엄청나게 많기 때문에 기본 디자인 인력이 확보되어야 하는 건 어쩔 수 없다는 설명을 곁들였다.

"디자인랩은 보통 두 개의 팀으로 굴러갑니다. 한 팀은 본연의 비즈니스를 서포트하는 역할을 합니다. 다른 팀은 다른 영역의 컬래버레이션을 주로 하고요. 새로운 제품을 개발하거나 스페이스 등 특화된 업무를 맡고 있는 거죠. 이 팀의 경우 그래픽디자이너의 숫자가 상대적으로 적어요. 프로젝트별로 그때그때 구성비를 적절히 맞춰 그룹을 만들어 일을 진행시키는 편이에요. 한정된 숫자로 어떻게 그 많은 프로젝트를 다 진행하느냐고요? 한정된 자원으로 최고의 효율을 발휘하는 것이 바로 기업이죠. (웃음) 초반에 아이데이션ideation을 하는 과정에는 인원이 꽤 많은데 일을 진행하면서 계속 줄여나가는 거예요. 콘셉트가 잡히면 일부가 빠지고, 드로잉이 끝나면 또, 브랜드 스토리까지 다 만들어지면 프로덕트 디자인을 하는 친구만 남고요. 완성이

되고 나면 커뮤니케이션 디자인팀이 붙는 식으로요. 그렇다고 각 개인의 업무영역이 고정되어 있는 건 아니에요. 그럼 그 많은 일들을 어떻게 다 해내겠어요. (웃음) 개인은 일이 너무 많다고 생각할 수도 있지만 긍정적으로 보자면 다양한 부분을 경험해보고 통섭하는 디자이너가 될 수 있는 거죠. 그렇게 제가 막 주입하고 있어요. (웃음)"

자, 일단 여기까지. 이제 디자인랩 구성원들은 어떻게 회의를 하고 서로 교감하는지를 지켜볼 차례다. 바닥부터 벽, 천장까지 모두 화이트인 '프로젝트룸'에 들어서니 이미 회의가 진행중이었다. 무척 자유로운 분위기에서 회의가 진행된다는 것을 한눈에 간파할 수 있었다. 어쩌면 어젠다를 정하는 회의라기보다는 두 명의 팀원이 '런던 디자인 페스티벌'에 다녀온 결과물을 공유하고 토론하는 자리였기 때문에 분위기가 더 자유로울 수도 있었겠다. 그럼에도 테이블에 하나 가득 놓인 팸플릿과 행사 관련 자료들, 그걸 자유롭게 뒤적이며 발표자에게 집중했다 멍하니 생각에 잠겼다 내키는 대로 행동하는 직원들, 필요한 내용을 캐치한 다음 업무를 보러 나가버리는 직원들까지 숨길 수 없는 자유로움이 계속 목격됐다. 무엇보다 회의를 참관하는 '나'라는 존재를 신경도 쓰지 않는 직원들은 처음이었다. 그야말로 시큰둥하고 쿨했다.

발표자는 두 사람이었다. 이미지네이션팀(새로운 영감이나 콘셉트를 떠올리기 위해 만들어진 팀. 나중에 폐지, 다른 팀에 통합되었다)의 최봉균 과장은 산업공학과 출신이다. 학부 시절의 IT 개발 관련 아르바이트와 창업 경험에 힘입어 IT혁신팀에서 근무하다가 지금은 디자인랩에서 일하고 있다. 박준식 디자이너는 패션 필드 출신이다. 나이키코리아에서 근무하다가 현대카드에 입사한 지 4개월째라고 했다. 그런데 이야기하는 품새나 포스를 보면 일한 지 4년은 된 직원 같았다.

"우리는 '머니' 또는 지불수단의 미래에 대해 깊은 고민을 할 수밖에 없는 사람들이잖아요. 지난번 런던 디자인 페스티벌에 회사 차원에서 참여하기도 했고. 그래서인지 브릭스톤 지역에서 펼쳐지고 있는 전시가 개인적으로는 가장 끌리더라고요. 브릭스톤은 데이비드 보위가 자란 곳이자 패션과 디자인이 융성한 지역이라고 해요. 특이하게 화폐 발행국이 따로 있더라고요. 데이비드 보위가 그려져 있는 10파운드짜리 지폐를 전시하고 있었어요. 그런데 이게 단순히 디자인만 한 게 아니라 실제로 그 지역에서 유통되고 있는 화폐예요. 영국 정부의 허가도 받았고요. 디자인이 추상 위에 서 있는 게 아니라 실제로 실현시키는 상상력으로 작동하고 있다는 점이 가장 인상적이었습니다."

프레젠테이션은 쉬우면서도 입체적으로 진행되었다. 머리에 고프로 캠까지 달고서 최대한 많은 디테일을 영상으로 담아왔고, 최대한 많은 자료를 현장에서 구해왔다. 사실 나 또한 『아레나』 현지 통신원을 파견해 관련 내용을 기사로 받은 상태였다. 하지만 나의 통신원은 마치 다른 행사를 다녀온 것 같았다. 지금 이 회의에 참석한 모든 사람들은 마치 현장에 있는 듯이 생생하게 런던 디자인 페스티벌을 즐기는 중이다.

"화폐의 미래에 대해 고민하는 게 저희만은 아니라는 걸 알고 온 게 가장 큰 소득인 것 같아요. 말하자면 우리만 '뻘짓' 하는 건 아니구나 하는 안도감 같은 거? (웃음) 이를테면 지문인식으로 카드 결제를 할 때 호르몬 수치를 반영하게 하는 시스템이 있어요. 감정의 총량에 따라 결제하는 사람이 어디에 가치를 두고 결제하는지 등을 연구한 거죠. 이외에도 하루에 카드로 결제한 것들을 인스타그램에 올리게 해서 그 패턴을 파악하는 실험, 영수증을 통해 그 사람의 라이프스타일을 파악하는 시스템 등등 참 대단한 작업들이 많았어요."

활발한 질문과 대답이 계속 이어졌다. 집의 의미에 대해 새롭게 재해석한 트라팔가 광장의 재스퍼 모리슨의 전시, 빅토리아앤드앨버트 뮤지엄에 설치된 자하 하디드의 크레스트Crest 조형물, 브롬튼 자전거가 만든 브롬튼 로드 등에 대한 흥미로운 관찰기와 질의응답이 스피디하게 이뤄졌다. 이 짧은 시간에 이렇게 풍성한 발표와 논의가 이뤄질 수 있다는 게 그저 놀라울 정도였다. 핵심은 역시 '이스트런던의 부흥'으로 대표되는 공공디자인 강자 런던의 현재를 둘러볼 수 있는 전시가 많았다는 점. '데모크라시 인 디자인 Democracy in Design' 섹션을 비롯해 프로틴 스튜디오Protein Studio의 놀라운 성과들, 3D 프린팅의 가능성, 제3세계 아이들이 깨끗한 물을 섭취할 수 있도록 만든 제품을 필두로 한 세계와 나눌 수 있는 다섯 가지 아이디어 섹션 등. 현장의 뜨거운 열기를 느끼고 돌아온 두 사람은 디자인의 새로운 지평에 대한 고민이 한층 더 깊어진 계기였다고 스스럼없이 말한다. 아, 룸 안에 있는 20여 명의 사람들은 단 한 시간을 투자한 결과, 세계 디자인의 최전선을 완벽하게 익히고 캐치할 수 있었다.

컬처로
마케팅을 한다는 것

———

　'힐스테이트'에 대한 논의가 이루어졌던 2014년 7월 마켓플레이스에서 사실 더욱 중요한 화두는 '시티브레이크'였다. 올 한 해 현대카드 컬처마케팅의 가장 큰 분기점 중 하나일 행사. 브랜드본부의 거의 모든 임직원들이 총출동해 CEO를 한가운데에 두고 브리핑에 몰두하고 있었다. 방해가 되지 않게 슬쩍 뒤편에 앉아 귀를 기울였더니 다음과 같은 열띤 대화가 이어졌다. "이번 시티브레이크 공연장에는 그동안 현대카드가 진행해왔던 슈퍼콘서트 역대 멤버들의 사진을 붙일까 합니다. 그런데…… 폴 매카트니는 어떻게 하면 좋을까요? 일선에서는 사진 위에 'Someday'라고 표기해 몸이 나아지면 꼭 다시 불러오겠다는 의지를 표명하자는 의견도 있습니다만……"

　"차라리 'Almost'가 낫지 않아? 우리 스스로를 '디스'하는 거지. 때론 스스로 알아서 망가지는 것도 세련된 위트일 수 있어." 정태영 사장의 직관적인 이야기가 계속 이어졌다. "사진을 붙이는 위치? 강남을 한참 달리다보

인사이드 현대카드

면 학동사거리 직전 급격한 내리막길 지점에서 반드시 신호가 걸려 정차하게 되잖아. 그곳에 옥외 광고판이 집중되어 있는 이유가 뭐겠어. 공연장으로 입장하던 관객들의 트래픽이 멈춰 정체되는 곳, 슈퍼콘서트의 역사와 정체성을 상징하는 전시물은 바로 그런 곳에 설치되어야겠지."

2013년 1회 때 확실히 각인되었다시피 현대카드 시티브레이크가 비슷한 시기에 개최되는 여타 뮤직페스티벌과 차별화되는 지점이 바로 질서와 청결성이다. 당시 기존 뮤직페스티벌에 열광하는 마니아들 사이에는 "대기업적인 발상"이라고 비판하는 목소리가 없지 않았다. 마켓플레이스에 참석한 일부 임직원들이 이 대목을 지적하자 단호한 대답이 흘러나온다. "록페스티벌은 무조건 지저분하고 불편해야 하는가, 라는 고정관념에 의문을 던지며 시티브레이크는 시작됐어. 록페스티벌도 충분히 청결하면서도 즐거울 수 있다는 게 우리의 기본 전제인 거지. 이 논리를 지키는 한에서 시티브레이크를 발전시킬 수 있는 방향을 찾아야 한다고 봐."

이후 흥미로운 논의가 이어졌다. '멀리서도 한눈에 알아볼 수 있는 유니폼을 착용한 청소요원을 그대로 운영하되, 농구골대 형태의 쓰레기통을 만들어 이벤트 등을 통해 자발적으로 쓰레기를 버릴 수 있도록 유도하자. 청결도는 8점 그대로 유지하되 '펀' 요소는 3, 4점에서 7, 8점까지는 끌어올리자. 이를 위해 열기구 등 새로운 흥밋거리를 대폭 늘리는 게 어떠냐. 지난해에는 전면 금지시켰던 슬램도 이번에는 허용하는 게 좋을 것 같다. 다만 큰 깃발을 들고 최선두에서 흔드는 행위는 사고가 날 수 있으니 계속 금지하는 게 좋겠다. 어찌되었든 이렇게 펀 요소를 강조하다보면 아무래도 위험요소나 리스크는 더 늘어나게 되는 것 아니냐……'

20분도 채 안 되는 짧은 시간 동안 무수한 내용들이 발의되고 정리되고 공유되었다. 명쾌한 논리에 딱딱 맞춰 진행되는 회의에 한참 마음을 뺏기고 있을 무렵, 이상하게 마지막 문장이 신경쓰이기 시작했다. '리스크 관리'. 그동안 현대카드와 시티브레이크를 떠올리면 정체 모를 미세한 균열이 느껴져 의아했었는데 바로 이 부분이었구나. 청결 여부와 상관없이 방종, 자유, 해방 등을 표상하는 뮤직페스티벌과 한 치의 오차도 허용해서는 안 되는 현대카드의 디테일은 애초부터 서로 충돌할 가능성을 품고 있었던 것은 아닐까? 제1회 시티브레이크의 성공에 취해 관계자들이 그 균열을 발견하지 못하고 있는 것은 아닐까?

지금,
현대카드에 음악이란 화두는

시인 이성복과 가수 나얼, 그리고 가수 겸 프로듀서 박진영, 서로 공통점이 없어 보이는 세 사람이지만 묘하게 다른 듯 비슷한 '음악'에 대한 견해를 밝힌 바 있다. 시인 이성복은 『아레나』와의 인터뷰에서 시와 수학과 음악을 동렬에 놓는 과감하면서도 매혹적인 의견을 제시했다.

"정신으로 할 수 있는 최고의 경지가 세 가지 있어. 시, 수학, 음악이야. 왜냐하면 세 가지 모두 패턴을 가지고 있거든. 이를테면 이런 명언이 있잖아. '수학은 패턴의 과학이다. 수학은 비가시적인 것을 가시화한다.' 패턴을 찾아내는 거지. 색맹 검사할 때 자세히 보면 완두콩 같은 데서 숫자가 보이잖아. 그처럼 사물 속에 내재하는 패턴을 끄집어내는 거야. 이런 말도 있어. '수학자의 패턴은 화가나 시인의 패턴처럼 아름다워야 한다.' 여기서는 음악 대신에 화가가 나왔지만 같은 거야. 수학, 음악, 시 모두 패턴이 아름다워야 하는 거야. 예를 들어 수학자가 어떤 문제를 해결할 때 패턴이 아름다운데 답이 틀려, 결국에는 틀린 답이어도 아름다운 것이 맞는 거야. 수학 선생들은 칠판에다가 자기가 써놓고 너무 아름답다고들 하지. 너무 아름답다는 그 공식이 오일러의 등식이야. e의 i파이 승 플러스 1은 0. e는 오일러의 수이자 자연 상수, i는 허수, 여기에 무리수인 파이, 그리고 1과 0까지. 수학의 기본이 되는 다섯 가지 상수가 모두 들어 있지. 이게 무슨 소리인지 뭘 의미하는지는 아무도 모른다고 해. 하지만 세상에서 가장 아름다운 등식이지. 아름다워야 수학이지 아름답지 않으면 수학이 아니야. '관념들은 색채나 단어들처럼 조화로운 방식으로 맞아떨어져야 한다' '추한 수학에 영원한 안식처는 없다', 유명한 말이지. 수학이 추하면 공식이 지저분하잖아. 우리도 그래. 말이 너저분하고 자질구레하다면 잘못된 거지. '패턴 인지는 시와 음악과 수학을 막론하고 모든 미적 쾌감의 토대가 된다.' 어떨 때 우리가 아름답다고 하냐면 패턴이 명확히 드러날 때야. 음악에선 그게 주제야. 패턴을 알면 세계의 본질이 보인다는 말이야. 세계의 본질이 보이면 새로운 대안, 미래를 예언할 수 있어. 예언은 본래 사물의 질서지, 점쳐서 나오는 게 아니야."

〈K팝스타〉의 심사위원 박진영은 시즌마다 출연자들을 평가하면서 다양한 화젯거리들을 양산해냈다. 노래를 부르기 직전 심호흡할 때 움직이는 어깨와 손짓의 각도만 보고도 출연자의 내공이 어느 정도일지 짐작하는 놀라운 신공을 선보이는가 하면, 주의깊지 못한 '그루브' 발언 등으로 자질 논란에 휩싸이기도 했다. 설왕설래와는 상관없이 내게는, 박진영이 (최종 3위에 그쳤지만 그 창의성과 발랄함은 가히 평가가 불가능할 정도였던) 이진아의 〈냠냠냠〉을 평가한 발언이 머릿속 깊이 박혔다. "이 한 곡을 잘 분석하면 필요한 음악이론의 절반은 나와요. 화성악, 대위법 등등. 저는 이진아양의 노래를 들으며 흑인 바흐가 떠올랐어요. 머릿속에 숫자가 지나가는 셈인데 이걸 또 계산하는 건 쉽지 않죠."

    브라운아이드소울의 나얼은 한 인터뷰에서 이렇게 이야기한 적이 있다. "음악이라는 것은 완전히 감성의 영역이라고 생각했어요. 그래서 음악에 미칠 수밖에 없을 거라고 생각했었는데, 재작년 즈음 음악이 수학이라는 걸 깨달았어요. 모두가 아는 사실인데, 제가 너무 늦게 안 거죠. 음악은 수학이에요. 우리는 그 수학적 질서에 반응하는 것이고, 그 질서를 벗어나면 불협화음이 생기는 것이죠. 그렇다고 음악이 감성이 아니라고도 할 수 없죠. 음악은 100퍼센트 감성이면서 100퍼센트 수학이죠. 상극이 공존한다는 게 신기하지만 그 지점이 흥미롭다고 생각해요."

    음악이 쉬우면서도 어려운 것은 이런 지점이다. 바흐로부터 시작된 서양 음악의 전통에 일가견이 있는 사람들이라면 하나같이 '좋은 음악에는 피보나치 수열과 같은 미학적인 계산과 완벽한 공식, 패턴이 흐르고 있음'을 지적하곤 한다. 한편, 음악은 철저하게 감성의 영역이기도 하다. 몸으로 즐기지 못하고 머릿속으로만 즐기는 사람은 결국 무언가 어색한 느낌이 남은 채로 음악을 온전히 누리기 힘들다. 결국 오랜 시간을 들여 좋은 감성과 취향을 온몸에 깊이 뿌리내려야만 제대로 누릴 수 있는 것이다.

    사실 현대카드가 음악이라는 화두에 이끌리는 것은 거의 본능에 가까운 일로 보인다. 일찍이 미국 어바인사옥에서 확인했던 황홀한 숫자의 향연으로 구축된 인테리어. 숫자와 숫자 사이, 그리고 도표와 도표 사이에 강력한 상상력을 작동시켜 단순히 손익만 보는 게 아니라, 분야별로 투입된 비용을 유연하게 모아서 보는 신개념 회계 툴 TVA. 무엇보다 아름다운 패턴 그 자체인 기하학을 향한 강한 매혹으로부터 시작된 브루클린 프로젝트. 이 모든 것들이 바로 현대카드는 숫자라는 기본에 발을 딛고 서 있음을, 그렇다고 숫자의 현실적 영역(이성복 시인의 표현을 빌리자면 '추한 수학')에만 갇히는 것이 아니라 상상력을 덧붙여 더욱 황홀한 영역을 개척(또는 욕망)하고 있다는 것을 입증하고 있다. 그리하여 수학과 음악 사이의 강한 친연성을 떠올려볼 때 현대카드가 10년 전 초기 단계에서부터 슈퍼콘서트 등 음악을 브랜딩의 가장 강력한 도구로 활용했다는 것, 전시와 연극 등 다양한 영역을 포괄하는 컬처프로젝트의 주축도 사실상 음악이라는 것, 2013년에 가장 집중했던 프로젝트 중 하나가 인디밴드들의 음악 유통방식에 혁명적 변화를 주고자 한 '현대카드 MUSIC'이었다는 것 등은 어찌 보면 당연한 일이라 할 수 있겠다.

다만, 이 지점에서 다시금 곱씹어봐야 할 대목은 이것이다. 박진영, 나얼 등 뮤지션들이 지적하듯 '음악은 100퍼센트 수학이면서 100퍼센트 감성이어야 한다'는 것. 이는 수학적 질서에 기반해 있으면서도 최종적으로는 이성이 아닌 감성의 영역일 수밖에 없는 음악이라는 장르의 아이러니를 정확하게 설명한다. 물론 음악을 아티스트의 이력과 결부시켜 감상하는 것도, 멜로디라인에만 집중하는 것도, 음악사에서 중요한 음악들만 골라 듣는 것도 모두 가능하며 당연히 함부로 시비 걸 일은 아니다. (일부 음악 좀 듣는다는 이들이 '필을 느껴봐' '왜 그루브에 몸을 맡기지 못하니?' 하며 음악 경험이 많지 않은 사람들을 측정이 불가능한 추상적인 방식으로 찍어 누르는 것은 분명 문제라고 생각한다. 특히 그것이 남들이 모르는 가수나 음악을 누가 더 많이 아느냐는 경쟁으로 변질되는 현상은 더욱.) 하지만 그것이 음악의 최종심급은 결국 감성, 아니 어찌 보면 인류의 시원始原부터 유전자에 새겨진 본능의 차원이라는 사실을 부정하지는 못한다. 음악에 대한 그 모든 복잡다단한 요소들을 다 제거하고 최후의 단위 하나만 남기자면 결국 이 '본능'이라는 DNA만 남을 것이다.

그래서 어쩔 수 없이 대기업이자 모든 브랜딩 활동에서 질서와 논리를 중심에 둘 수밖에 없는 현대카드가 음악을 다루는 방식은 좀더 세심하게 주의를 기울여야 할 필요가 있다고 생각한다. 시티브레이크는 도심에서 펼쳐지는 뮤직페스티벌의 형태를 띠고 있지만 결국 슈퍼콘서트 카테고리에 속한다. 한국에서 보기 힘든 '대형 가수 모셔오기' 중심으로 진행되었던 슈퍼콘서트는 한국의 공연문화 수준을 극적으로 높였다는 평가와 함께 웬만한 대형 가수들의 방한이 모두 성사되고 나면 그 이후는 어떻게 할 것인가, 라는 본질적인 질문에 직면해 있었다. 그 대안으로 모색된 것이 바로 시티브레이크.

2013년에 열린 첫번째 시티브레이크는 그야말로 '대박'이 터졌다. 10년 넘게 이어져온 현대카드의 뮤지션 섭외 능력과 현장 진행 노하우 덕에 그야말로 '포텐'이 터진 행사였다. 이전에도 다양한 뮤직페스티벌들이 존재감을 떨쳐왔지만 시티브레이크는 첫해부터 한방에 쟁쟁한 경쟁자들을 모두 제압해버렸다. 메탈리카와 뮤즈, 림프 비즈킷에 이기 팝까지 한자리에 서는 무대라니. 도심에서 진행된 덕분에 접근성이 우수했고, 현대카드 특유의 세밀한 디테일 덕에 훨씬 쾌적하고 여유 있게 공연을 즐길 수 있었다. 한마디로 첫해부터 완벽한 성공을 거둔 것이다. 다만, 내 경우에는 눈부신 성공 이후에도 석연치 않은 느낌이 마음 한구석에 남았더랬다. 처음엔 다소 불분명했던 그 느낌은 2014년 두번째 시티브레이크의 준비과정을 쭉 지켜보며 점점 더 또렷해졌다.

첫째, 시티브레이크는 록뮤직페스티벌과의 차별화를 주장했지만 크게 보면 차이점을 확보하진 못했다. 첫번째 시티브레이크에서 이틀에 걸쳐 무대 위에 오른 엄청난 유명세의 아티스트들 중 관객들에게 가장 깊은 인상을 남긴 이는 의외로 이기 팝이었다. 수많은 관객들이 1960년대 우드스톡 이후 면면히 이어져내려오고 있는 록스피릿의 정수를 품고 있는 이 노인에게 열광했다는 것, 특히 질서정연하게 행사가 진행되던 중 웃통을 벗어 던지는 '일탈'이 벌어졌을 때 그 열광이 극에 달했다는 것은 결국 록페스티벌의 효과와 같은 포인트다. 내게 이 지점은 꽤 위험해 보였다. 현대카드는 준비과정에서부터 '페스티벌은 지저분한 진흙탕에서 뒹구는 게 전부가 아니라는 것,

음악을 쾌적하게 즐길 수도 있다는 것을 보여주겠다'고 선포했다. 이를 위해 유니폼을 입은 진행요원이 시간대별로 쓰레기를 치우는 등 세밀한 '질서'를 전면에 내세웠다. 하지만 시티브레이크 또한 어쩔 수 없이 록페스티벌의 성격을 띠게 된다면 그 최대 효과는 결국 '일탈'과 '반항'에서 나오는 것일 텐데…… 이 지점에서 확실한 차별화를 꾀하지 못하면 모순된 두 가지 요소가 서로 충돌할 가능성은 상존하는 듯 보였다.

둘째, 결국 한국의 뮤직페스티벌은 정말 남다른 콘셉트로 승부를 걸지 못한다면 유명한 가수들을 섭외할 수 있느냐 없느냐에 따라 행사의 성공 여부가 좌우될 수밖에 없는 구조다. 자체 음악시장이 너무나도 작은 탓에 일본 시장과의 연계성으로 승부를 걸 수밖에 없는 한국의 특성상 외부 요인에 크게 흔들릴 수밖에 없다. 한마디로 그해 일본에 대형 뮤지션들이 오지 못한다면, 한국 무대에 대형 뮤지션들이 설 수 있는 가능성은 바닥으로 향할 수밖에 없다. 그동안 슈퍼콘서트의 방식처럼 몇 년이 걸리더라도 뮤지션 섭외를 성공시킨 다음부터 본격적인 공연 준비를 시작할 수 있다면 별문제가 없겠지만, 매년 뮤직페스티벌을 개최하려면 이미 일정은 정해져 있는 상태에서 불규칙할 수밖에 없는 뮤지션들의 상황에 따라 행사가 휘둘릴 수밖에 없는 치명적인 약점을 감수해야 한다. 과연 질서와 논리를 최우선으로 브랜딩 활동을 전개해야 하는 현대카드가 이런 취약점을 어떻게 효율적으로 조율할 수 있을까가 관건.

셋째, 대다수의 실무진이 여전히 음악이라는 테마에 '어떻게 효율적으로 관리할 것인가'라는 방식으로만 접근하는 것 같았다. 실무진에서 두번째 시티브레이크를 준비하는 과정을 지켜보며 체감한 것은 '음악은 결국 본능의 영역'이라는 전제하에 일을 전개하는 실무진이 거의 눈에 띄지 않았다는 점. 회의 때 나오는 논의의 대다수는 '음악'이라는 화두가 한국 사회에서 한국의 대중에게 어떤 의미가 있는지, 결국 음악으로 무엇을 하고자 하는지 등 콘셉트에 대한 것이라기보다는 지엽적인 부분으로 흐르기 일쑤였다. '지난해에 현장 분위기를 너무 억제한다는 지적이 있었으니 올해는 헤드뱅잉 정도는 허용하겠다' '대신 깃발 흔드는 건 금지한다' '타투를 그려주겠다' '헬륨가스를 넣은 열기구를 공중에 띄우겠다' 등등. 몸으로 즐기기보다는 머릿속으로만 음악을 재고 계산하는 모범생의 느낌이 물씬 풍겼다.

시티브레이크 행사 당일. 결국 뮤직페스티벌은 일단 현장에 오기만 하면 그 어떤 라인업으로도, 또 어떤 돌발 상황이 벌어지더라도 그저 즐거울 수밖에 없다는 것만이 유일한 진리 또는 팩트다. 2013년에 비해 라인업의 무게감은 현저히 떨어졌지만 결국 '전설' 오지 오스본이 의외로 좋은 목 상태로 열창을 했고, 호스로 관객들에게 물을 뿌리는 '귀여운 악동' 모습까지 연출해 관객들의 큰 호응을 얻었다.

문제는 둘째 날 터졌다. 안 그래도 지난해에 비해 무게감이 떨어지는 라인업에 대한 현장과 온라인상의 부정적 반응 탓에 실무진들이 스트레스를 많이 받던 터였다. 오전까지만 해도 좋았던 날씨가 오후 들어 급격히 나빠지더니 하필 리치 샘보라의 공연에 앞서 폭우가 내리기 시작했다. 공연은 한없이 지연되고 있었다. 처음엔 30분, 그러다가 거의 한 시간 가까이 지연되고 나서야 리치 샘보라는 무대에 오를 수 있었다. 결국 예정된 공연시간의 반도 채우지 못한 채 무대에서 하차. 마지막 무대이자 둘째 날의 헤드라이너인 마룬5가 바로 뒤에 대기하고 있었고, 그들은 무조건 정해진 시간에 공연을 시작해야 하는 세계 최고의 그룹 중 하나였다. 실무진이 어떻게든 조율해보려고 현장에서 시도했지만…… 가능할 리 없었다. SNS는 폭발했다. 리치 샘보라는 본조비의 기타리스트였기에 그를 기다려왔던 정통 록페스티벌 마니아들이 현장에 다수 포진해 있었다. 그들은 (그들의 입장에서는 새파란 신예 그룹) 마룬5에 밀려, 전설적인 기타리스트가 제시간도 채우지 못하고 무대 위에서 쫓기듯 내려온 거라고 판단했다. 그리고 온라인을 항의의 글로 도배하기 시작했다. 두번째 시티브레이크는 스스로를 록페스티벌이 아니라고, 다양한 음악들로 구성된 도심 속 뮤직페스티벌이라고 규정하려 했지만 결국 대중은 그렇게 받아들이지 않은 것이다. 대중이 직관적으로 체감하지 못하고 긴 설명을 통해서만 그 성격을 이해할 수 있다면, 그것은 처음 콘셉트부터 명확하지 못했다는 반증이다. 디자인이 대중이 한눈에 파악할 수 있도록 직관적이어야 하는 것처럼 컬처프로젝트 또한 직관적이어야 한다.

물론, 다시 한번 말하지만 뮤직페스티벌은 현장에 있기만 하다면 그어떤 돌발 변수가 발생하더라도 즐겁고 유쾌하다. 록페스티벌이 지금처럼 활황기를 맞게 된 시초인 '1999 트라이포트 록페스티벌'의 경우, 뮤지션 하나도 제대로 무대에 서지 못하고 태풍 때문에 전체 일정이 날아가버렸지만, 지금껏 전설의 공연으로 길이길이 기억되고 있는 것처럼. 하지만 질서와 관리가 중요한 현대카드는 데미지를 피해갈 수 없었다. 폭우가 쏟아지면 안전문제를 먼저 떠올릴 수밖에 없는 구조에서, 무리수를 둘 수도 없었을 것이다. 어찌 보면 리치 샘보라의 공연 축소는 폭우를 피해가면서도 뮤지션들이 최대한 무대에 설 수 있도록 최선의 해결책을 도모한 것일 테지만 대중이 느끼는 체감온도와는 달랐던 것이다. 그럼에도 불구하고 역시나 시티브레이크 현장에 있던 관객들은 마룬5의 공연이 시작됨과 동시에 앞선 모든 해프닝을 깨끗이 잊은 채 열광하기 시작했다.

결국 자국 영토(현대카드가 가장 잘할 수 있는 영역)에서 전투를 치러야 승리 가능성이 높아질 텐데 상대 영토(록페스티벌이라는 제어가 불가능한 영역)에서 가장 불리한 여건으로 전투를 치른 셈이었던 것이다.

현대카드만이 할 수 있는
새로운 카테고리들에 대한 모색

시티브레이크가 종료된 지 한참이 지났지만 그 잔상은 여전하다. 슈퍼콘서트와 컬처프로젝트를 총괄하고 있는 김형욱 팀장을 만나봐야겠다는 생각이 들었다. 사실 그동안 몇 번 짧은 대화를 나눠본 적은 있었지만, 피상적인 내용에 그치곤 했던 터였다. 하지만 이번에는 다를 것 같았다. 무엇보다 두번째 시티브레이크가 현대카드 내부에 남긴 충격이 꽤 큰 상태였다. 워낙 스케줄이 많아 실제 인터뷰는 시티브레이크 종료 후 한참 뒤에 이뤄졌는데, 김형욱 팀장은 시티브레이크의 잔상을 깨끗이 지워버린 상태인 듯했다. 이젠 전설이 된 레이디 가가 슈퍼콘서트 때부터 지금껏 같은 자리를 맡고 있으니 산전수전을 다 겪은 베테랑인 셈이다. "고생하셨다"는 인사에 너털웃음을 지으며 "뭐 제 자리는 항상 위험을 감수해야 하는 자리니까요"라는 의미심장한(?) 답을 하며 자리에 앉는다.

"저는 프로젝트를 하나 할 때마다 마치 가수가 판을 내는 것 같은 기분이에요. 현장에서 일회성으로 휘발되는 것이 콘서트이기 때문에 사전 편집도 불가능하고, 아무리 꼼꼼하게 체크했다 하더라도 돌발 변수는 항상 생길 수밖에 없죠. 뭐, 그래도 현장에서의 짜릿한 쾌감은 다른 사람은 전혀 알 수 없는 종류의 것이니까요. 사실 그보다도 섭외가 힘들죠. 한국 음악시장에 워낙 한계가 많으니까요. 그래서 저희끼리는 현장의 돌발 상황을 강조하는 '리스크 매니지먼트'가 아니라 '리스트 매니지먼트'라고 부릅니다. (웃음)"

맞다. 실제로 현장에서 보면 결국 모든 페스티벌, 모든 음악은 사람을 들뜨게 하고 카타르시스에 이르게 한다. 어찌되었건 지난 시티브레이크는 그 자체로 의미가 깊은 결과물로 사람들에게 기억될 터. 문제는 앞으로 어떻게 할 것인가일 게다. "시티브레이크는 아직 논의중이긴 한데 내년(2015년)에는 아마도 진행을 하지 않는 방향으로 가게 될 것 같습니다. 무조건 날짜를 정해놓고 뮤지션을 섭외하는 것 자체가 자칫 무리수를 두게 될 수도 있고요. 그리고 시티브레이크는 원래 슈퍼콘서트라는 장르에 속해 있는 행사이기도 합니다. 저희가 정말 잘 준비되었을 때 또는 남다른 콘셉트가 가능할 때 계속 이어나갈 생각입니다. 아, 없어지는 건 당연히 아닙니다. 두 번에 걸쳐 진행하는 동안 성과 및 노하우도 많이 쌓였고요. 그리고 현대카드 식으로 새롭게 정의한 '야외나 동떨어진 곳이 아닌 도심에서 진행하는 뮤직페스티벌'이라는 공식은 분명히 많은 이들의 호응을 받았다고 생각합니다. 이 콘셉트를 근본부터 다시 성찰해 더 업그레이드된 버전으로 선보일 예정입니다."

맞다. 밖에서 보기에 그 콘셉트가 조금 혼란스럽긴 했지만 따지자면 시티브레이크 또한 슈퍼콘서트라는 장르에 속하는 행사인 것이다. 사실 슈퍼콘서트가 그 자체로 의미 깊은 행사라는 건 분명하다. 레이디 가가, 에미넴, 빌리 조엘 등 그동안 한국에서 보기 힘들었던 아티스트를 현대카드의 힘과 노하우로 한국 무대에 세움으로써 많은 것을 겪고 느낄 수 있었다. "말씀하신 것처럼 슈퍼콘서트의 유효성은 여전하다고 생각합니다. 물론 이제 그만큼 대단한 리스트가 얼마 남지는 않았지만요. (웃음) 짐작하시는 대로입니다. U2, 콜드플레이, 다프트 펑크, 마돈나, 롤링스톤스 등등. 저희는 계속 최선을 다할 예정입니다."

현재 김형욱 팀장과 같이 일하고 있는 팀원의 숫자는 총 열두 명이다. 사람에 따라 많다고 생각할지도 모르겠지만 내가 보기에는 적은 숫자다. 현대카드는 대행사를 쓰긴 하지만 사실상 거의 모든 영역을 직접 컨트롤한다. 여기에 최근 이 팀에서 가파도 프로젝트까지 전담하게 되었다. "제가 입사하기 전에는 사실 슈퍼콘서트라고 해도 현대카드에서 진행하던 건 브랜딩 정도였어요. 제가 들어온 뒤 레이디 가가는 전임자에게 인계받아 진행했었고, 처음부터 준비한 건 에미넴부터였죠. 아무래도 대행사에 의존하다보면 한 다리 건너서 컨트롤하기 때문에 현장 장악력이 떨어지더라고요. 점점 더 컨트롤하는 영역을 늘려왔는데 이제 CJ E&M의 경우처럼 투자까지는 하지 않더라도 평판 리스크 정도는 지고 가야 하는 게 아닐까 하는 고민이 시작되었습니다. 기업으로서는 부담이 갈 수밖에 없지만 그래도 현장 장악력 등은 더 높아질 수 있을 테니까요."

이쯤에서 컬처프로젝트까지 포함해 컬처마케팅의 콘셉트와 목표가 보다 더 분명해져야 하지 않을까 하는 질문을 던져보고 싶었다. 지난번 마리스 칼 전과 존 메이어 공연 때도 느낀 바지만 '규모가 큰' 슈퍼콘서트를 제외하고는 시티브레이크까지 포함해 컬처마케팅의 카테고리가 의외로 세밀하게 정리되어 있지 않다는 생각이 들었다. 이를테면 이런 것이다. 영국 브랜드 버버리의 크리에이티브 디렉터(최근 CEO의 자리에까지 올랐다) 크리스토퍼 베일리는 남다른 음악 취향으로 유명하다. 그는 개인적 취향을 브랜딩의 차원으로까지 끌어올렸다. 그가 주목한 음악 장르는 어쿠스틱이다. 베일리는 유명세와 상관없이 어쿠스틱 그룹을 선정해 동영상을 제작하거나 공연을 후원한다. 또는 한 차원 높은 컬래버레이션을 진행하기도 한다. 그 결과 어쿠스틱 음악 하면 곧 버버리가 떠오를 정도로 높은 싱크로율을 달성했을 뿐 아니라, UK 음반 차트 등 음악계에 영향을 미치는 성과를 거두고 있기도 하다. 김형욱 팀장도 크게 다르지 않은 고민을 갖고 있었다.

"컬처프로젝트의 전시파트 부분에 대해서는 저희도 많은 지적을 받았습니다. 특히 사장님이 지난해 슈타이들 전과 ECM 전에 대해 많이 말씀하셨어요. 더욱 세심한 노력을 다할 생각입니다. 음악파트의 경우 조만간 '5Nights'라는 새로운 시도를 할 예정이에요. 보통 하루나 이틀이면 끝나는 공연을 1주일간으로 늘리고, 지금 한국에 잘 알려져 있지는 않지만 세계적으로 주목할 만한 그룹이나 가수를 하루에 한 팀씩 무대에 올려 대중에게 소개하자는 취지지요. 이처럼 현대카드만이 할 수 있는 새로운 카테고리들을 지속적으로 모색할 예정입니다."

폴 매카트니,
그의 최초 한국 공연이라니!

잠시 시간을 건너뛰어, 2015년 5월. 현대카드의 컬처프로젝트는 또 한 번의 놀라운 무대를 선보였다. 지난해 바이러스성 염증으로 취소되었던 폴 매카트니의 공연이 극적으로 다시 성사된 것이다.

2015년 5월 2일, 올림픽대로 초입과 삼성동부터 길게 늘어선 차량의 행렬 탓에 한 시간째 길에 갇혀 있었다. 아직 공연 시작까지는 꽤 시간이 남아 있었기에 초조하진 않았다. 저 멀리 두 손을 번쩍 든 폴 매카트니의 사진을 배경으로 'Out There'라는 문구가 박힌 대형 포스터가 서서히 눈앞으로 다가오고 있었다. 이 거대한 공연이 성사되기까지의 지난했던 과정과 그 사이사이 '음악'과 현대카드의 관계에 대한 단상들이 쉴새없이 머릿속을 스쳐 지나갔다.

차에서 내리니 어느덧 비가 조금씩 내리고 있었다. 지난 시티브레이크 때의 호우가 연상돼 걱정스러운 마음에 저절로 하늘을 올려다보게 되었다. '괜찮겠지. 시티브레이크 때와는 달리 아직 장마철도 아니고 설사 비가 좀 오더라도 폴 매카트니 경의 첫 내한이자 마지막 내한이 될 가능성이 농후한 이 역사적인 공연에 무슨 문제라도 생기려고.' 낯이 익은 현대카드 실무진 몇몇

이 곳곳에 선 채 하늘을 올려다봤다. 관객들의 반응을 봤다 하고 있는 걸 보니 비슷한 고민을 하고 있을 거라 능히 짐작되었다.

들어가는 과정에는 거의 지체가 없었다. 스피디하게 겹겹이 배치된 통로를 따라가니 어느덧 입구에 도착해 있었다. 그러고 보니 김형욱 팀장이 이번에는 지루함을 거의 느낄 수 없을 정도로 획기적인 입장 시스템을 가동할 거라고 귀띔했던 게 떠올랐다. 공연이 끝나면 꼭 물어봐야겠다 싶었다. 주경기장 안으로 들어갔다. 말 그대로 '장관'이었다. 아직 공연 시작 40분 전임에도 불구하고 거의 모든 좌석이 흥분을 감추지 못한 관객들로 꽉 들어차 있었다. 비틀스와 폴 매카트니의 역사, 노래 등을 모티브로 한 몽타주 느낌의 형형색색 아트 작업이 끊임없이 무대 양쪽 스크린을 통해 흘러내리듯 방영되고 있었고, 일부 관객들은 흥을 참다못해 벌써부터 〈Hey Jude〉의 후렴구를 크게 흥얼거리고 있었다.

'창창' 하는 효과음이 울려퍼졌다. 드디어 전설을 영접할 시간이다. 그가 선택한 첫번째 곡은 〈Eight Days A Week〉. 딱정벌레의 풋풋함이 남아 있던 시절, 일명 '영국 침공^{British Invasion}'으로 세상을 정복했던 그 시절의 단면을 잘 보여주는 곡이다. 여전히 많은 이들이 비틀스 시대를 향한 노스탤지어에 푹 빠져 있는 한국에 딱 어울리는 선곡. 솔직히 목소리를 크게 기대하지 않았는데도 불구하고 매카트니는 풍성한 성량으로 고음파트까지 무리 없이 소화하고 있었다. 물론 두 명의 기타리스트를 포함한 스태프가 적절히 템포를 조절하며 보조를 잘 맞춰준 덕도 보고 있었지만 정말 기대 그 이상이었다. 연이어 〈The Long And Winding Road〉〈Another Day〉〈And I love Her〉까지 주옥과도 같은 곡들이 그야말로 하늘에서 비처럼 쏟아졌다. 어느덧 나뿐 아니라 주변 모든 사람이 자리를 박차고 일어나 매카트니의 손짓 하나하나에 열광하고 환호성을 지르며 몸과 정신이 조금씩 분리되기 시작하고 있었다.

〈Blackbird〉가 나올 즈음 슬그머니 정신을 되찾았다. 추억을 강하게 충동질하는 노래들에 푹 빠져 있는 중에도 '도대체 기타를 몇 개나 가져온 거지?'라는 궁금증이 일 정도로 매카트니는 곡이 바뀔 때마다 새로운 기타를 꺼내들고 있었다. 그도 '당연히 너희가 궁금해할 줄 알았지'라는 표정으로 찡긋 눈웃음을 짓더니 〈Paperback Writer〉를 부를 때는 "이 로스폴 기타가 1960년대에 녹음 당시 쓰던 것"이라는 코멘트로 관객들의 거대한 함성을 유도했다. 그제야 꿈인 듯 생시인 듯 허공에 붕 뜬 마음을 조금 가라앉히고 지금 내 눈 앞에 있는 사람을 좀더 집중해서 관찰하기 시작했다. 언뜻 보기에도 그의 얼굴은 너무나 '탱탱'(이 위대한 전설에게 이런 표현을 써도 될까 싶긴 하지만 대체할 만한 다른 표현이 도저히 생각나지 않는다)해서 도저히 73세의 나이라고는 생각되지 않았다. 거기다가 상황에 딱 맞아떨어지는 저 완벽한 옷차림이라니. 감색 재킷에 몸에 딱 맞아떨어지는 화이트셔츠로 정중함을 유지하면서도, 스키니에 가까운 가죽 블랙팬츠를 매치해 본인의 정체성이 '로큰롤'에 있음을 정확히 보여주고 있었다. 공연 중간 재킷을 벗고서는 화이트셔츠의 소매를 단정하게 척척 말아 올린 채 기타를 다시 잡는 모습에서는 이 남자가 저 환락과 충동과 허상이 가득한 쇼비즈니스 세계에서 얼마나 젠틀하게 삶의 중심을 잡고 살아왔을지 저절로 연상이 되었다.

솔직히 말하자면 나는 언제나 폴 매카트니보다는 존 레넌의 편이었다. 록의 정수는 당연히 '기존 질서에 대한 반항과 저항'이라 생각했고, 그리하여 비틀스 해체 이후 한없이 순하고 부드러운 세계로 넘어간 폴 매카트니에 비해 세계 평화와 기존 체제에 대한 저항을 담은 노래들로 더 강력하게 나아간(비록 비틀스 해체 직후, 캘리포니아에서의 행동 등 때문에 '타락한 비틀'이라는 일부 매체의 공격이 있었을지언정) 존 레넌이 더 우위에 있다는 생각을 변함없이 해왔다. 공연을 보러 오는 길에도 '살아 있는 비틀을 두 눈으로 볼 수 있는 생애 마지막 기회일 것'이라는 설렘과 함께 레넌의 색채가 짙게 밴 〈Strawberry Fields Forever〉〈Across The Universe〉〈Lucy In The Sky With Diamonds〉 등은 결국 듣지 못하겠구나 하는 애잔함에 가까운 서운함이 마음 한구석에 자리잡고 있었던 것 또한 사실이다.

이런저런 상념에 잠겨 있다보니 잠시 공연의 흐름을 놓쳤다. 이런, 뭐든 쉽게 몰두하지 못하고 거리부터 두고 보는 이 몹쓸 성격에 혀를 끌끌 차며 고개를 가볍게 좌우로 저은 뒤 다시 무대 위로 시선을 돌린 참이었다. 매카트니는 "존을 위해 쓴 곡"이라며 〈Here Today〉를 부르고 있었다. 그러고 보니 아까는 지금 아내를 위한 〈My Valentine〉을, 연달아 첫 아내인 린다 매카트니를 위해 〈Maybe I'm Amazed〉를 불렀었구나. 그리고 그다음은…… 역시 조지 해리슨이 만든 노래 〈Something〉을 부르기 위해 그는 다시금 기타를 매만지고 있었다. 순간, 가만히 턱을 괸 채 소년과 같은 순진무구한 표정으로 자신을 향해 열광하고 있는 관객들을 지긋이 바라보는 저 이를, 세계 최초의 아이돌 그룹으로 시작해 록 역사의 모든 것을 바꿔버리고, 존 레넌과의 불화로 인한 결별 이후 독자적인 길을 걷다가, 첫 아내와 멤버 두 명을 먼저 저세상으로 떠나보내고, 지금껏 그때 그 추억과 열정이 담긴 노래들을 세계를 순회하며 부르고 있는 저 남자의 속마음을 그 누가 짐작이라도 할 수 있을까, 아득한 느낌이 들었다.

그렇다. 그 누구에게든 지금 이 순간은 한없이 경건하면서도 열광의 한복판으로 뛰어드는 시간일 수밖에 없다. 〈Back To The USSR〉이 나올 즈음 화이트 앨범의 표지처럼 머릿속이 새하얘지기 시작한 나는 〈Let It Be〉와 〈Hey Jude〉에 도달했을 즈음 그야말로 머릿속의 퓨즈가 나가버렸다. 빗방울이 꽤 굵어졌는데도 불구하고 우비를 뒤집어쓴 채 'Na'와 '하트'가 그려진 손 팻말을 들고 매카트니에게 경배를 바치고 있는 모든 관객들은 한 발자국

도 꿈쩍하지 않은 채 모두 열광의 도가니에 빠져 있었다. 그렇다. 이것이 바로 음악의 힘이다.

연달아 김형욱 팀장을 만나보기로 했다. 이 역사적인 공연 뒤에 숨어 있을 뒷이야기들이 무척이나 궁금했다. 공연을 준비하면서 우여곡절이 참 많았겠다고 질문을 던지니 환한 웃음과 함께 공연을 시작하는 순간 매카트니의 목소리가 너무 좋아서 모든 걱정을 바로 내려놓을 수 있었다는 대답을 앞세웠다. "사실 아티스트 리스크가 너무 큰 공연이었어요. 아시다시피 이미 한 차례 무산된 경험도 있고요. 막상 공연을 한다 하더라도 관객들은 쌩쌩한 20, 30대 때의 목소리를 기억할 텐데 목소리가 약하면 아무래도 실망하지 않을까 하는 걱정도 솔직히 있었죠. 해외 공연현장에 가서 몇 번 체크했는데 텍사스 공연 당시에는 강행군 탓에 〈Hey Jude〉 때 고음이 안 올라가는 거예요. 아 이거 어떡하지? 아찔했죠. (웃음) 그런데 충분히 휴식을 취한 다음 진행하는 공연에서는 목소리가 괜찮더라고요. 이번 서울 공연은 일본 공연을 마친 다음 4일을 쉬고 하는 거라 '괜찮겠다'는 내부 확신은 있었죠."

이 거대한 공연을 성사시키기까지 우여곡절도 만만치 않았을 터. 특히나 예상치 못한 건강 문제로 한 차례 무산된 적도 있었던 터라 그 오랜 과정에서의 에피소드들이 궁금했다. 2015년 최종 성사된 공연에 대한 논의는 무려 2011년에 시작되었다고 한다.

"사실 한국 시장은 너무 작아요. 가까운 일본만 해도 6만 명 채우는 공연이 6, 7회는 가능한데 한국에서는 4만 5000명 간신히 채워서 서울에서 1회가 고작이죠. 사장님도 항상 하시는 말씀이지만 내한 공연을 온다고 해서 CD 판매량이 느는 것도 아니고…… 아티스트가 '도대체 내가 왜 거길 가야 해'라고 되물으면 답이 없는 거죠. 그래서 사회적 의미라도 찾으려 하는 아티스트들이 있어요. 폴 매카트니의 경우에도 DMZ 공연이 가능하면 한국에 가겠다는 조건을 처음부터 내세웠어요. 그런데 그건 정부 소관이니 저희가 어떻게 할 수 있는 부분은 아닌지라……"

　　문화를 향유하는 인구가 적을 뿐 아니라 콘텐츠를 제값 주고 소비하는 분위기가 최근엔 완전히 실종된 우리 사회의 단면이다. 하지만 현대카드에는 레이디 가가 때부터 외국의 대형 가수들을 불러와 성공리에 공연을 치러냈던 강력한 노하우가 있었다. 이런 포트폴리오를 바탕으로 끊임없이 어필한 결과 '안정적이고 안전하게 공연을 마칠 수 있을 것 같다'는 코멘트와 함께 간신히 공연이 성사되었다. 혹자는 폴 매카트니가 공연 전날에 도착해 공연을 마치자마자 서울 시내 한번 둘러보지도 않은 채 새벽에 곧바로 돌아가버린 걸 두고 비판적인 의견을 표명하기도 한다. 하지만 일본과 연동될 수밖에 없는 한국 공연시장의 현실상 그건 컨트롤이 불가능한 부분. 그의 입장에서는 일본에서 편하게 한 번 더 하면 되는 공연을 여러 가지 이유로 한국으로 옮겨서 한 번 한 것일 뿐이다. 기분이 조금 나쁘더라도 어쩔 수 없는 현실이다.

　　다만, 공연을 끝마친 뒤 폴 매카트니가 느낀 희열과 감동은 정말 남달랐다고 한다. 그동안 한국에 큰 관심이 없었던 유수의 뮤지션들 또한 일본 시장을 거쳐 한국에 왔지만 결국 이 열화와도 같은 열정과 '떼창' 분위기에 푹 빠져 몇 번이고 다시 돌아오곤 했다. 그 또한 부디 오래오래 건강하기를, 그리하여 이번에 중독된 한국 관객들의 떼창을 또 한번 느끼러 방문해주기를 간절히 바랄 뿐이다. 김형욱 팀장이 이번 공연을 앞두고 야심차게 준비했던 컬러포인트 시스템에 대해 설명을 이어갔다.

　　"원래 우리가 질서와 효율성을 중요시하기도 하지만 이번 공연은 특히나 신속하면서도 체계적으로 관중들을 입장시키는 것이 관건이었습니다. 4만 5000이라는 관중 숫자에다 예전에는 스탠딩이었던 운동장 필드에도 일일이 좌석을 배치했으니 역대 최고의 미션이었던 셈이죠. 더군다나 폴 매카트니는 공연장이 90퍼센트 이상 차지 않으면 공연을 시작하지 않아요. 11시 30분에 지하철이 끊기기 전 앙코르까지 완벽하게 끝내는 것을 목표로 두고, 특단의 조치를 고민해야 했죠. 네 가지 컬러로 주경기장의 좌석을 쪼개놓고 직관적으로 각자의 자리로 찾아갈 수 있도록 미리 시뮬레이션을 돌려봤어요. 그 결과 여덟시로 예정되었던 공연을 딱 15분 후에 시작할 수 있었어요. 38년 동안 폴과 같이 다니는 매니저가 관객들이 들어차는 상황을 계속 체크하다가 '30분 후면 90퍼센트가 찰 것 같으니 30분짜리 미공개 동영상을 지금 틀어'라고 큐사인을 주거든요. 그 사인이 일곱시 사십분에 나왔어요. 아, 이제 됐구나 싶었죠. 원래 15분 정도는 지체될 수밖에 없는 시간으로 계산했거든요."

관리와 질서라는 현대카드 특유의 콘셉트에 대한 호오를 떠나 이 정도면 가히 예술의 경지라 할 만하다. 곧이어 아직 한국에 불러오지 못한 아티스트들의 리스트를 나도 모르게 중얼거릴 수밖에 없었다. U2, 콜드플레이, 롤링 스톤스, 다프트 펑크…… 많은 대기업들이 현대카드의 노하우를 모방하거나, 그 규모를 따라 하려는 무수한 시도를 하고 있지만(물론 규모로는 일부 따라잡기도 했지만) 현대카드 슈퍼콘서트가 아직 유효한 데에는 분명 그 이유가 있다.

Chapter

4

Fall
and Winter

'현대카드스럽다'는 것

디테일에
집착하는 이유

———

지난여름, 패션위크에 참가하기 위해 파리를 다녀왔다. 새삼 느낀 건 파리는 런던 또는 뉴욕과 확연히 다르다는 것이었다. 공공디자인의 힘을 빌려 '이스트런던'을 매혹적인 랜드마크로 탈바꿈시킨 세계 최고^{最古}의 도시 런던의 전략도, 하늘을 찌르는 마천루의 뒷골목, 도심의 어두운 틈새에 문화적 향취를 듬뿍 흩뿌려 새로운 재활을 선보이는(일단 젠트리피케이션의 나쁜 측면들은 여기서는 논외로 하자) 뉴욕(아! 브루클린)의 전략도, 파리에서는 그야말로 무용지물이다. 이미 수세기 전 모더니티를 도심에 완벽하게 구현해낸 '19세기의 문화 수도' 파리는, 당시의 모습에서 한 치도 흐트러지지 않은 채 고집스럽게 그 위용을 지켜내고 있었다. 오히려 세월이 흐를수록 휘황찬란한 건물 외벽과 지붕의 금장을 더욱더 강하게 채색한 채. 그야말로 입을 앙다문 채. 혹자는 넌더리가 난다고 표현하는 이런 파리의 고집에 저절로 감탄사가 흘러나올 수밖에 없었다. 어쩌면 지구상에서 가장 실험적이고 창의적인 파리 패션위크는 마치 시각디자인에서 그리드의 역할처럼, 단단하게 수세기 동안 그 원형을 유지하고 있는 파리라는 거대 도시를 캔버스로 삼았기 때문에 가능했을지도 모른다는 생각이 들었다.

그리고 채 몇 달 지나지 않아 다시금 파리를 방문하게 되었다. 이번에는 프랭크 게리가 불로뉴 숲 한복판에 새롭게 건설한 '루이뷔통뮤지엄'의 역사적인 오프닝 행사에 참석하기 위해서였다. 사실 6년 전 홍콩내셔널뮤지엄에서 열린, 마크 제이콥스가 주도했던 전시에서 이미 루이뷔통뮤지엄의 초기 콘셉트를 일별한 적이 있었다. 당시 프랭크 게리는 채프먼 형제, 리처드 프린스, 무라카미 다카시 등에 둘러싸인 채 형체를 알아보기 힘든, 꼬불꼬불한 선의 묶음으로밖에 보이지 않는 추상적인 스케치를 배경으로 "물고기, 움직임, 빛, 파리의 하늘" 등 몇 가지 단어를 나지막이 중얼거리고 있었다.

빌바오구겐하임뮤지엄 등에서 익히 확인한 바 있는 '프랭크 게리적인' 특성은 루이뷔통뮤지엄에서도 한눈에 알아볼 수 있었다. 운동을 정지시켜 해체한 다음 필요한 정지 상태를 획득, 새로운 운동으로 재구성해 특유의 '움직임'이 느껴지는 건축양식을 발전시켜온, 전통적인 기하학에 도전하는 유클리드기하학에 기반을 둔 그만의 콘셉트가 여기서도 여실히 발휘되고 있었다. 숲을 떠다니는 돛단배의 이미지를 구현하기 위해 그는 (과거에 그가 새롭게 발견해낸 체인링크, 함석, 메탈 등의 신소재에 이어) 원통형으로 만든 3600장의 특수 강화유리를 사용했다. 사람들이 흔히 생각하는 것과는 달리, 나는 프랭크 게리를 포스트모더니스트로 규정하진 않는다. 그는 건물이 지어질 장소나 맥락은 전혀 신경쓰지 않는 자하 하디드 등과는 완전히 다른 종류의 건축가다. 게리는 이미 여러 코멘터리를 통해 르코르뷔지에의 추종자들과 때로는 대립하고, 때로는 (르코르뷔지에로부터 면면히 이어져내려온 모더니즘의 전통을) 탐구하면서 자신만의 세계를 구축했다고 밝힌 바 있다.

게리는 평소 "항상 파리에 매혹되어왔다"고 입버릇처럼 이야기해왔다. 그리하여 추상적으로 보이는 이 루이뷔통뮤지엄은 사실 파리라는, 아니 불로뉴 숲 한복판 아클리마타시옹 공원이라는 지역을 가장 창의적으로 계승한 건축물로 봐야 한다. 나무, 하늘을 향해 열린 유리 천장, 그리고 철강으로 만들어진 19세기 파리식 건축의 정수인 이 공원은 그동안 수많은 건축가들에게 영감의 원천이 되어왔고, 프랭크 게리의 이번 작품 또한 예외가 아니었다.

　　루이뷔통뮤지엄에서 광활하게 펼쳐진 파리의 도심을 내려다보고 있자니 문득 현대카드가 떠올랐다. 현대카드는 최근 (브루클린 프로젝트에서 확인한 바 있듯, 그리고 이후 라이브러리 건설과정에서처럼) '모던의 진화'를 시도하고 있다. 10년 동안 일관되게 추구해왔던 '무채색의 냉랭한 모던'에 색깔을 집어넣으려는 시도라고 해석할 수 있을 것이다. 이 대목에서 참고해야 할 도시는 브루클린이나 쇼디치가 아니라, 어쩌면 파리가 아닐까 하는 생각이 강하게 들기 시작했다. 브루클린이나 쇼디치는 광범위한 지역에 퍼져 있는 오래된 공장 등 20세기 초반의 도시 유산에 세련됨을 불어넣으며 (그리고 젠트리피케이션의 나쁜 작용으로 지역 유산과 정서를 파괴하기도 하며) 문화적으로 재생하고 있다. 반면 파리는 수세기 동안 단단한 그리드를 그대로 유지한 채 포인트를 확실히 찍는 실험적인 건축물을 세우는 방식으로 모던의 진화를 추구해왔다. '현대카드스러움'이라는 특성이 강력한 현대카드에는 어쩌면 그리드를 단단하게 유지한 상태에서 때론 실험성이 강한 건축물, 또는 콘텐츠를 과감하게 등장시키는 파리의 방식이 더 어울리는 것은 아닐까.

　　또 한편으로 드는 생각은 이런 것이었다. 현대카드의 최근 모던의 진화를 향한 흐름은 서울이라는 지역, 역사성에 대한 고려보다는 브루클린을 중심으로 '외국의 빈티지한 트렌드'를 가져오는 쪽에 기울어 있는 것 같다는. 예를 들어 서울의 성곽길이라는 역사성에 현대성을 불어넣는다든가, 1960년대 한국의 초창기 모더니즘적 흐름에 잇대어 지금 필요한 새로운 건축물을 구상한다든가, 원서동, 부암동 등의 '빈티지 서울'을 대표하는 동네에 세련됨을 부여한다든가 하는 시도도 해볼 법한데 말이다. 지역과 맥락에 대한 고려가 없는 건축물은 자칫 외국 느낌의 빈티지 접목에 그쳐버릴 가능성도 있을 터다. 분명 현대카드의 지난 10년은 일관된 디자인, 콘텐츠를 중심으로 한 브랜딩, 완고한 모던함 등으로 한국에서도 서구와 동등한 수준이 가능하다는 단초를 보여주었다. 그렇다면 앞으로의 10년은? 밤이 깊을수록 사색 또한 그만큼 깊어간다.

현대카드가
예술에 접근하는 방법

파리에서 꽤 오랜 시간을 보낸 탓에 귀국하자마자 밀린 업무를 처리하느라 정신없는 나날이 이어지고 있었다. 그즈음 현대카드 홍보팀으로부터 메일이 도착했다. 국립현대미술관 서울관에서 모마와 함께하는 '현대카드 컬처프로젝트 15−젊은 건축가 프로그램YAP' 관련 기자간담회가 열린다는 내용이었다. 그러고 보니 몇 개월 전, 정태영 사장이 지나가는 말로 이렇게 물은 적이 있었다. "현대카드와 가장 잘 어울리는 뮤지엄은 어디라고 생각하나요?" 당연히 세련되고 트렌디한 현대 미술 관련 뮤지엄이겠죠, 라는 반사적인 대답이 흘러나왔다. 그는 미소 띤 얼굴로 모마, 테이트모던, 퐁피두, 도쿄 모리미술관 등 세계 4대 현대미술관에 현대카드 회원들을 무료로 입장할 수 있게 하는 프로젝트를 비롯해 다양한 협업이 계획되고 있다고 귀띔했다. 그 본격적인 협업의 시작이, 모마가 세계 곳곳의 현대미술관들과 진행하고 있는 '젊은 건축가 발굴 프로그램'의 한국 버전이었던 것이다.

예전에 모마 관장이 "현대카드가 세계에서 가장 중요한 스폰서 중 한 곳"이라고 밝힌 인터뷰 기사가 대서특필된 적이 있었다. 사실 그때만 해도 모마와 현대카드의 협업이 두드러지지 않았기 때문에 세간에 꽤 큰 놀라움을 전한 에피소드였다. 당시 정사장은 이렇게 밝힌 바 있다. "사실 그렇게 많은 액수를 지원한 것도 아니었어요. (웃음) 깜짝 놀랐던 건 순수예술을 다루는 뮤지엄이 오히려 기업과의 협업에 활짝 열려 있다는 사실이었죠. 저는 미술을 구매하는 데는 별로 관심이 없습니다. 사실 잘 모르기도 하고요. (웃음) 다만 이런 확신은 들었습니다. 미술관과의 협업은 브랜딩 또는 기업의 이미지 형성에 큰 역할을 할 수 있겠구나, 라고요."

현대카드가 클래식음악 또는 미술 등을 개인의 취향과 소유로 접근하는 여타 기업들과 명확히 다른 지점이 바로 이것이다. 앞으로 세련되고 모던한 이미지를 확장시키는 데에는 분명 세계 예술의 흐름을 주도하는 현대미술관들과의 협업이 큰 역할을 할 터. 그 본격적인 첫발을 모마뿐 아니라 국립현대미술관과 함께, 그리고 미술이라는 순수예술을 넘어 보다 더 큰 영역을 포괄할 수 있는 '건축'이라는 테마로 시작한다는 사실이 꽤 흥미로웠다.

국립현대미술관 서울관에 도착하니 너른 마당에 사람 키의 두세 배가 넘는, 흰색 에어벌룬 수십 개가 빽빽이 들어서 있었다. '아, 저것이 한국에서 선정된 YAP의 첫번째 수상작인가보다.' 멀리서 보기에도 궁금증을 불러일으키는 강렬한 인상의 작품이었다. 가까이 다가가 큰 버섯 모양의 에어벌룬 아래 만들어진 시원한 그늘을 찬찬히 걷자니 뿌연 미스트가 시원하게 뿜어져 나온다. 목조 사다리를 올라 꽤 긴 나무다리를 걷고 있자니 구름 사이를 걷는 듯 환상적인 느낌이다. 맞다. 작품의 제목부터가 〈신선놀음〉이었다. 프로젝트그룹 문지방이라는 한국 신진 건축가들의 작품. 이들은 건축을 통해 사람들에게 시원한 그늘이라는 현실적인 필요를 제공하면서도, 도교사상에 기반한 고차원적인 사색거리 또한 던져주고 있었다. YAP의 첫번째 수상자로 손색이 없는 기발하면서도 멋진 작품.

　　기자회견장에는 꽤 많은 기자들이 자리에 앉아 있었다. 이미 마당에 설치되어 있는 작품의 전반을 충분히 감상한 후라 조금 앉아 있다가 이후 일정을 소화하러 자리를 뜰 예정이었다. 스크린에 프레젠테이션의 제목 페이지가 떠올랐다. 이제 시작할 모양이었다. 순간 정체 모를 불협화음이 느껴져 고개를 갸우뚱할 수밖에 없었다. 모마, 국립현대미술관, 현대카드 등 관계자들의 꽤 긴 인사말을 듣는 동안에도 제목 페이지는 계속 화면 위에 떠 있었다. 그제야 이유를 깨달을 수 있었다. 곧바로 핵심으로 들어가지 못한 채 세 팀이 연이어 길게 인사말을 하는 풍경도 사실 현대카드답지는 않다. 하지만 3자가 공동 주최하는 행사라 어쩔 수 없었을 것이다. 마찬가지였다. '현대카드 컬처프로젝트 15'라는 타이틀은 현대카드 특유의 서체로 작성되어 있었고 '젊은 건축가 프로그램'이라는 본제목은 흔히 관공서에서 사용하는 굵은 고딕으로 써 있었다. 그 아래 세 기관의 로고가 각각 자리잡고 있었고. 새삼 현대카드 서체는 정말 CI에 가까운 서체라는 것, 실제 활용이나 가독성이 떨어지는 측면이 있다는 것, 무엇보다 다른 서체와의 융화가 쉽지 않은 서체라는 것을 깨달을 수 있었다. 그러고 보니 현대카드 서체의 어머니이자, 현대카드 초기 디자인의 흐름을 주도했던 오영식 토탈임팩트 대표가 사석에서 다음과 같이 이야기했던 것이 떠올랐다.

　　"사람들이 흔히 오해하는데 사실 현대카드 서체는 서체가 아니에요. 말장난 같죠? (웃음) 이후 담당자들도 그 부분을 잘 캐치하지 못한 것 같아요. 별도의 심벌을 만들 수 없는, 그룹의 계열사였기 때문에 처음부터 '글씨로 CI를 만들어야 한다'는 전제조건이 있었거든요. 그러니 당연히 가독성이나 실제 텍스트 활용성은 떨어지는, 그림과 같은 글씨가 탄생하게 된 거죠. 그게 원래 목적이었으니까요."

당시 오대표는 CI 역할을 훌륭하게 완수한 현대카드 서체를 한 단계 더 업그레이드하지 못한 점을 꽤 아쉬워했다. 현재 현대카드 서체가 가장 빛을 발할 때는 대형 콘서트 등 행사장에서, 또는 라이브러리 등 현대카드의 공간에서, 잇워터 등 자신만의 디자인이 적용된 제품 등에 사용될 때다. 덕지덕지 설명을 붙이지 않아도 이곳은 현대카드의 영역이라는 것을 제목 또는 간단한 카피만으로 강렬하게 웅변한다. 하지만 각종 인쇄물이나 『모던타임스』 등 긴 텍스트가 필수적인 곳에 사용될 때에는 가독성 등에 있어 약점을 노출하기도 했다. 더군다나 이번 경우처럼 다른 서체와 혼용될 수밖에 없을 때에는 이질감을 줄 수 있다. 지난 10년의 영광과 현대카드의 선도적인 모던함을 대변하는, 카드 모양을 모티브로 해 직관적이면서도 업의 본질을 명확하게 보여주는 현대카드 서체. 앞으로의 10년을 위해서는 세계 유수의 기업들, 특히 명품들이 수십 년, 길게는 100년 넘게 고민하며 자신만의 서체를 확립해나가는 것처럼 서체에 대한 한 단계 높은 고민을 수행할 필요가 있어 보였다. 물론, 서체의 종류와 다양성 등의 측면에서 알파벳에 비해 압도적으로 불리한 위치에 있는 한글의 제약은 분명 존재한다. 하지만 카드를 모티브로 한 한글 서체가 가능하리라는 것을 현대카드가 실제로 입증하기 전에는 아무도 상상하지 못했던 것처럼, 그런 것이 바로 현대카드의 다음 10년에 사람들이 기대하는 대목이리라.

"우리가 왜 디테일에
신경을 쓰냐고?"

　어느덧 가을의 향기가 물씬 짙어졌다. 길었던 취재도 어느덧 막바지를 향해 달려가고 있다. 한동안 본문에는 등장하지 않았지만 사실 그동안 현대카드를 드나들며 공식일정이 아니더라도 꽤 자주 정태영 사장과 마주쳤다. 다만, 인터뷰할 임직원들과 만나야 할 시간이 임박했거나 아니면 사무실로 급히 돌아가야 했던 경우가 많아서 안부 인사만 나누거나, 사옥 1관과 2관 사이의 길을 걸으며 짧은 대화를 나눈 정도가 고작이었다. 이번엔 조금 달랐다. 전형적인 새파란 가을 하늘이 여의도사옥 사이로 펼쳐져 있었고, 그 앞 하늘하늘한 갈대(를 닮은 식물) 사이 모던한 스틸 소재 벤치에 앉아서 탁 트인 하늘을 멍하니 바라보고 있었다.

　"뭐 하고 계세요?" "네?" 뒤를 돌아보니 정태영 사장이 특유의 화려한 제스처와 함께 환하게 웃고 있었다. 마치 어제 만난 친구처럼 반갑게 악수를 하더니 "바쁘지 않으신가보네요. 우리 실무진이 일을 제대로 하지 않나봐요. 이렇게 작가를 놀려두는 걸 보면. (웃음) 잠깐 한가하시면 저랑 같이 11층에 올라가보시죠." 얼결에 따라가보니 11층은 한창 공사중이었다. "사장실과 임원실, 회의실 등이 모여 있는 11층이 너무 어둡고 무거운 느낌이라는 얘기를 하도 많이 들어서요. 몇 년 전부터 바꾸고 싶었는데 다른 중요한 사안들이 많아서 이제야 손을 대네요."

　거의 공사가 끝나가는 11층은 언뜻 보기에도 예전보다 훨씬 환해지고 밝아졌다. 복도에서 바라보니 각 사무실과 회의실을 구획하는 벽은 거의 유리로 만들어져(물론 보안이 필요한 회의나 업무 등을 위해 모던한 블라인드는 당연히 갖춰져 있고) 투명하고 공정한 느낌을 자아냈다. 복도를 걷다보니 느낌이 조금 묘했다. 복도는 박물관 느낌도 아니고 브루클린 풍의 거칠면서도 세련된 카페 느낌도 아니었다. 굳이 따지자면 그 중간 정도의 모던한 느낌? 가만히 관찰해보니 일단 바닥 재질이 남달랐다. 청록색과 회색의 중간 정도 색감의 바닥은 나중에 실무진에 물어보니 '컬러시멘트'로 만든 것이었다. 국내에 도입된 지 몇 년 되지 않은(그것도 현대카드가 거의 최초로 도입한), 착색이 가능한 시멘트라는 신소재는 메탈의 질감인 듯 돌바닥인 듯 오묘한 느낌을 자아내고 있었다. 바닥의 소재 하나만 갖고도 그 정체는 잘 모르겠지만 직관적으로 남다르다는 것을 단번에 깨달을 수 있게 한다는 점에서 그야말로 현대카드다운 방식이었다. 그렇다면 11층 리뉴얼 플랜은 과연 단번에 통과되었을까? 이젠 당신도 정확히 예상하겠지만 당연히 'No'다. 실무진에 물으니 웃음 섞인 대답이 돌아온다.

"처음 설계와 시공을 맡았던 외부 업체에서 너무 화려하면서도 비실용적인 안을 가져왔어요. 각 사무실마다 손을 씻는 세면대나 불필요한 장치를 많이 둔다든지, 뮤지엄처럼 바닥 테두리를 벽을 따라 파낸 다음 간접 조명을 쓰고 복도 전체는 어둡게 만든다든지…… 업무를 보는 공간이 화려한 것은 비실용적이다, 뮤지엄처럼 어두컴컴한 곳을 걷다가 누가 넘어져 다치기라도 하면 어떡할 거냐, 라며 사장님이 단호하게 직접 팔을 걷어붙인 채 긴급 수정하셨죠."

회의실 안을 찬찬히 들여다보니 벽의 재질도 뭔가 남다르다는 것을 캐치할 수 있었다. 실무진에 물어보니 역시 국내에서는 아직 생산이 불가능한 '월토커Wall Talker'라는 필름 형태의 재질이다. 회의를 할 때 즉석에서 썼다 지웠다 할 수 있는, 그래서 벽에 대고 이야기를 한다는 뜻의 실용적이면서도 남다른 소재. 월토커는 임원층에만 쓰이는 재질이 아니라고 한다. 현대카드만의 공통 언어, '즉 어디서든 쓰일 수 있는 소재와 방식이어야 한다'는 기본원칙하에 향후 만들어질 제3사옥 등에 똑같이 적용될 예정이라고. 드디어 사장실로 들어섰다. 역시나 예상대로 그다지 넓지 않은 크기에(사람들이 와서 보면 깜짝 놀라겠지만 심지어 부사장실이 더 넓다) 모던한 회의용 테이블이 놓여 있었다. "외부인들과 미팅을 해보니까 처음에 어디 앉아야 할지 당황하거나 망설이는 경우가 꽤 많더라고요. 그래서 아예 위트 있게 표시를 했어요. Ted(정태영 사장의 영어 이름)의 자리는 여기이니 당신은 바로 앞은 아니고, 맞은편 하나 옆쯤에 앉으면 어때, 라고요. 아, 그리고 저 문밖에 있는 해골 모양의 'Caution' 표시는 디자인랩 직원 하나가 붙이고 갔어요. 뭐, 물릴 수도 있으니 조심하라는 거 아닐까요? (웃음)"

　　책상 쪽으로 눈을 돌리니 마치 결재를 받을 때 편하게 앉아서 기다리라는 듯(실제로 그럴지는 모르겠다. 그러고 보니 결재를 받으러 오는 임직원들의 자세가 궁금하긴 하다) 큐티한 벤치 형태의 의자가 책상 앞에 놓여 있었고 안쪽 주인 자리엔 브라운 계통의 위압적이지도 그렇다고 왜소하지도 않은, 딱 정태영 사장 느낌 그대로의 모던한 가죽의자가 놓여 있었다. "비트라에서 찾아냈어요. 임원용 의자에 배정되어 있는 예산에 한계가 있어서 사비를 약간 보탰죠. (웃음) 한참 고민하긴 했어요. 앞으로 10년은 더 앉아 있을 텐데 이렇게 모던하고 실용적인 것보다는 좀더 푹신하고 비싼 '아저씨스러운' 의자를 사야 하지 않았을까 하고요. (웃음)"

　　설명을 따로 듣지 않아도 그가 의자에 대해 얼마나 신경을 썼을지, 그리고 그것은 이성의 영역이라기보다는 감성, 아니 본능의 영역이었을 것이라는 게 저절로 이해가 갔다. 드디어 11층의 핵심 중의 핵심 '키친'이 눈앞에 나타났다. 검은색과 하얀색, 노란색 등 갖가지 식기들이 벽에 장식되어 있는 우아한 식기 거치대, 실용적이면서도 세련된 조리대, 그리고 셰프 또는 주인이 요리를 해 바로 손님에게 음식을 놓아줄 수 있는, 가운데가 뻥 뚫린 형태의 사각형 식탁. 역시나 한쪽 벽면은 월토커로 만들어져 미팅을 하다가 즉석에서 벽에 중요한 내용을 쓰거나 숫자를 계산할 수 있도록 해두었다.

"사람들은 왜 회사에, 그것도 임원층에 키친이 있느냐며 수군댈 수도 있겠죠. 하지만 철저히 비즈니스용으로 만들었습니다. 서울에는 중요한 손님이나 파트너와 함께 갈 만한 식당이 그리 많지 않아요. 그리고 여기서 식사를 하면 홈그라운드가 되지 않겠습니까? 생각해보세요. 한창 비용 협상을 하다가 서로 의견 대립이 팽팽하면 슬쩍 뒤로 돌아 프라이팬에 계란을 굽는 거예요. 그러다가 슬쩍 뒤를 돌아보며 '그래서 얼마라고 하셨죠?' 하면 그걸로 게임 끝이죠. (웃음)"

이 키친은 임원들이 주요한 손님들과 식사를 함께 하는 등 비즈니스 미팅을 하기 위한 용도로 만들어졌다. 사내 셰프를 미리 예약할 수도 있고 본인이 직접 음식을 준비할 수도 있다고. 물론 재료비 등 비용 전체는 그날 키친을 쓰기로 예약한 임원이 모두 지불해야 한다. 잠시 화장실에 다녀오니 어느덧 정사장은 공사 마무리에 한창인 직원들에게 질문을 던지며 이것저것 체크하고 있었다. '벽에 설치된 TV 오른쪽 라인이 반대편에 비해 1센티미터 정도 넓다. (화장실 안에 있는 서로 다른 소재를 연결한 받침대를 보고는) 왜 목재 중간을 스틸로 둘렀지? 어쩔 수 없이 금속 소재를 붙여야 한다면 받침대 색깔에 맞춰 블랙 톤으로 가야 하는 것 아닐까? 페인트의 종류를 바꿀 수는 없나? 외국에서는 문 주변도 페인트가 전혀 벗겨지지 않던데 우리는 문 구석 쪽을 보면 아무리 관리해도 꼭 벗겨지더라' 등등. 역시 현대카드의 핵심은 무서울 정도의 디테일이라는 생각이 든 순간, 예전에 어떤 신문에서 읽은 정태영 사장의 인터뷰 한 대목이 떠올랐다.

"우리가 왜 디테일에 신경을 쓰냐고? 경영학에는 진실의 순간이라는 말이 있다. 소비자는 사소한 판촉물과 전단지로 그 회사를 만나고 직원들은

사장의 현란한 철학보다 사무실, 식당, 화장실, 처우를 통해 회사를 평가한다. 이게 본질적이고 진실을 마주하는 순간이다. CEO도 자기 말을 아래까지 도달하게 하고 싶으면 평소에도 자신이 한 말을 지켜야 한다. 휴가 마음대로 써도 된다고 했으면 휴가 가도 문제없어야 하고 직원들에게 내 앞에서 담배 피워도 된다고 했으면 회의하다가 맞담배 피워도 괜찮아야 한다. 그런 사람에게 '왜 그렇게 눈치가 없어?' 이런 분위기가 되면 안 된다. 이런 사소한 게 지켜지지 않으면 사장이 콩으로 메주를 쑨다고 해도 안 믿는다. 회사를 경영할 때는 이렇게 큰 비전과 디테일을 다 보지 않으면 안 된다. 그런데 매일 비전만 이야기하는 사장들이 얼마나 많나? 사장이 계속 떠들어도 회사는 변하지 않는다. 디테일이 받쳐줘야 전략이나 비전도 실행된다."

"우리가 와인을 만들었습니다!" 이건 또 무엇일까

오랜만에 만난 탓에 자리는 저녁까지 이어졌다. 정사장은 업무를 정리하고 오겠다면서 먼저 청담동의 한 와인바에 가 있으라고 말했다. 청담동, 아니 서울의 1세대 와인바인 '카사델비노'의 은광표 대표와는 안면이 있었기 때문에 먼저 도착해서 화이트와인을 한잔하고 있던 참이었다. 한 시간 정도 은대표와 수다를 떨고 있으려니 정사장이 문을 열고 성큼성큼 들어온다. 자리에 앉자마자 손에 든 꾸러미를 뒤적이더니 짠 하고 물병 비슷한 것을 두 병 꺼내든다.

"이것 때문에 두 분 같이 보자고 했어요. 아직 샘플이긴 한데…… 우리가 와인을 만들었습니다!"

이건 또 무엇일까. 그러고 보니 지방의 중소기업과 상생 차원에서 개발한 생수 '잇워터'와 모양새가 똑 닮았다. 뚜껑을 여는 방식까지. 다른 점은 기존의 현대카드가 만들어낸 제품들과는 달리 보라색, 녹색 등 총천연색 컬러로 그 화려함을 뽐내고 있다는 것. 그리고 와인병답게 플라스틱이 아닌 유리병이었다. "현대카드가 새로운 아이디어와 상상력으로 간간이 재미있는 작품들을 만들어내잖아요. 주방용품 오이스터 시리즈 이후 그런 톡톡 튀는 제품이 별로 없었는데 직원들과 수다를 떨다가 우연히 착상해냈죠. 한국에서는 와인을 즐기는 자세가 너무 무거워요. 어렵고 비싸기도 하고. 무엇보다 와인을 꼭 엄숙한 자리에서만 즐겨야 하는가에 대해 문제제기도 하고 싶었죠."

가볍게 뚜껑을 돌려 딴다. 소량을 잔에 따른 뒤 향과 맛을 음미해본다. 오, 나쁘지 않았다. 특히 화이트에 비해 레드가 꽤 괜찮은 품종으로 느껴졌다. 혹시 엄청 유명한 와이너리와 계약을 맺은 것일까? "확실히 나쁘지 않죠? 물론 은대표님처럼 고급 취향인 분에게는 어울리지 않을 수도 있겠지만. (웃음) (이 대목에서 은대표는 하우스와인으로 쓰면 딱 좋을 양과 맛을 지니고 있다는 감탄을 이어갔다.) 와인이라는 게 원래 편하고 가볍게 즐기면 더 좋은 술이잖아요. 남아프리카공화국에서 정말 싼 가격의, 가격 대비 맛은 정말 훌륭한 와이너리를 찾았어요. 국내에서 유일하게 와인제조가 가능한 충청 지방의 업체와 병입에 대한 계약을 맺었고요. 클럽에서, 그리고 한강공원 같은 데서 누구나 편하게 와인을 즐기면 좋겠다는 생각을 했어요. 물론 플라스틱 용기로 만들면 더 좋았을 텐데 그럴 경우 맛이 변질될 가능성이 너무 높아진다고 해서…… 병으로 만든 대신 잇워터에서 모티브를 얻은 직관적인 보틀 디자인을 채용해 친숙함을 높이고자 했죠."

막힘이 없었다. 디자인도, 의도도, 심지어 맛까지도 모두 직관적으로 이해할 수 있었다. 심지어 가격도 저렴하게 책정된다고 했다. 이마트에서 구매할 수 있도록 책정한 소비자가 1만원대라고 하니. 정태영 사장은 잇버번 위스키, 잇보드카 등으로 카테고리를 넓혀가면 좋겠다는 바람을 내비쳤다. 하지만 이 대목에서 나는 좀 아쉬웠다. 잇와인의 수준이 떨어져 보였기 때문이 아니다. 오히려 잇와인은 여러모로 훌륭했다. 대중성까지 충분히 갖추고 있다는 점도 매혹적이었다. 아쉬움은 마이택시 때 느꼈던 감정과 흡사한 것이었다. 이런 뛰어난 제품을 대중이 접하기 쉽지 않을 거라는 문제였다. 금융 규제의 영향 탓인지, 업의 본질을 강조하기 때문인지 현대카드의 상상력으로 만들어지는 제품들은 회사 테두리, 기껏해야 이마트를 중심으로 소량으로만 유통되어왔다. 실제로 이후 잇와인은 여전히 대중에게 폭넓게 알려지지 못했다. 가끔 퍼플하우스에서 미팅을 할 때마다 잇와인을 주문하면 상대방은 즉석에서 감탄사를 내뱉곤 한다. 현대카드의 디자인을 주제로 대화를 이어가다 보면 낯선 이들과 금세 친숙해지기에 이만한 테마도 없다.

덧붙여 정태영 사장을 비롯한 현대카드 임직원들의 뛰어난 감식안과 취향이 보다 더 사회적인 또는 비즈니스적인 성과물로 수렴되지 못하는 현실이 꽤 아쉬웠다. 슬쩍 질문을 던져보았다. 취미 또는 취향을 일로 승화시켜볼 생각을 해본 적은 없느냐고. 정사장은 정색하며 답했다. "저는 취미를 일에 반영하지 않습니다." 충분히 예상했던 대답이다. 이 말에는 두 가지 의미가 숨겨져 있는데, 첫째는 현대자동차그룹에서 일을 시작했을 때도, 공장장을 맡아 실제 공장 운영을 책임졌을 때도, 현대카드에 부임해 난생처음 카드 관련 업무를 시작했을 때도, 꼭 자신이 선택한 길이 아니더라도 일단 한번 맡고 나면 (그리고 꽂히고 나면) 목표를 이룰 때까지 전력을 다해 업무에 몰두한다는 뜻이다.

두번째는 자신이 좋아하는 취미 또는 분야(예를 들면 디자인, 카메라 등)

는 분명하지만 그 취미를 일로 끌어오지는 않는다는 것. 말하자면 현대카드가 지금 수행하고 있는 디자인 관련 업무, 슈퍼콘서트 등 음악 관련 업무 등은 현대카드의 브랜딩을 위해 필수 불가결한 활동이지 그가 좋아해서 수행하는 일은 아니라는 뜻이다. 그럼에도 취향이 일에 반영되는 것 또한 분명하다. 다만 언제나 비즈니스가 중심에 있고 그에 맞는, 혹은 그 비즈니스에 보탬이 되는 방향으로 취향이 작동한다. 예를 들어 어느덧 신인 건축가 발굴 프로젝트로까지 확장된 모마와의 오랜 협업, 그리고 비밀스럽게 준비중인 테이트모던과의 본격적인 협업(아직 세상에 공개되진 않았지만 현대카드는 조만간 사진을 중심으로 한 현대 미술을 테마로 테이트모던과 깜짝 놀랄 만한 프로젝트 추진을 발표할 예정이다) 등의 사례로 보면 단순히 미술을 좋아하기 때문에 세계적인 미술관들과 협업하는 게 아니라는 것을 분명히 알 수 있다. 오히려 그는 "나는 미술을 정말 잘 모른다"고 입버릇처럼 말하곤 한다. 다만 "미술은 잘 몰라도 현대미술관들이 왜 매혹적인지는 잘 알 것 같다"는 첨언을 하곤 한다. 실제로 모마와의 지속적인 협업이 현대카드의 이미지 제고에 준 효과는 비용으로 계산이 되지 않을 정도다. 지금 세계에서 가장 '핫'하며 세계 미술계의 흐름을 주도하고 있는 테이트모던과의 본격적인 협업은 더욱 막대한 유무형의 자산으로 돌아오게 되리라.

애플의 심플스틱과 현대카드의 심플리피케이션

매주 금요일 오전 여덟시에 열리는 포커스미팅 회의를 참관했다. 아마도 현대카드 역사상 유례를 찾을 수 없는, 아니 앞으로도 유례가 없을 옵서버

로서 임원급 회의에 자유롭게 참석하는 것은 이번이 마지막일 터다. 분기별로 야외에서 열리는 겟어웨이와 회의 구성원은 비슷하다. 기본적으로 본부장급 임원들, 여기에 회의주제에 따라 해당 부서 임직원들이 참석하기도 한다. 제법 익숙해졌기 때문인지 그동안은 회의석상에서 오가는 대화 내용 파악에 급급했다면 이젠 블루, 화이트, 그다지 선명하지 않은 체크 등 전형적으로 '대기업스러운' 셔츠 차림의 임원들 표정 하나하나까지 슬금슬금 훔쳐볼 수 있을 정도로 제법 여유를 갖게 되었다. 앞으로 살아가면서 한국을 대표하는 대기업의 임원들을, 국내외에서 쌓은 방대한 업무 경험을 바탕으로 그들이 한국 경제를 최전선에서 이끌고 있는 그 생생한 현장을 눈앞에서 볼 일이 또 있을까. 새삼, 이제 막 사회생활을 시작한 20, 30대 직원들에게 이 자리에 있는 사람들이 얼마나 높아 보일지, 얼마나 이 자리가 비현실적으로 보일지 실감이 났다.

이번 주제는 상대적으로 쉬웠다. 물론 그 안에 담긴 함의는 만만치 않았지만. 이번 포커스미팅 회의를 이끌어가는 주부서는 경영지원본부다. 주제는 심플리피케이션. 애플의 '심플'이라는 개념과 비슷한 선상에 있는 개념일 터다. 최근 『인사이드 애플』『스티브 잡스』, 특히 『미친듯이 심플』 등 애플의 기업 운영원리를 파헤친 책들이 선풍적인 인기를 끌면서 일부에서는 현대카드가 애플과 많이 닮아가는 것 아니냐, 더 나아가 현대카드가 애플의 운영논리를 일부 카피한 것 아니냐는 의문을 표하기도 한다. 물론 애플과 현대카드에는 공통점이 꽤 많고, 현대카드가 애플을 존경(또는 애정)하는 측면이 있는 것도 사실이다. 하지만 『미친듯이 심플』에 잡스가 사정없이 휘두르던 '심플스틱'이라는 개념이 소개되기 한참 전부터 심플리피케이션이라는 주제는 현대카드 내부에서 활발하게 논의되어왔다. 굳이 책까지 찾아보지 않더라도 애플이라는 기업의 핵심 가치를 정확히 꿰뚫어보는 현대카드(정확히는 정태영 사장)의 능력을 일부 엿볼 수 있는 사례가 아닐까 싶다.

　　회의는 지난해에 주요 화두로 떠오른 심플리피케이션을 올해 들어 본격 적용하면서 어떤 성과와 한계가 나타났는지 점검해보는 데 초점을 맞추고 있었다. 외주인력 ID 신청절차 통합, 노트북 반출입절차 온라인으로 일원화(연간 1200건) 등의 실무 결과에 대한 보고와 함께 과도한 결재 단계를 축소하는 데 있어 성과가 나타나고 있다는 평가가 이어졌다. 특히 예산 협의절차가 간소화되었고, 구매시스템 결재 단계에서 팀장 결재가 4회에서 2회로 줄었다는 브리핑이 이어졌다. 거점과 본사 간에 품의서를 이메일로 대체하고, 세 시간 안에 결재가 되지 않을 경우 결재자를 전환시켜버린다는 대목은 꽤 인상적이었다. 압권은 회의시간을 30분 단위로 제한하고, 방대한 회의자료 만들기를 금지한다는 내용이었다. 수시로 이메일을 활용하고, 보고서나 자료가 꼭 필요할 경우 1페이지 이내로 제한하며, 30분 이내 회의로 원스톱 프로세스를 실현하자는 것. 야근에 대한 내용도 있었다. 야근 줄이기를 넘어 야근을 퇴출시키자는 뉘앙스에 가까웠다. 야근 횟수가 많은 부서의 본부장들은 연말에 순위를 매겨 보너스의 10퍼센트를 깎을 수도 있다는 것.

　　2014년 한 해 각 본부별로 책정된 심플리피케이션 관련 주요 추진과제가 자그마치 총 91건이었다. 그중 완료된 것은 38건, 진행중인 것은 53건. 50퍼센트는 업무 간소화에 대한 내용이고, 나머지 50퍼센트는 핵심 영역과 관련된 심플에 대한 고민이라고 했다. 불필요한 업무 단계가 대폭 축소되거나 사라진 것에 대한 직원들의 반응이 뜨겁다는 평가까지 덧붙었다. 강력한 실행력을 갖춘 현대카드답게 여타 대기업들이 쉽게 해결하지 못하는 불필요한 야근 철폐, 쓸데없는 자료 생산 금지, 결재절차의 신속화, 쓸데없는 회의시간 줄이기 등이 구체적인 성과로 나타나고 있다는 것을 확인할 수 있었다.

　　다만 아쉬움도 조금 남았다. 제도 개선을 통해 업무 역량이 더 강화될 거라는 점은 공감이 갔지만, 왠지 모르게 피상적인 측면에 그치는 느낌이었다. 분명 심플리피케이션의 50퍼센트는 핵심 영역에 대한 고민, 나머지 50퍼센트는 업무 간소화에 대한 것일 텐데 실제 업무현장에서는 거의 업무 간소화에 국한되는 느낌이 강했다. 실제로 15분, 30분 단위로 알람이 울리는 화이트 입방체 형태의 자명종을 테이블 한가운데에 놓고 회의를 진행하는 부서 간 협의회의를 참관한 적이 있다. 분명 비효율적인 회의시간을 줄이고 스피디하게 결론을 내게 한다는 점에서 효과가 드러나는 명쾌한 방식이었다. 하지만 깊이 있는 토론이나 틀을 깨는 새로운 방식의 고민이 이뤄지기는 쉽지 않아 보였다.

머릿속이 조금 복잡해졌다. 분명 스티브 잡스가 '심플스틱'을 사정없이 휘둘러 핵심 영역에서 해결책을 만들어간 것처럼, 현대카드 또한 지난 10년간 직관과 심플에 초점을 맞춰 새로운 툴과 남다른 발상을 실체화하는 체험을 직간접적으로 많이 해왔을 테다. 자신의 논리가 실현 가능한 제품 카테고리만 고집스레 생산하고, 심지어 사이즈까지 극단으로 제한을 두는 애플의 '심플'만큼이나, 알파벳으로 정리된 궁극의 카드 라인업을 극단까지 밀어붙인 현대카드의 '심플' 또한 얼마나 대단한가. 그런데 묘하게도 대다수 임직원들은 효율적으로 조직을 관리하는 방법론에 가깝게 '심플리피케이션'을 이해하고 있는 것처럼 보였다. 물론, 이는 깊숙한 곳까지 직접 체험하지 못하고 피상적으로 훑고 지나갈 수밖에 없는 관찰자로서의 내 한계 탓인지도 모른다. 실제로 수십 명에 달하는 임직원들을 만나고 관찰하고 질문하는 동안 아무래도 '외부인'일 수밖에 없는 내게 사무적인 대답만을 하는 경우도 꽤 많았다. '심플'이라는 테제가 현대카드의 핵심 영역을 어떻게 관통하고 있는지 생생하게 경험하지 못한 데엔 이런 한계 탓도 분명 있으리라.

지금 현대카드에는
'긱스러운' 엘리트가 필요하다

———

어느덧 늦가을, 현대카드는 지금 2014년 하반기 공채 전형이 진행중이라 그야말로 시끌벅적하다. 아무리 스펙이 좋아도 대기업 취업이 불가능에 가까울 정도인 최근 분위기에, 지난 10년간 한국 사회를 강타한 수준 높은 컬처마케팅 등으로 인한 이미지 상승효과로 '대학생들이 지원하고 싶은 회사' 1, 2위를 다투고 있는 현대카드의 찌를 듯한 인기가 겹쳐 지원자가 더욱 몰린 듯했다.

정태영 사장이 페이스북으로 예고했다시피 이번 공채 전형부터는 혁신적으로 바뀐 툴이 새롭게 적용된다. 이미 인턴과 공채로 신입사원을 채용하는 비율을 5대 5에 가깝게 끌어올린 바 있는 현대카드만의 채용 툴이 또 한 차례 업그레이드된 것이다. 문제의식의 출발점은 '정말 필요한 인재를 알아보기 위해서라기보다는 보다 더 많이 떨어뜨리기 위한 허들 형식의 전형방식이 아닌가' '제대로 된 회사생활 경험이 없는 지원자에게 즉석 프레젠테이션은 너무 어려운 과제가 아닌가' '지원자 중심이 아니라 면접자 중심의 전형은 아니었는가' 등이었다. 과연, 지난 상반기 인턴 면접 참관 때 내가 느꼈던 문제점들에 대해 그사이 치열하게 논의가 된 모양이었다.

　　잠시 시간을 돌려 2014년 봄, 인턴 모집현장으로 가보자. 매년 봄이 되면 대학생 또는 취업준비생 들의 시선이 현대카드에 집중된다. 인턴 모집이 시작되는 시즌이기 때문이다. 현대카드만의 마케팅 능력과 브랜딩 결과물들이 큰 유명세를 타면서 현대카드에서 인턴 경력을 쌓고 싶어하는 지원자들이 대폭 증가했다. 무엇보다 인턴활동 평가를 바탕으로 정식직원으로 채용되는 케이스도 점점 더 늘어나고 있다고 한다. 이에 걸맞게 현대카드 또한 실제 신입사원을 뽑는 과정 못지않은 깐깐한 절차를 거쳐 인턴을 선발한다.

　　수백 대 1의 경쟁률을 기록한 2014년 상반기 인턴 모집 지원자들은 1차 서류 전형과 2차 기본 능력 평가를 거치며 100명 안팎으로 줄어든 상태였다. 실무에 정통한 차·과장급이 직접 평가하는 3차 실무 면접 평가과정을 직접 참관할 수 있었다. 실제 케이스에 바탕을 둔 과제를 제시하면 면접자들은 한 시간 정도 그 내용을 분석해 프레젠테이션 자료를 작성한 뒤 5분 내외로 발표를 진행한다. 그후 면접관들이 20분에 걸쳐 날카로운 질문을 던져 합격자와 불합격자를 걸러낸다. 최종 임원 면접에 앞서 사실상 합격자가 결정되는 가장 중요한 과정이었다. 보통 위압적이고 거대한 공간에 면접관들이 줄줄이 앉아 있는 낯선 면접장 풍광과는 달리, 현대카드 사옥에는 면접장이 따로 마련되어 있지 않았다. 각 층 회의실이 그대로 임시 면접장으로 사용되었다. 면접자들은 임시 출입증을 목에 건 채 한 명씩 정해진 시간에 맞춰 직원들이 업무를 보고 있는 사무실 통로를 지나 회의실로 향했다. 물론 HR실 직원들이 지원자들의 원활한 동선을 위해 곳곳에 배치되어 있었다.

혹시라도 실제 면접에 영향을 미칠까봐 나는 마치 진행요원인 것처럼 두 명의 면접관 뒤쪽에 조용히 앉아 고개를 푹 숙이고 있었다. 드디어 면접관의 뒷모습 사이로 딱딱한 슈트 차림이 영 어색한, 남자 지원자 한 명이 둘둘 만 하얀색 전지를 들고 면접장에 입장했다. 과제는 다음과 같았다. 'C캐피탈 기업금융 영업 확대를 위한 시너지 구축방안'이라는 제목하에 가상의 회사 C캐피탈의 실적, 회사 현황, A팀과 B팀으로 나뉘어 있는 영업조직의 상황 등에 대한 소개가 표와 숫자를 중심으로 제시된다. 회사의 상황을 빠르게 이해한 다음 영업 확대를 위한 방안을 짜내 PT자료를 수작업으로 전지에 작성한 뒤 발표를 준비한다. 이 모든 과정이 한 시간 안에 끝나야 한다. 발표자는 큰 전지를 4등분해 각각 C캐피탈의 매출 현황, 영업 A팀과 B팀의 현재 실적, 영업 한계에 이른 원인, 대안 등을 짧게 서술한 발표자료를 벽에 붙였다. 그리고 능숙하게 설명을 시작했다. 총 5분이 주어진 가운데 3분이 흐르는 동안 단 한 번도 막힘없이, 심지어 매출과 관련된 숫자를 보지도 않고 줄줄 외워가며 순조롭게 발표를 진행했다. 역시 단군 이래 최고의 스펙을 지닌 요즘 젊은 세대답다는 생각이 바로 떠올랐다. 그런데 그 이면의 정체 모를 불안감 또한 감출 수가 없었다. 발표 스킬이 화려하면 화려할수록 왠지 모르게 그림자가 짙어지는 기분이었다.

이유는 곧 알 수 있었다. 면접관 중 경력이 더 높은 차장이 먼저 포문을 열었다. "복잡한 숫자를 외우느라 고생하셨겠습니다. 그런데 발표 내용에 핵심이 빠져 있는 것 같네요. A팀과 B팀이 영업 한계에 다다른 이유가 무엇이라고 생각하시는 건가요?" 그랬다. 이 면접자는 제시된 자료의 수치와 현황에 대해서만 줄줄 읊느라 심도 깊은 분석과 대안은 내놓지 못한 채 발표를 끝마친 것이었다. 면접관들의 정중하지만 날카로운 질문과 지적이 계속 이어졌다. "A팀과 B팀의 영업조직에 어떤 차이가 있는지 분석해야 팀별로 각

각 다른 대안이 나올 수 있지 않을까요?" "대안이 추상적이고 일반적인 내용으로만 채워져 있는데 보다 더 구체적인 대안을 추가로 얘기해줄 수 있을까요?" 등등.

언제 시간이 다 갔는지 어느덧 면접은 종료되었다. 지원자가 나가고 나서 두 면접관에게 바로 질문을 던졌다. 조금의 망설임도 없이 능숙하면서도 핵심을 찌르는 질문을 던지는 이 면접관들이 얼마나 오래 준비했는지가 무엇보다 궁금했다. "면접을 위해 따로 오랜 기간 교육을 받은 것 같은데 실무는 그 기간 동안 중단하시는 건가요?" 대답은 노. 실무와 가까운 질문이 던져지기 때문에 몇 가지 주의사항을 제외하고는 따로 교육을 받지 않아도 충분한 평가를 내릴 수 있다. 따라서 당연히 실무와 병행한다(라는 게 공식답변이었다. 그 이면을 내 맘대로 짐작해보자면 '현대카드에서 면접 준비를 위해 실무를 쉴 정도의 여유까지는 당연히 없다. 잘 알면서'일 듯. 역시 만만치 않은 회사다).

"방금 면접자에 대한 평가는 상, 중, 하 중 어느 수준인가요? 오늘 30분 단위로 계속 면접을 보고 계시는데 전체 면접자들의 수준은 어느 정도인지요?" 대답은 하. 이 지원자의 경우 수치 파악에 전념하느라 정작 중요한 회사의 흐름과 대안에 대해서는 거의 고민을 하지 못했다는 냉정한 평가가 돌아왔다. 덧붙여 요즘은 전공과 상관없이 경영이나 재무를 배우는 학생들이 급증했기 때문에 자료를 파악하는 능력은 예전에 비해 급상승했다고 한다. 다만, 이번 과제 속 C캐피탈의 향후 방향을 그리는 상상력과 기획력은 무척 빈곤하다는 것. 어디서 본 듯한 논리를 제시하는 지원자들이 대다수이고 자신만의 원칙이나 논리를 펼쳐나가는 지원자는 열에 하나 꼽을까 말까 하다는 것이 면접관들의 이구동성 지적이었다.

인턴 지원자들인데도 불구하고 실무에서 뛰고 있는 직원들이 성심성의껏 열의를 다해서 면접을 보고 합격자를 뽑는 엄밀한 과정은 잠깐의 관찰을 통해서도 충분히 확인할 수 있었다. 다만, 면접장을 나오면서 드는 의문 하나. 깊이 파고들어야 하는 지극히 실무적인 내용을 저렇게 짧은 시간 안에 해결해야 하는 과제로 제시하는 것이 과연 합당한가 하는 것이었다. 무수한 지원자들 사이에서 짧은 시간 안에 효율적으로 합격자를 선정하기 위해서는 (대다수를 떨어뜨리기 위한 기준의 측면에서도) 어쩔 수 없는 과정이라는 것도 이해는 갔지만, 지원자들의 상상력과 남다른 발상을 우선 평가하는 방식으로 시험과정을 개편하는 것을 진지하게 고민해볼 필요가 있지 않을까 하는 아쉬움은 여전했다. 실무는 입사하고 나서야 제대로 배울 수 있는 것 아닌가. (드라마 〈미생〉에서 볼 수 있듯 신입직원들이 갓 입사하자마자 할 수 있는 일은 복사 정도라는 건 어찌 보면 당연한 일이다.)

　　물론, 마치 한국의 수능시험과정을 아무리 개편하더라도 결코 프랑스의 바칼로레아를 따라갈 수 없는 것처럼, 대기업 채용시험이라는 한계상 수백 대 1의 경쟁률이 예사인 한국 사회에서 이상적인 면접과정을 상상하는 것은 분명 쉽지 않을 터다. 그리고 보니, 취재를 시작하기 전 우연히 만났던 K의 이야기가 진하게 오버랩되는 순간이다. 그는 비록 탈락하긴 했지만 채용과정에서 현대카드만의 정직함과 치열함, 또는 남다름이 체감되었던 건 분명한 사실이라고 말했다. 하지만 예상만큼 쿨하거나 새롭지 않아서 의외였다는 평가 또한 남긴 바 있다. 얼마 전 우연히 로비에서 마주친, 예전부터 친분이 있었던 한 낮은 연차 직원의 귀띔이 새삼 떠올랐다. 인턴 출신인 그는 인턴 기간의 활동성과를 인정받아 공채로 입사한 케이스다. 현재 현대카드의 신입사원은 공채와 인턴이 5대 5 정도로 구성되어 있다고 한다. 분명 대기업으로서는 이례적인 수치다. 공식적인 미팅이 아니었던 탓일까. 그는 조금 더 구체적인 현실을 내게 알려주었다. 합리적이면서도 효율적인 면접과정에 대해서는 그도 다른 회사와는 비교가 불가능할 정도라는 데 강조점을 찍었다. 면접관이 사적이고 개인적인 질문은 절대 하지 않고, 회사가 원하는 역량을 갖추고 있는지를 파악하기 위해 묻고 또 물으며 심층 면접을 하고, 보통 다수의 면접자 대 면접관의 구도로 진행되는 타사의 면접과정과는 달리, 면접자 개인에게 포커스를 맞춘 개별 면접이 시종일관 진지하게 이뤄진다는 것.

　　다만, 입사가 결정된 다음부터는 회의를 느끼거나 진지하게 다른 회사로의 이직을 꿈꾸는 낮은 연차의 직원들이 점점 늘어가는 것 같다는 걱정스러운 목소리도 내비쳤다. "사실 (어느 정도 배치될 부서를 결정하고 입사하는) 경력직에 비해 신입사원의 경우 부서 배치에 있어 100퍼센트 만족하지 못하는 건 사실이에요. 물론 커리어마켓도 있고, 지원 전 투명하게 사전 설명을 해주는 과정도 엄정하면서 정확하지요. 그럼에도 불구하고 각 부서의 필요 인원에 한계가 있으니 들어가고 싶은 부서에 안착하는 비율이 그다지 높지 못해요. 만약 입사시험 단계부터 원하는 부서를 염두에 두고 전형을 진행한다면 좋을 것도 같은데 여건상 공채시스템을 그렇게 운영하는 것도 쉬운 일은 아닌 듯해요."

　　그는(그래도 그는 원하는 부서에 배치되어 만족스러운 회사생활을 이어가고 있다고 한다) 특히 바깥에서 현대카드의 브랜딩 및 컬처 활동 등에 대한 기대감이 컸던 지원자일수록 위계가 엄격한 일부 부서에 배치되었을 때 괴리감을 더 크게 느낀다고 조심스럽게 귀띔했다. 그렇다면 아예 연봉이 훨씬 더 높은 경쟁 금융회사로 옮기고 싶다는 목소리도 꽤 존재한다고. 여기에 회사에서 내세우는 화려한 캐치프레이즈, 브랜딩, 컬처마케팅 등과 자신을 동일시하지 못하고 소외감을 느끼는 일선 직원들도 점점 더 늘어가는 듯하다고 덧붙였다.

　　다시 2014년 가을의 공채 전형. 불과 6개월 만에 인턴 모집 때 느낀 이런 고민들을 일부 반영했다니…… 역시 참관을 하지 않고는 배길 수가 없겠다. 그동안 서류 심사 등을 제외하고는 3단계 면접이었던 것이 이번부터는 자그마치 5단계로 늘어났다. 특이할 만한 점은 1차와 2차 면접에는 최근 입사한 신입사원 또는 낮은 연차의 대리들이 면접관으로 참여한다는 것. HR 관계자에 따르면 사내에서 광범위하게 전형제도 개선에 대한 의견을 물은 결과, 낮은 연차 직원들이 면접에 참여하면 효율성 및 정확도가 높아질 거라는 의견이 압도적으로 많이 나왔다고 한다. "한마디로 최근에 시험을 본 직원들이 더 생생하게 전형절차의 문제점을 알고 있을 거라는 발상이죠. 덧붙여 직접 통과해봤으니 허수 지원자를 더 날카롭게 찾아낼 수 있겠다는 점도 반영되었고요."

내가 직접 참관한 전형과정은 그중 다섯번째인 임원 면접이었다. 여기까지 오는 동안 지원자들에게 주어진 과제는 단 하나였다. '스스로 가장 자신 있거나 좋아하는 분야를 자신만의 방식으로 설명하라'는 것. 제시하는 자료의 방식도 양도 전혀 제한이 없다. 면접관은 (초기부터 계속 본문에 등장하고 있는) 광고대행사 TBWA 출신 브랜드1실 김성철 상무와 네이버 출신 UX랩 남찬우 이사. 현대카드의 혼혈주의를 대표하는 인물들이자 '대기업스럽지 않은' 외모의 현대카드 임원들을 상징하는 이들이다. 옷차림도 지극히 현대카드다웠다. 김성철 상무는 큐티한 느낌의 폭이 좁은 타이를 맸고, 남찬우 이사는 보라색 터틀넥에 체크무늬 재킷, 여기에 노란색 줄무늬 양말과 스니커즈를 매치했다. 마침, 딱 좋은 케이스를 관찰할 수 있겠다 싶었다.

첫번째 질문은 만국 공통의 질문. "너무 뻔한 질문이라 생각되지만 미리 준비하셨을 것 같아서…… 본인 스스로를 소개해주세요." 아, 이것은…… 전혀 예상치 못한 답이 튀어나왔다. 지원자는 너무 긴장한 탓인지 학교에서 국어책을 읽는 것처럼 지극히 평면적인 자기소개를 하고 있었다. 국내 최고

학부에서 공학을, 국내 최고 대학원에서 경영학을 전공했다는 이력을 강조하는 것도 마음에 걸렸다. 블라인드 테스트(현대카드는 면접관들이 지원자들이 제출하는 과제를 제외하고는 학력이나 이력을 전혀 알지 못한 채 면접에 임한다)라는 걸 알 텐데 굳이 학력을 서두에서부터 강조할 필요가 있을까? 면접관들의 표정을 보니 대충 나와 비슷한 생각을 하고 있다는 느낌이었다.

그래도 면접관들은 치열하게 질문을 해나갔다. 면접자가 내세운 '가장 자신 있는 이력'은 대학 때 학내 벤처로 사회적 기업을 운영해보았다는 것이었다. 다시금 귀가 솔깃해졌다. 단순히 스펙이나 성적이 아니라 사회적 기업 운영 경험을 내세우는 학생이라면 뭔가 달라도 다를 듯했다. 면접관의 질문도 당연히 그쪽에 포커스를 두고 있었다.

"애플은 도네이션을 전혀 하지 않는 기업입니다. 그렇다면 애플은 사회적 기업일까요, 아닐까요?"

"(조금 망설이다) 아닙니다. 제가 알고 있기로는 사회적 기업이란 공정함을 갖추고 사회에 기여를 하는 그룹입니다."

"애플은 제품의 가치를 높임에 따라 사람의 삶의 질까지 높이고 더 나아가 삶의 방식까지 혁명적으로 뒤바꾼 기업입니다. 사회에 기여한다는 것에 대해 다양한 관점에서 바라볼 수 있지 않을까요?"

"……"

"그럼 좀더 기본적인 질문을 던져볼게요. 사회적 기업 CEO에게 요구되는 필수 역량으로는 무엇이 있을까요?"

"시간 투자를 아끼지 않는 열정과 경영, 마케팅 지식, 그리고 의사소통 능력이 아닐까 싶습니다. 저는 그중에서도 세번째를 제일 잘했습니다. 세 명이서 공동으로 벤처를 만들었는데 의사소통은 정말 잘되었던 것 같습니다."

"사회적 기업은 분명 사회에 기여를 하는 조직일 겁니다. 그렇다 하더라도 분명한 미션이나 목표는 있어야 할 것 같은데요. 자료를 보니 운영했던 사회적 기업의 미션이 분명해 보이지 않습니다."

"……"

"스타트업을 하다가 대기업에 들어오려는 이유가 무엇인가요?"

"아무래도 규모가 작다보니 사회에 영향을 미치기가 어려웠습니다."

"주제와 방향을 명확히 잡으면 대기업의 말단직원으로 있는 것보다는 오히려 스타트업의 CEO가 사회에 더 큰 영향을 미칠 수 있지 않을까요?"

"그렇긴 하지만 기업의 규모나 파워라는 건 무시할 수 없는 거니까요……"

"부담 드리려는 게 아니니까 편하게 말씀하셔도 됩니다. 어차피 정답은 없으니까요."

"네."

면접관들의 수준은 무척 높았다. 부드러우면서도 정중하게, 그리고 꼼꼼하게 상황에 맞는 질문을 던지고 있었다. 하지만 최고 엘리트팀에 분명할 지원자는 질문에 맞는 수준의 답을 하지 못하고 있었다. 마치 그 짧은 순간 한국 교육시스템의 문제점이 생생히 드러나는 느낌이었다. 에너지 넘치는 질문은 계속 이어졌다. "인문학이 요즘 트렌드가 된 이유가 무엇이라고 생각하는가?" "〈무한도전〉과 〈1박2일〉의 가장 큰 차이점, 각각의 생존비법은 무엇이라고 생각하는가?" "기업 CEO의 SNS 활동에 대해 어떻게 생각하는가?" "〈명량〉의 경우를 보았을 때 영화에 픽션은 어느 정도나 허용될 수 있을까?" "통계나 숫자에 밝은 것과 해석을 하는 것은 서로 다른 영역일 텐데 숫자에 익숙하다고 해서 꼭 업무 능력이 좋을 것이라고 생각하는가?" 등등. 약 40분 동안 다양하면서도 깊은 수위의 질문이 끊임없이 이어졌지만 면접자는 충분한 대답을 하지 못했다. 물론 떨거나 대답이 끊기지는 않았다. 하지만 스스로의 판단으로 개성 있게 대답하기보다는 지극히 평면적이거나 어디서 본 듯한 단편적인 대답만 이어나갔다. 결국 면접관의 보너스 타임.

"보통 대기업 면접 예상 질문으로 많이들 준비하신다는 내용을 여쭤볼게요. 대답할 기회도 없이 돌아가시면 연습하신 게 아까울 테니까요. (웃음) 남은 인생에서 본인이 꼭 하고 싶은 일이 있다면 말씀해주세요."

면접자의 얼굴에 화색이 돌았다. 비로소 긴 답변이 이어진다.

"1년에 한 개씩 개인 프로젝트를 준비해 꼭 실현하는 것이 제 꿈입니다. 그 첫번째 프로젝트로 한 달에 최소 두 번은 한복을 입고 고궁을 다니며 사진을 찍어서 인터넷에 올리려고 합니다. 세계인들에게 한복의 우수성을 알리고 싶어요."

"왜 하필 한복인가요?"

"제가 한복을 좋아해서 사람들, 특히 외국인들에게 그 우수성을 알리고 싶어서요."

"그런데 한복이 평상복으로 가능한가요? (아직까지) 한복은 평상시가 아니라 특별한 때밖에 입을 수 없는 옷이라고 생각하는데…… 평상시에 한복을 입고 자주 고궁을 다니는 건 한복의 우수성을 알리는 방편과는 거리가 좀 있을 것 같은데요."

"그런 부분은 좀더 고민해봐야 할 것 같습니다."

면접 참관 후 2주 정도 지났을까. 정태영 사장이 페이스북에 짧게 2014년 공채 신입사원 면접을 참관한 소감을 올린 걸 읽을 수 있었다. '전공과 상관없이 면접 준비 상향평준화. 하지만 진솔하고 자연스러운 면접은 여전히 실종. 대부분 잘 꾸며진 모범답안을 암기하여 듣기 민망할 정도. 실제 경험이 아닌 만들어진 경험들. 심각하게 고민해봐야 할 문제. 물론 답변하기

곤란하고 의도를 모르겠는 모호하고 개념적인 질문들은 회사가 반성하고 재검토해야 함.'

분명 내가 느낀 실망감과 비슷한 심정이었으리라 짐작이 되었다. 이는 현대카드 또한 한국 사회 전체의 문제점과 맞닿아 있을 수밖에 없다는 점을 반증하는 사례다. 단순히 면접관 또는 면접자 들에게 따져 묻기에는 한국 교육시스템이 엘리트를 키워내는 방식에 분명 치명적인 문제점이 있다는 것을 부정하기 어렵다. 여전히 나는 (어차피 교육이 백년지대계라 단기간에 대안을 마련하는 게 불가능하다면 회사 또는 사회에서라도 시급히) 긱스러운 엘리트를 어떻게 뽑을 것인가, 아니면 뽑은 엘리트를 어떻게 긱스럽게 전환시킬 것인가에 대해 보다 더 깊은 고찰과 노력이 필요하다는 쪽이다. 분명 일개 기업에 그렇게 무거운 사회적 짐을 지우는 것이 온당한가, 라는 반론이 나올 수도 있겠지만…… 현대카드라면 분명히 남다른 발상을 해낼 수 있을 거라고 생각한다.

현대카드판
바우하우스를 꿈꾸며

물론 대한민국에서 현대카드만큼 인력 공급 및 관리 측면에서 다양한 시도를 하는 대기업은 찾아보기 힘들다. 무엇보다 현대카드만큼 '공채 우월의식'이 약한 대기업도 찾아보기 힘들다. 현역으로 일하고 있는 한 공채 출신 직원은 '공채에 대한 역차별로 느껴질 정도'라며 다소 감정 섞인(?) 표현을 할 정도였다. '모든 종류의 인재에 대해 항상 열려 있다'고 수없이 광고하지만 성골, 진골은 따로 있다는 생각을 마음 한구석에 품고 살 수 밖에 없는 보통의 대기업 직원들은 상상하기 힘든 조직구조임에 분명하다.

2013년에 깜짝 발표된 '연어 프로젝트'가 대표적이다. 마치 '콜럼버스의 달걀'과도 같은, 간단하지만 쉽게 떠올리긴 힘든 대표적인 역발상이다. 회사(현대카드)를 떠나 다른 곳으로 스카우트된 직원들은 어찌되었든 자신만의 강점이 있기 때문 아니겠느냐. 하지만 새롭게 정착한 직장에서 만족하지 못할 직원들도 분명 있을 것이다. 다시 돌아오겠다는 의사를 표명하면 예전 업무성과를 평가한 결과를 바탕으로 가감 없이 다시 받아들일 것이다 등등. 암묵적으로 한번 회사를 나간 직원은 다시 받아들이지 않는다는 확고한 룰을 갖고 있는 몇몇 대기업들은 상상하기 힘든 역발상임에 분명하다.

그리고 몇 년째 지속되고 있는 '커리어마켓'. 신입사원 또는 중견사원도 자신이 원하는 부서가 있으면 스스로를 마켓에 내놓을 수 있다는, 쉬워 보이지만 실행하기 어려운 역발상 프로젝트다. 또한 부서장들도 공개적으로 마켓에 구인 광고를 낼 수 있다. 좋은 상품을 고르듯 합리적으로 인재를 뽑는 것이다. 공급과 수요를 시장에서 해결하는 자본주의의 원리를 인력 공급 및 운용에도 적용하면 좋지 않겠는가, 하는 간단한 발상이다. 하지만 상사의 눈치를 보느라 정시 퇴근조차 할 수 없는 일반 기업의 현실에 비춰볼 때 당당하게 스스로 원하는 부서를 선택할 수 있도록 '제도적으로' 뒷받침하는 방침은 놀라울 수밖에 없다. 물론, 현대카드만의 자부심이 뒷받침되어 있기 때문에 가능한 발상일 터다.

잠시 시계를 앞으로 돌려 2014년 봄, 내가 참관했던 '글로벌 커리어마켓'은 기존 커리어마켓에서 한발 더 나아간 발상이었다. 현대카드·캐피탈의 해외 지사로까지 범위를 넓혀 원하는 직군 및 부서를 선택할 수 있게 하겠다는 것. 1층 로비의 렉처룸에서 HR실이 그동안 연구한 결과물을 공개하는 글로벌 커리어마켓 1차 설명회가 열렸다. 약 50석 정도의 좌석을 갖춘 홀은 이미 사람들로 꽉 들어차 있었다. 심지어 몇몇은 뒤쪽에 서서 설명을 들어야 할 정도였다. HR을 담당하는 이석호 팀장은 단상에 서자마자 특유의 구수한 사투리가 섞인 목소리로 "우리 회사를 떠나고 싶은 직원들이 이렇게 많은 줄 몰랐습니다"라는 농담을 던졌다. 순간 장내가 웃음으로 술렁인다. 현대카드만의 열린 인사방침에 대해 "정말 그렇게 눈치 안 보고 부서를 결정하는 게 가능해?"라는 의심 섞인 외부의 시선이 존재하는 것도 사실이다. 나 또한 이 회사를 직접 드나들기 전까지는 약간의 의심이 있었던 것 또한 사실. 물론, 여전히 제3자의 시각에서 관찰한다는 한계 때문에 내부 사정을 완전히 파악하지 못할 수는 있다. 하지만, 이렇듯 직원들의 솔직한 반응이 툭툭 튀어나오는 것을 보고 있노라면 적어도 현대카드라는 회사의 조직이 합리적이고 쿨한 방식으로 운영되는 것만큼은 분명하다는 확신을 갖게 된다.

이석호 팀장의 설명이 계속 이어졌다. 먼저 그동안 현대카드가 지속적으로 관심을 기울여온 '글로벌 프로젝트'에 대한 간단한 코멘트. 현대카드는 정태영 사장 부임 이후 GE로부터 투자를 받으면서 1차 과제로는 조직 운영의 합리화를 강도 높게 수행해왔다. 현대카드가 내부 직원 교육용으로 내놓은 『PRIDE』를 보면 제3자(GE)에 회사 운영의 모든 부분을 투명하게 공개함으로써 부정행위, 비합리적인 부서 운영 등 부적절한 조직의 행태가 거의 근절될 수 있었다는 자평이 서술되어 있다. 그다음 과제가 본사에서 일하는 외국인 직원들을 늘리기 위한 노력이다. 그리고 마지막 단계가 바로 한국 본사와 외국 지사를 거침없이 넘나들며 자유롭게 일할 수 있는 글로벌 커리어마켓 프로젝트다. 현대캐피탈 미국지사가 높은 성장률을 기록하며 현지에 안착한 이후 영국, 브라질, 중국, 독일 등 세계 각지에 현대캐피탈 지사들이 우후죽순으로 생겨나고 있다. 현지에서 뽑는 인재도 물론 중요하겠지만 한국 직원들에게도 현지에서 적극적으로 커리어를 업그레이드할 기회를 주겠다는 것이 HR실의 방침이었다. 퇴사 후 현지법인에 재입사하는 방식이기 때문에 일부 직원들은 조금 망설이는 듯한 뉘앙스도 읽혔다. 그럼에도 프레젠테이션 자리에 참석한 대다수 직원들은 긍정적으로 고민하는 표정이 역력했다.

다만, 이석호 팀장에게 좀더 날카로운 질문을 던지고 싶었다. 지금껏 취재를 진행하며 현대카드의 조직 운영원리가 여타 대기업들에 비해 얼마나 합리적인지, 얼마나 창의적인지는 충분히 파악할 수 있었다. 하지만 나 스스로 거기에 만족하느냐고 묻는다면, 선뜻 예스라고 말하기는 쉽지 않았다. 합리적이고 뛰어난 인재들이 있는 회사이긴 하지만, 어디까지나 '한국의 다른 대기업들에 비해서'라는 단서가 붙을 수밖에 없기 때문이다. 오랜 기간 관찰해보니 현대카드 또한 은근히 세칭 'SKY' 간판에 대한 집착이 강했고 긱스럽고 발상이 자유로운 인재들보다는 대기업만의 '빡센' 조직구조에 잘 적응할 수 있는 인재를 우선 뽑는 경향이 강했다. 이팀장은 솔직했다.

"맞습니다. 솔직히 현대카드가 구글이나 애플처럼 창의적인 인재를 뽑고 성장시키는 회사냐고 묻는다면 아직 '노'라고밖에 대답하지 못할 겁니다. 우리가 하고 있는 사업이 그들과 다르다는 게 가장 큰 이유겠죠. 그리고 우리는 구글이나 애플처럼 되는 것이 목표가 아니라 우리에게 맞는 최고의 인재 확보와 성장이 목표입니다. 그중에는 긱스러운 사람도 필요하고, 실행력이 강한 사람도 필요하고, 전략적인 사람, 감각적인 사람 등이 두루두루 필요합니다. 가장 두려운 건 그냥 한국 대기업 같은 조직이 되는 것이고요. (웃음) 방금 보신 글로벌 커리어마켓과 같은 새로운 발상들이 대표적입니다. 어찌되었든 현대카드는 스스로 문제를 진단하고 해결하려고 하는 시스템은 분명 갖고 있다고 생각하거든요."

맞는 측면이 있다. 나 또한 엘리트의 비중이 적어져야 한다고 생각하는 것은 아니다. 예전에 외국에서 오래 생활하다가 한국에서 대학을 다녔던 한 선배가 이렇게 말한 적이 있다. "한국에서는 다들 현 교육제도에 대해서

비판만 하는데 나는 다르게 생각해. 세상에 한국만큼 고등학교 때까지 이렇게 풍성하고 깊은 지식을 갖게 해주는 교육제도는 없어. 대학에 들어간 다음에도 암기 위주의 교육만 이어가는 지점에 문제가 있는 거지. 사회에 나가서도 토론은커녕 책 한 권 읽기 힘든 사회 분위기에 문제가 있는 거야."

　나 또한 한 외국 브랜드의 홍보 담당자를 만났을 때 비슷한 경험을 한 적이 있다. 호주에서 초등·중등 교육은 물론 대학까지 마친 이 담당자는 유창한 영어와 함께 수준 높은 사교술을 바탕으로 기자들에게 높은 인기를 얻고 있었다. 하지만 우연한 대화 끝에 그가 'NATO'가 무언지 모른다는 사실에 당황한 기억이 있다. 외국에서는 자율에 맡길 뿐 한국처럼 다양한(반대편에서 보면 입시를 위해 지나치게 광범위하다고 해석될 수도 있는) 지식을 흡수할 기회(그게 다소 강압적일지라도)는 제공하지 않는 것이다. 그럼에도 불구하고 역시 한국 사회의 핵심 문제는 스스로 생각하는 능력을 가진, 또는 남다른 취향과 발상을 가진 '긱스러운 엘리트'가 없다는 점 아닐까. 주류로서 주류적인 발상과 사고만 하는 엘리트만 존재하는 것이 문제가 아닐까 싶은 것이다. 스티브 잡스처럼, 마크 저커버그처럼 주류와 다른 생각을 갖고 있는 엘리트, 그것이 초기에는 괴짜처럼 보일지라도 그 긱스러움이 결국 지금 우리가 보는 미국 사회의 창의성을 자극하고 만들어나가는 것 아닌가? 그 긱스러운 엘리트를 한국 사회는 어떻게 찾아낼 수 있을까? 아니 만들어낼 수 있을까? 고민은 점점 더 깊어만간다.

　새로운 인재 형태에 대한 고민은 잠시 접고, 한동안 밀린 회사 일에 몰두하다 문득 정신을 차리고 보니 어느덧 가을도 끝나가고 있었다. 그동안의 취재 결과들을 정리하며 점검을 하다보니 새삼 현대카드만의 논리와 규준점이란 게 얼마나 강력한지 새삼 되새겨볼 수 있었다. 그것이 바로 직관적이면서도 강력한 디자인과 브랜딩이 지금껏 유지되어올 수 있었던 비결이리라.

다만, 한편으로는 현대카드만의 그 강력한 논리와 규준점이 지난 10년 동안은 일관된 프로세스를 유지할 수 있게 하는 큰 힘이었던 반면, 앞으로는 어쩌면 새로운 시도를 가로막는 시스템적 제약이 될 수도 있겠다는 조심스런 걱정이 들기도 했다. 무엇보다 CEO가 떠맡아야 하는 업무영역, 판단영역이 너무나도 많았다. 정태영 사장과 때론 교감하고, 때론 새로운 발상을 떠올리는 '카운터파트'라 불릴 만한 부서나 인물이 눈에 띄지 않았다는 것이다. 그렇다면?

내가 생각하기에 답은 어떻게 채용한 엘리트를 긱스럽게 전환시킬 것인가에 있다. 아직 취재가 진행중인 상태라 뚜렷한 결론을 내기는 힘들지만, '현대카드판 바우하우스'를 만드는 것이 일종의 대안이 될 수 있지 않을까 생각한다. 현대카드가 스스로의 콘텐츠를 만들고 교육하거나, 구성원들에게 전파할 수 있는 부서 말이다. 콘텐츠 교육, 현업의 역량을 강화하는 새로운 디자인(또는 마케팅 툴) 개발, 더 나아가 새로운 미래 먹을거리의 창조로까지 나아갈 수 있는 그런 공간 말이다. 그것은 현재 존재하는 부서(이를테면 디자인랩)를 강화하는 것일 수도 있고, 콘텐츠팀 등 작은 단위를 실험적으로 운영해보는 것일 수도 있다. 아니면 콘텐츠 커리큘럼과 교육을 담당하는 기구를 만드는 것일 수도 있다.

이를테면 바우하우스에서 요하네스 이텐과 바실리 칸딘스키, 파울 클레의 예술이론이 단순한 교육에 그치지 않고, 기하학적 형태와 삼원색을 강조한 실습을 거쳐 실질적인 공예작업과 맞물려 바실리 의자 등 현대 산업디자인의 시초가 된 전설적인 제품들을 탄생시킨 것처럼, 현대카드 또한 엘리트들에게 긱스러워질 수 있는 토대를 제공하고, 각 부서의 역량을 지원 또는 백업할 수 있는 툴을 만들어내며, 더 나아가 그런 성과를 축적 또는 발표하

고, 앞으로의 10년을 개척할 새로운 영역까지 개발해내는 것이라면……

교육의 영역까지 일개 기업이 떠맡아야 하느냐는 항변이 당연히 나올 수 있다. 허황돼 보일지 모르겠지만 내 주장은 어찌 보면 실용적인 측면을 강조한 것이다. 어차피 미국이나 유럽처럼 긱스러운 인재들이 배출될 수 없는 사회구조라면 기업 내에서 그들을 긱스럽게 키워볼 수 있지 않겠느냐는…… 아니면 현재는 물론, 가까운 미래에도 자신만의 콘텐츠로 세상을 깜짝 놀랠 최선두 기업일 것이 분명한 구글의 극비 프로젝트 부서 '구글X'를 현대카드 식으로 적용해보는 것은 어떨까?

그러고 보니 얼마 전 사석에서 만난 현대카드에 지극히 관심이 많다는 한 브랜딩 전문가가 내게 이런 질문을 던진 적이 있다. "현대카드에는 분명 새로운 영감, 또는 새로운 시도만을 기획하고 실행하는 부서가 있죠? 이를테면 구글X처럼요." 그런 부서는 존재하지 않는다는 내 말에 그는 몇 번이고 되물었다. "설마요. 그럼 그 무수한 깜짝 시도들은 도대체 누가 기획하는 건가요?" 답은 간단하다. 현대카드에서는 사실상 정태영 사장이 그런 부서의 역할을 떠맡고 있다. 물론 디자인랩의 이미지네이션팀이나 홍보 라인에 콘텐츠팀을 따로 구성한 적도 있었지만 큰 힘을 발휘하지 못한 채 폐지되고 말았다 한다.

딱 현대카드스러운
신입사원과의 인터뷰

드디어 2014년 현대카드 공채 모집과정이 완료되었다. 올해의 신입사원 모집 결과는 (애초부터 의도한 것은 아니지만) 인턴 출신과 온전한 공채 출신의 비율이 5대 5 정도라고 했다. 인턴 출신이 많다고 해서 꼭 전형과정이 역동적이라 볼 수는 없겠지만 인턴 경험을 마친 뒤 현대카드 직원이 된 비율이 역대 최고 중 하나인 해인데다, 새롭게 바뀐 공채 시험방식이 적용된 첫해인지라, 앞으로 현대카드의 인력 관리방침이 어떻게 바뀌어나갈지 대강이라도 가늠해볼 수 있는 시금석이 될 것 같았다.

올해 현대카드에 입사하게 된 신입사원을 인터뷰해보기로 했다. 아무래도 바깥에서 본 현대카드와 입사 후 체감한 현대카드 사이에는 미묘한 차이가 있지 않을까 싶기도 했다. 연수를 마치고 현업에 배치받은 지 이제 한 달 남짓 되었다는 전략기획본부 경영혁신실 소속 이지윤 사원. 관련 자료만 훑어봐도 딱 '현대카드스러다운' 인재라는 것을 한눈에 알 수 있었다. 대학을 다니는 동안 컨설팅이나 기업의 전략을 짜는 파트에서 일하고 싶다는 목표를 일찌감치 정한 뒤, 세계 굴지의 컨설팅업체 한국지부에서 인턴 경력을 쌓는 등 만반의 준비를 한 끝에 입사에 성공했다. 무엇보다 현대카드에 입사하고 싶은 대학생들의 기대치가 최고치를 찍고 있는 요즘, 스스로 생각하는 합격의 비결이 궁금했다.

"솔직히 말씀드리면 면접과정에서 제가 특별하게 잘했다고 생각되는 지점은 별로 없어요. 오히려 당황했던 대목이 많아요. 임원 면접이었던 걸로 기억하는데 면접관께서 '(현대카드는 논외로 하고) 브랜딩과 혁신 측면에서 뛰어나다고 생각하는 기업이 있느냐?'고 묻는 거예요. 저도 현대카드에 입사하기 전까지 여기저기 면접을 꽤 많이 봤지만 보통은 그렇게 물어보지 않거든요. '우리 회사의 장점과 단점이 뭐라고 생각하십니까?'라고 물어보죠. 여하튼 당황해서 이것저것 막 떠올렸는데 애플밖에는 생각나지 않더라고요. (웃음) 미리 고민했었더라면 차라리 요즘 핫한 테슬라를 이야기했을 텐데. 그래도 당황한 것처럼 보이지 않으려고 노력했어요. 어찌되었든 브랜딩과 혁신이라는 화두에 대해서는 평소에도 고민을 꽤 많이 했으니까요. 이즈음 '잘

하면 합격하겠다'는 확신을 처음으로 가지게 되었던 것 같아요. 적어도 흐름은 꽤 좋다는 생각이 들었으니까요. (웃음)"

이지윤 사원은 면접관들의 태도와 5단계까지 이어지는 면접과정은 분명 다른 기업에서는 경험해보지 못한 독특한 것이었다고 평가했다. 그 대표적인 과정이 바로 구조화 면접. 예를 들어 면접자에게 리더십 경험을 하게 한 뒤 특정한 각도의 질문을 끊임없이 던지는 방식이다. 결국 본인이 실제로 경험한 바나 평소 치열하게 고민하던 생각이 아닌 것들은 가차없이 걸러지게 된다. 물론 일부 다른 회사에서도 비슷한 형태의 면접과정은 겪어본 적이 있지만 지원자의 출신과 성향에 상관없이 동일한 패턴의 질문을 집요하게 던지는 현대카드 특유의 엄밀한 디테일은 정말 인상적이었다고 회상했다.

"저 같은 경우에는 입사 전부터 하고 싶었던 일이 분명한 편이에요. 대학교 2학년 때부터 관련 학회활동을 했을 정도로 목표가 명확했죠. 예를 들어 브랜딩에 관심이 있다면 당연히 공모전 경력을 최우선으로 치겠지만 전 컨설팅과 전략에 관심이 많기 때문에 컨설팅회사 세 곳에서 인턴 경력을 치열하게 쌓았어요. 이런 노력들이 어필할 수 있었던 것 같아요. 사실 다른 회사 면접을 볼 때는 잘 못 놀 것 같다는 이야기를 꽤 들었는데 실제로는 그렇지 않거든요. (웃음) 여행도, 콘서트도 꽤 좋아해요. 면접을 볼 때 프로페셔널한 프레젠테이션은 어차피 저희에게는 잘 어울리지 않는다고 생각했어요. 대신 밝고 자신감 있고 편해 보이는 애티튜드로 접근하자고 생각했죠. 그게 현대카드다울 거라는 확신이 있었어요."

이지윤 사원은 입사 후 가장 인상 깊었던 경험으로 '잡셀링'을 꼽았다. 잡셀링은 현대카드 특유의 '커리어마켓'의 연장선에 있다. 연수 기간중에 잡셀링 기간을 설정해 각 부서의 본부장 및 실장 들이 자신의 부서에 대해 브리핑을 한다. 물론 TO가 있는 부서의 경우에 한한다. 연수 기간 동안 지원자는 가고 싶은 부서에 대해 탐구한 뒤 1지망부터 3지망까지 써서 제출한다. 당연히 해당 부서에서도 신입사원들을 평가한 다음 자신의 부서에 맞을 거라고 생각되는 인력을 3순위까지 제출한다. 최종적으로 양쪽의 지원서를 받은 커리어개발팀이 매칭해 부서 결정을 완료한다. 인사에 대해 '쿨'한 현대카드의 기조는 신입사원에게도 똑같이 받아들여진 듯했다. 실제로 한 지원자는 브랜드본부가 올해에는 TO가 하나도 없었는데도 불구하고 과감하게 포트폴리오를 따로 준비해 1지망으로 제출했다고 한다(결국 다른 부서에 배치되었지만).

"마침 전략기획본부 실장님 한 분이 설명을 하러 오셨어요. 전 처음부터 전략 쪽을 생각하고 있었기 때문에 어떻게든 어필을 해야겠다고 생각했죠. 그래서 나가시는 길을 따라가 엘리베이터 문 앞에서 제가 누구인지 소개하고 반드시 그 부서로 가겠다고 인사를 드렸죠. 피식 웃으시더라고요. 그런 노력 덕분인지는 모르겠지만 최소한 저는 원하는 회사의 원하는 부서에 배치를 받게 된 행운아라고 볼 수 있을 것 같습니다. (웃음)"

이지윤 사원과 인터뷰가 끝난 뒤 HR실의 담당자는 아직 보완해야 할 부분이 꽤 있다는 첨언을 해주었다. 부서와 신입사원이 각각 원하는 방향으로 매칭을 하려고 최대한 노력하지만 인기 있는 부서와 그렇지 않은 부서의 격차가 현실적으로 존재하기 때문에 모든 이가 원하는 방향대로 부서 배치가 이뤄지진 않는다는 것. 그러고 보니 지난번 평소 친분이 있었던 경력사원에게 바깥에서 본 현대카드와 실제로 일하면서 겪는 현대카드와의 격차 때문에 고민하는 직원들이 꽤 있다는 이야기를 들은 기억이 어렴풋이 떠올랐다. 밖에서는 화려하고 대단해 보이는 다양한 브랜딩 활동에 대해 이질감을 느끼는 직원들도 꽤 존재한다는 이야기였다. 굳이 따지자면 현대카드의 빛과 그림자라고 해야 할까. 외부인인 나로서는 명확한 결론을 내리기가 쉽지 않은 사안임이 분명했다.

'현대카드스럽다'는 것

———

어느덧 늦가을을 넘어 초겨울로 향하고 있었다. 내게 주어졌던 마법과도 같은 특별 출입증의 시효가 거의 막바지에 이르렀다(사실 추가 취재를 위해 2015년 봄까지 연장되긴 했다). 과연 지난 1년 동안 나는 무엇을 보고, 느끼고, 경험했던 것일까. 세세한 디테일 하나하나까지 기록하기에는 너무 방대한 시간이기도, 아니 솔직히 언제 이렇게 흘렀는지 실감하기 힘들 정도로 짧은 시간이기도 했다. 이제 내게는 시간이 거의 없다. 가능하면 앞으로의 10년을 예견, 또는 짐작할 수 있는 생생한 현장을 방문하는 것으로 취재를 마무리하리라 마음먹었다.

가장 먼저 찾아간 곳은 브랜드2실 김재환 실장의 사무실이다. 브랜드2실은 현대카드 내에서 '독이 든 성배'라는 농담 섞인 뒷이야기를 듣는 자리다. 슈퍼콘서트, 컬처프로젝트, 라이브러리 프로젝트 등을 총괄하는 곳인지라 지금껏 쟁쟁한 인물들이 이 자리를 거쳐갔지만 보람과 명예가 큰 만큼 스트레스와 데미지 또한 엄청난 자리이기 때문이다. 김재환 실장은 기업문화 팀장으로 일하다 '심플리피케이션' 화두를 적극 실현시킨 공로를 인정받아 30대의 나이에 파격적으로 현대카드의 스페이스마케팅을 비롯한 브랜딩을 관장하는 자리에까지 올라섰다.

　　사실 지금껏 실장들의 사무실을 꼼꼼하게 관찰해본 적은 없었다. 미팅은 주로 회의실이나 로비에서 했고, 사안들이 논의되는 현장에서 짧게 질문을 던지는 정도였기 때문이다. 김재환 실장에게 사무실에서 만나고 싶다고 했더니 흔쾌히 "좋다"는 답이 돌아온다. 이미 서두에 서술했다시피 현대카드는 사무실 공간과 구성에서조차 지극한 합리성과 모던성을 추구한다. 회의실과 사무실은 각 층 양쪽 끝에 정확히 같은 사이즈로 배치되어 있다. 언제든 서로 용도를 바꿀 수 있다. 다른 실장 또는 본부장 들과 마찬가지로 김재환 실장 또한 책상과 뒤의 책장이 깨끗하기 이를 데 없다. (다른 실장 한 명은 내게 "언제 짐을 싸거나 자리를 옮겨야 할지 몰라서 가능하면 개인 사물을 갖다두지 않으려고 한다"는 농담반 진담반 이야기를 한 적이 있다.)

　　한 가지 눈에 띄는 것은 바깥에서 볼 수 없도록 안쪽으로 돌려진 이동식 화이트보드에 포스트잇이 20여 개 나란히 열을 맞춰 붙여져 있었다는 점. 저게 뭐냐고 묻자, 슬며시 웃음을 짓던 김실장은 현재 자신의 브랜드2실에서 진행 또는 준비중인 프로젝트라고 설명한다. 아, 테이트모던과의 협업, 봉평장에 이은 전통시장 활성화 프로젝트, 국내 최고 학부 인문대와의 MBA 과정 협의, 뮤직라이브러리, 푸드라이브러리에 이르기까지 과연 하나만 공개해도 세상이 깜짝 놀랄 만한 대형 프로젝트가 20여 개나 화이트보드에 줄줄이 붙어 있었다. 물론 다른 부서와의 협조 업무도 상당했지만 어찌되었든 그 모든 사안들의 진행 상황이 이달 안에 체크되어야 한다고.

　　아니나 다를까, 김재환 실장의 표정은 그야말로 피곤에 '쩔어' 있었다.

하지만 본인은 버틸 만하다고. 일이 너무나 즐거운데 자신의 역량이 부족한 것이 한탄스러울 뿐이라고 이야기하고 있었다. 그 20여 분 사이에 수시로 울리는 전화와 컴퓨터 모니터에 뜨는 새로 수신한 이메일과…… 오늘 저녁엔 퍼플하우스 개선 프로젝트 때문에 서울의 '핫'한 바를 아홉 군데 정도 돌아보고 인테리어와 술의 종류, 안주 등을 체크하기로 했다고 한다. 그리고 모레에는 밀라노, 마드리드, 파리를 잇는 1주일간의 출장을 떠나야 한다고. 전통시장 부흥 프로젝트가 봉평장에 이어 새로운 지역에서 시작되기 때문에 전 세계의 전통시장 부흥 사례를 모으러 가야 한다고. (다행히 출발 직전에 다른 담당자가 참여하기로 하면서 한시를 놓게 되었다고 한다.) 정태영 사장이 항상 "탑투더보텀 방식의 스피디한 업무체계를 갖고 있는 현대카드에서 임원들은 그야말로 죽기 살기로 일해야 한다"고 농담처럼 이야기했던 건 결코 과장이 아니었다. 바로 이 본부장과 실장 들의 사무실이야말로 현대카드의 최전선, 곧 전쟁터다.

다음날, 이미영 브랜드본부장과 이정원 디자인랩 실장 및 관계 부서원들이 참석하는, 현대캐피탈의 새로운 팸플릿과 브로슈어 리뉴얼 논의과정을 참관할 수 있었다. 피상적으로 보면 새로운 팸플릿의 디자인 또는 문구, 픽토그램 등을 결정하는 실무 작업으로 보일 수도 있겠으나, 내게는 꽤 흥미로운 논의의 장으로 다가왔다. 무엇보다 그동안 '현대카드스러움'이라는 게 무채색, 모던함 등 다소 추상적인 차원에서 구성원들에게 설명되고 또 이해되었다면, 좀더 객관적인 정의를 내리기 위해 디자인랩 직원들을 포함한 많은 이들이 노력하고 있다는 것을 캐치할 수 있었다.
　　"3개월 전만 하더라도 각자 머릿속에 있는 현대카드스러움에 대한 느낌으로부터 논의가 시작되었기 때문에 항상 오류 가능성을 갖고 있었던 것 같아요. 그래서 이제는 심플, 볼드, 로직이라는 세 가지 기준을 바탕으로 1번(가장 현대카드스러운)부터 7번(가장 현대카드스럽지 않은)까지 수치로 구분해서 설명한다면 좀더 명확해지지 않을까요?"

아하. 명쾌한 방식이었다. 나 또한 매거진 표지나 화보를 놓고 좋고 나쁜지를 설명할 때 애매한 경우가 종종 발생해 난감했던 적이 많다. 만약 담당 에디터가 "이거 참 예쁘지 않아요?"라고 무턱대고 얘기해버리면 각자의 머릿속에 떠오르는 '예쁘다'는 기준이 다를 경우 마찰이 생기거나 애매해져버리기 십상이었다. 물론 디자인의 아름다움이나 명확성 등을 수치로 정확하게 구분하는 게 쉽지는 않겠지만 최소한 오류 가능성은 줄여줄 수 있을 것이다. "이 리플릿의 경우 현대자동차그룹 내에서만 유통되는 브로슈어이기 때문에 의미를 빨리 알기 힘든 일러스트 대신 자동차의 실제 이미지나 실제 계약서의 이미지 등을 쓰는 게 어떨까요? 현대카드답다는 기준으로 보면 4번 정도 되겠지만요……"

심플과 로직은 현대카드가 포기할 수 없는 기본원칙이라고 보았을 때 주된 변화는 주로 '볼드' 쪽에서 펼쳐질 거라는 예상이 들었다. 강하게 포인트를 더 두느냐, 아니면 조금 더 무난하게 가느냐. 역시나 책자를 3단으로 구획했을 때 큰 원을 그려서 제목 및 본문, 이미지의 배치가 황금비율에 따라 이뤄지도록 기본 디자인은 변함없이 진행되고 있었고, 여기에 무난한 A4 사이즈로 가느냐, 현대카드가 주로 쓰는 세련된 H4로 가느냐 정도가 논의의 포인트였다. 사실 단순히 결과만 놓고 본다면 일반인의 시선에서는 크게 차이가 없을지도 모른다. 하지만 현대카드 사옥을 투어한 외부인들이 직관적으로 '무언가 확실한 임팩트를 주는 건물'이라는 느낌은 받지만, 정확히 그게 무엇인지는 쉽게 꼽지 못하는 것처럼, 단순한 인쇄물 하나만 놓고 보더라도 왜 이렇게 디자인되어야 하는지 논리가 분명한 결과물은 결국 결정적인 차이를 만드는 법이다. 이것이 바로 모든 버튼의 위치가 황금비율과 논리에 따라 완벽하게 세팅되어 있는 애플이 여타 휴대폰들과 확연한 차별점을 구축하고 있는 요소이며, 로고를 굳이 강조하지 않아도 현대카드가 만든 제작물은 그 누가 봐도 '현대카드의 것'이라고 인지할 수 있는 이유인 것이다.

2세대 컬처마케팅의 대표주자, 라이브러리 프로젝트

며칠 후, 이번에는 브랜드본부 소속 본부장, 실장, 팀장 들이 다수 참여하는 '뮤직라이브러리' 목업(제품 디자인 평가를 위해 만드는 실물 크기의 모형) 체크과정을 참관하게 되었다. 2015년 5월 오픈 예정이지만 이미 6개월 전부터 목업까지 만들어가며 디테일한 체크가 한창이었다. 뮤직라이브러리의 실무를 주도하고 있는 인물은 류수진 팀장. 그녀 또한 현대카드 2세대를 대표하는 인물 중 한 명이다. 1세대 컬처마케팅의 대표주자가 '남다른 TV 광고'와 '슈퍼콘서트'였다면 2세대는 확실히 '라이브러리'일 터다. 류팀장은 현대카드의 최전선에 위치해 있는 이 라이브러리 프로젝트의 전 과정을 디자인라이브러리 당시 실무직원으로 출발해 온몸으로 겪어 팀장 자리에까지 오른 인물이다. 회의실에 들어서니 실제 뮤직라이브러리에 설치될 서가와 똑같은 사이즈의 목업이 눈앞에 놓여 있었다. 흠칫 놀랐다. 목업이라기에 책상 위에 작은 모형을 두고 최종 점검하는 줄 알았는데 역시 현대카드는 사이즈가 남다르다. 회의 시작 전 류팀장이 웃으면서 슬쩍 설명을 해준다.

"목공소에 가서 실제 사이즈로 며칠 만에 뚝딱 직접 짰어요. 책을 꽂는 것과는 달리 LP를 시대별, 장르별로 꽂는 건 저희가 또 처음 해보는 거라…… 그리고 회의과정을 지켜보시면 아시겠지만 LP 분류에 있어 현대카드다운 방식을 도입해보려고 해요. 아무래도 실제와 똑같이 배치해보는 게 이해도 빠르고, 문제점 개선도 신속할 것 같아서요."

뮤직라이브러리에 소장되는 비닐vinyl레코드판과 희귀 도서의 규모가 무엇보다 궁금했다. 지난 두 번의 라이브러리 오픈과정을 지켜본 경험으로 봤을 때 역시 국내, 아니 세계 최고 수준의 비닐레코드를 갖춘 공간이지 않을까, 능히 짐작이 갔다. 역시나 맞았다. 1950년대부터 지금까지 발매된 각종 희귀 앨범을 포함해 총 1만 장이 넘는 LP(이중 70퍼센트는 이미 절판된 탓에 전 세계 곳곳을 훑으며 사 모으는 데 1년도 넘는 시간이 소요되었다고 한다)를 입수했고, 전설의 『롤링스톤』 매거진 창간호부터 최근호까지 모두 1161권을 포함해(『내셔널지오그래픽』 때도 그랬지만 매거진사도 다 갖추고 있지 못한 전권을 보유한 곳은 세계에서 현대카드가 유일할 것이다) 3000여 권이 넘는 희귀 음악서적까지 갖췄다. 다만 조감도를 보니 이전 두 개의 라이브러리에 비해 전체 면적은 그리 넓지 않아 보였다. 언더스테이지라는 공연장을 준비하던 중 '라이브러리'가 현대카드 컬처마케팅의 중심으로 부상하며 뒤늦게 뮤직라이브러리를 추가 건설하는 논의가 시작된 탓도 있는 듯했다. 그럼에도 (비닐레코드의 작은 부피상 더더욱) 비틀스 초기 오리지널판, 롤링스톤스와 레드 제플린의 첫 앨범 오리지널판 등 희귀판을 포함해 음악사에 의미 있는 웬만한 음반들은 모두 다 집결시켜 서가에 진열하기에는 충분한 공간, 충분한 넓이였다.

아무래도 본격적인 참관을 하기 전에 류수진 팀장에게 이렇게 방대한 LP를 모을 수 있었던 노하우를 물어보는 게 먼저인 듯싶었다. 그녀는 어느덧 디자인·트래블라이브러리를 거치며 "이제 세계의 웬만한 도매상, 소매상을 다 알기 때문에 서점을 해도 잘할 것"이라며 농담을 하는 베테랑이 되었다.

"전체 비율은 미국에서 40퍼센트, 유럽 40퍼센트, 일본 20퍼센트 정도 될 거예요. 세계 유수의 큐레이터들과 같이 작업했죠. 그런데 책보다 LP는 더 어렵더라고요. 아무래도 LP는 사양, 아니 멸종산업이었다가 최근에야 다시 기사회생한 거잖아요. 이미 절판된 상태라 대형 레코드점에도 없는 게 너무 많았어요. '러프트레이드'라고 아시죠? 뉴욕과 런던에도 지점이 있는 세계 최대의 레코드숍인데 예를 들어 1000개 정도 오더를 내잖아요? 그러면 한 100개 정도 간신히 찾아서 배송을 해주더라고요. 물론 우리가 정말 찾기 힘든 레어 아이템만 주문해서 그런지는 모르겠지만…… (웃음)"

희귀 LP를 구하기 위한 현대카드 직원들의 노력은 눈물겨웠다. 이제 그야말로 서점을 넘어 레코드숍까지 열 수 있을 정도로 전 세계 모든 구매 루트를 완벽하게 개척해냈다. 희귀 LP를 사고파는 전 세계 웬만한 딜러쇼를 모두 훑는 것은 기본. 추수감사절이라 미국 딜러들이 영업하지 않을 때는 일본을 중심으로 뒤지는 등 세계를 훑었다. 그래도 구하기 힘든 희귀 앨범은 개인들과 접촉해 구매하는 초강수까지 두었다. 배송도 쉬운 일이 아니었다. 열과 무게에 약한 비닐의 특성상 30개만 같이 묶어서 나르려고 해도 금세 휘거나 손상되었다고 했다. 세계적으로도 이렇게 대단위의 LP를 단기간에 배달하는 경우가 없다보니 현대카드에서 배송방법까지 개발해야 했다. 결국 미국 LA에 있는 아메바라는 세계 최고最古의 업체와 함께 LP 대규모 수송방법을 찾아낼 수 있었다.

"사실 뮤직라이브러리에는 당연히 비닐레코드가 소장되어야 한다는 전제하에 열심히 찾아다니다보니 LP가 다시 음악의 중심으로 회귀하고 있다는 트렌드까지 읽게 됐어요. 라이브러리라는 아날로그 감성과 딱 맞아떨어지는 아이템이라는 확신도 갖게 됐고요. 참, 그거 아세요? 아이튠스와 같이 성장한 음악시장은 디지털을 제외하고는 유일하게 LP밖에 없더라고요. 앞으로 이런 지점들을 어떻게 스토리텔링으로 풀어나갈지, 어떻게 뮤직라이브러리의 자산으로 만들어나갈지 계속 고민중입니다."

　　이제 본격적으로 목업을 체크할 시간이다. 원리는 간단했다. (아니 간단
하진 않았고 심플했다. 현대카드답게.) 문제의식은 여기에서부터 출발했다. 지금
까지 모든 레코드숍과 도서관 들은 아카이빙을 오직 장르로만 분류해왔다. 그
런데 현대카드는 여기에 한 가지를 더하고 싶었던 것이다. 장르별로 음악을
찾는 것에 더해, 각 시대별로 어떤 장르가 유행했는지 그 시대적 맥락까지 관
람자가 직관적으로 이해하면서 레코드판을 찾게 하겠다는 것. 그러니까 보통
장르별로 들어가면 알파벳순으로 아티스트 이름을 찾아 원하는 LP를 찾게 되
어 있다면, 각 장르에 색깔(이를테면 록은 파란색)을 부여해 한 발짝 뒤에서 서
가 전체를 조망하면 1950년대에는 재즈가 음악의 중심이었다는 것, 1980년
대에 부흥했던 팝이 이후 자취가 거의 사라지다시피 하고, 20세기 후반 들어
사실상 음악계를 힙합이 점령하다시피 했다는 것 등을 종합적으로 이해하며
음악을 감상할 수 있는 것이다. 일종의 색깔별 이퀄라이저가 서가에 새겨진
셈이다. 여기에 중간중간 희귀 앨범들은 커버 정면이 드러나게 배치해 주목
도를 높이도록 했다.

　　이와 관련한 내용들을 점검하는 회의는 결코 조용하지 않았다. 이용자
들이 옆으로 나란히 꽂혀 있는 LP판을 찾다가 희귀판을 모아놓은 섹션에서
상자를 앞으로 빼야 한다는 것을 직관적으로 이해할 수 있을까? 혼동을 느끼
지는 않을까? 반납에 대한 고려가 보이지 않는다, 장르별 구분을 위해 부착
한 라벨이 책과는 달리 잘 보이지 않을 것 같은데 그 대안은 무엇인가? 1960
년대와 1970년대에 거대한 흐름을 보이다 그 영역이 후대로 갈수록 줄어드
는 록의 역사 탓에 이퀄라이저의 파란색 흐름이 갑자기 끊긴 것처럼 보여 이
후 시대의 록 음반을 찾는 게 어려울 것 같다, 사실 편리하게 음반을 검색할
수 있는 시스템은 아니다, 맞다, 하지만 그게 바로 의도다, 마치 뮤직라이브

러리라는 우주를 부유하다 느닷없이 빛나는 앨범과 조우하는 느낌이 이 공간에 더 어울릴 것이다. 하드커버가 손상될 수 있어서 비닐 커버를 씌워놓았다는데 그럼 LP를 빼느라 더 불편한 것 아니냐. LP 커버는 원래 세월에 따라 낡아가는 것이 맛이다. 그럼에도 대규모 이용객이 이용할 경우 파손을 방지할 기본 방안은 있어야 한다. 등등.

실제로 목업 위에 LP판을 꽂아보고, 상자를 밀었다 넣었다 해보며 구체적으로 토론을 진행하고 있는 시끌벅적한 분위기를 뒤로한 채 조용히 회의실 문을 닫고 나왔다. 지금 한창 공사중인 언더스테이지와 뮤직라이브러리의 실체를 확인하려면 적어도 내년(2015년) 3월은 되어야 한다. 공식 취재는 이것으로 종료되지만 적어도 뮤직라이브러리만큼은 회의 때 나왔던 사안들이 어떻게 반영되었는지, 어떤 식으로 심화 발전되었는지를 두 눈으로 꼭 확인하고 싶다는 욕구가 강하게 밀려왔다.

1층으로 내려와 어느덧 차가워진 저녁 공기를 들이마시고 내뱉으니 하얀 김이 뿜어져 나온다. 문득, 위쪽으로 시선을 돌리니 하얀색 입방체, 하늘을 향해 날카롭게 치닫기보다는 넓이와 높이가 비슷해 오히려 편안한 느낌을 주는 현대카드 사옥은 여전히 그대로다. 아니, 크리스마스를 앞두고 겨울에도 여전히 무성한 갈대밭에는 높이가 3미터는 될 듯한 빨간색 테디베어 장식이 무채색 주위 풍경에 새로운 포인트를 주고 있었다. 마치 2년 전, 처음 이곳에 발 디딜 때의 설렘과 비슷한 심장 박동소리를 느끼며 조용히 1관과 2관 사잇길을 걸어나왔다. 저기 아스라이 하얀색 입방체가 조금씩 멀어지고 있다.

현대카드의 꿈과 로망이 집적된 공간, 카드팩토리

공식취재 일정은 끝났지만 여전히 현대카드에는 한 달이 멀다 하고 새로운 프로젝트, 새로운 일정 들이 속속 생겨나고 있었다. 맞다. 인정한다. 취재가 다 끝났다고 해서 순순히 골방에 틀어박혀 녹취나 풀고 원고나 차분히 정리하고 있기에는 나의 관찰대상이 극히 역동적인 곳이라는 사실을. 2015년 들어서도 직접 두 눈으로 보지 않고서는 참을 수 없을 것만 같은 굵직한 프로젝트들이 줄줄이 이어지고 있었다. 그중 몇 가지는 집필을 잠시 중단하고서라도 바로 확인하지 않으면 못 참을 만큼 매혹적이었다.

첫번째 후속 관찰대상은 바로 카드팩토리. 아, '카드'와 '팩토리'의 조합이라니. 그 이름만 들어도 현대카드의 꿈과 로망이 집적된 공간일 거라는 짐작이 갔다. 이번에도 역시 안내자는 인프라서비스팀 정우용 과장. 카드팩토리는 큰길 건너에 있는 건물 하나를 새로 매입해 한창 리뉴얼 작업중인 제3사옥 내부에 설치되고 있다고 했다. 오래간만에 현장에 복귀한 탓으로 무뎌진 감도 가다듬을 겸, 거대한 '카드공장'을 둘러보기 전에 소품(?)을 먼저 일별해보기로 했다. 공사가 거의 마무리되었다는 '스트리트 프로젝트'의 직원 전용 바버숍과 네일숍을 말하는 것이다. 2014년 5월 콘셉트가 처음으로 제시되었던 스트리트 프로젝트가 어느덧 2015년 봄 거의 완공 단계에 이르렀다.

"(직원들을 위한 다양한 편의시설 계획안 중에) 처음에는 마사지숍에 대한 이야기도 있었는데 아무래도 일하다가 받으러 오기에는 한계가 많다는 판단이 들어 바버숍과 네일숍으로 최종 확정되었습니다. 여기에 사내 방송용 콘텐츠를 제작하는 스튜디오까지 해서 일단 세 곳을 오픈할 예정입니다. 반응을 보고 차후 카테고리를 더 늘려갈 계획인 것 같고요."

이번 스트리트 프로젝트는 오랜만에 겐슬러(미국 어바인사옥을 비롯해 대다수 해외 사옥의 설계를 맡은 건축회사)에서 맡았다. 내부 공사까지 사실상 마무리된 상태였고 미리 신청한 직원들을 대상으로 테스트를 진행하는 중이었다. 공간은 정확히 딱 절반으로 나뉘어 한쪽은 빈티지한 느낌이 강한 바버숍, 반대쪽은 화이트 톤에 블링블링한 디테일이 가미된 네일숍으로 구성되어 있었다. 바버숍에 먼저 들어가보았다. 요즘 한남동에서 가장 '핫'한 곳 중 하나인 헤아에서 위탁 운영을 할 계획이라고 했다. "처음엔 한국 회사에서 설계를 진행하다가 결국 겐슬러로 바뀐 건 위트 있으면서도 세련된 디테일에 강한 회사이기 때문입니다. 내부를 쭉 둘러보면 아시겠지만 바버숍은 전통적인 분위기에 모던한 느낌을 덧붙인 콘셉트입니다. 옛날 바버들이 칼을 갈던 가죽이라는 요소가 곳곳에 배어 있어요. 더 재미있는 요소는…… 바로 남자의 공간과 여자의 공간을 가르는 저 벽입니다."

가까이 다가가서 보니, 어렴풋이 네일숍이 들여다보였다. 오오, 이거 꽤 야릇하다. "재미있는 건 저쪽에서는 이쪽이 보이지 않는다는 거예요. 훔쳐보기라는 원초적 본능을 위트 있는 디자인 요소로 활용한 거죠. 타일을 활용한 최첨단 기술을 동원한 거고요. 또다른 요소는 지극히 전통적인 오브제에서 착상한 거예요. 저기 걸려 있는 고풍스러운 전화기를 들면 여자 쪽과 이야기를 할 수 있어요. 'Speak easy'라는 이름을 붙였습니다. '달링 로마'라는 이 서랍 형태 장식은 (벽을 뚫고) 저쪽과 또 연결되어 있거든요. 이쪽에 러브레터를 슬쩍 넣으면 저쪽에서 열어 (누가 쓴지 모르는) 레터를 읽어보게 되어 있습니다. 이런 위트 있는 디자인 요소가 곳곳에 있어요."

가운데를 가르는 벽 한구석의 문을 열고 네일숍 쪽으로 가니 현대카드 여직원 세 명이 아무것도 모르는 표정으로 쾌활하게 손톱 정리를 받고 있었다. 과연 겐슬러의 의도(?)대로 직원들의 편의를 위한 이 공간은 '사랑이 꽃피는 나무' 역할을 하게 될 것인가. 역시, 현대카드 직원들이 남다른 회사를 다니고 있는 것만큼은 분명해 보인다.

곧바로 큰길 건너 제3사옥으로 발걸음을 옮겼다. 해외에서와는 달리, 서울에서는 현대카드가 원하는 콘셉트의 지역이나 건물을 고르기가 매우 힘들다는 것은 꽤 아쉬운 대목이다. 그나마 기존 사옥의 경우 쌍둥이처럼 나란히 배치되어 있을 뿐 아니라 입방체에 가까워 모던해 보이는데, 제3사옥은 위치와 주변 환경 등에서 여건이 불리했다. 과연 현대카드가 이 난점을 어떻게 극복할지도 주요한 관전 포인트겠다. 정면에서 바라보니, 역시 현대카드 사옥이라는 것을 한눈에 알아볼 수 있었다. 비슷비슷한 높이의 건물들 사이에서도 (그리고 아직 공사중인데도 불구하고) 직관적으로 이곳은 '현대카드의 공간'이라고 알아볼 수 있게 하는 수단은 역시 모던함과 심플함. 어설프게 모던의 향취를 입히려 하다보니 불분명한 콘셉트에, 하나같이 어두운 빛깔의 외벽을 하고 있는 주변 건물들과 달리, 눈이 부시도록 선명한 하얀색으로 전면을 칠했다. 여기에 선명하고 또렷한 현대카드의 로고가 얹히니 로고의 크기가 거대하지 않아도(아니, 오히려 크기가 작아서) 더 또렷하게 주목을 끌고 있었다.

로비에 들어서자마자 이곳은 서울에 존재하는 기존 오피스빌딩과는 확연히 다르다는 걸 단박에 알아챌 수 있었다. 전체 톤은 사뭇 다르지만 어렴풋이 어바인사옥의 이미지와 중첩되는 느낌이기도 했다. 1층과 2층을 뚫어 천장이 높이 열려 있는데다 특히 어바인에서 직원들이 모였다 흩어졌다를 반복하던 다이닝 공간을 규정했던 거대한 계단이 다른 버전으로 배치되어 있었다. 가만히 보니 리셉션이 1층과 2층에 각각 설치되어 있는 것도 특이했다.

"제3사옥은 기본적으로 IT 관련 부서들이 모여 있는 곳이에요. 특히 보안에 신경을 많이 쓸 수밖에 없죠. 1관과 2관의 경우 외부인들이 신분증을 맡기고 정해진 보안절차만 거치면 대부분 올라올 수 있어요. 그런데 IT 관련 핵심 사무실엔 외부인은 출입할 수 없도록 하려고 1층 데스크와 2층 데스크를 분리해놓았어요. 2층 데스크 앞에 3개의 룸 형태 회의실을 만들어놓은 것도 안으로 들어갈 수 없으니 외부 미팅은 여기서 하라는 의미인 거죠."

회의실 안에는 예전 임원층 리뉴얼 당시 본 적이 있었던 (마음대로 썼다 지웠다 할 수 있는) '월토커'가 설치되어 있었다. 1관과 2관에서 익히 보았던 '어디서든 쓰일 수 있는 소재와 방식이어야 한다'는 인테리어 원칙은 3관 구석구석에 똑같이 적용되어 있었다. 바닥에 쓰인 컬러시멘트 또한 마찬가지. 현대카드는 최소한 한국 건축주 중에서는 가장 선진적으로 최첨단 소재를 건축에 즐겨 반영한다. 그것도 단순히 장식용으로 사용하는 것이 아니라, 자신의 콘셉트를 확고히 하는 데 일조할 수 있는 소재만을 선별해 활용한다. 그 대표적인 소재가 바로 이 컬러시멘트다. 착색이 가능한 바닥을 통해 현대카드만의 세련되면서도 묵직한 감성을 만들어낼 수 있었다. 3관은 여기서 한발 더 나아갔다. 곳곳에 '구로철판'(공식용어는 열연강판)을 사용해 빈티지하면서도 세련된 느낌을 잘 잡아냈다. 지하 직원식당으로 내려가는 난간도 구로철판으로 제작돼 '험블한' 세련미를 더하고 있었다. 원래 설계회사에서는 철판 도장을 제안했는데 현대카드 내부 팀에서 치열한 논의 끝에 구로철판을 최종적으로 선택했다고 한다.

"잘 아시다시피 현대카드 사옥의 기본 콘셉트는 모던입니다. 기존 사옥에는 '비드'라는 은색 계열 소재를 많이 썼어요. 그러다보니 왠지 차갑다는 느낌을 많이 전달했던 게 사실입니다. 제3사옥을 설계할 때는 건축회사에서 험블한 느낌을 덧붙여서 너무 깔끔하게 마감하면 필연적으로 발생하는 차가움을 완화시키자는 의견을 냈어요. 구로철판도 그런 과정을 통해 새롭게 채택된 소재인 거죠."

1, 2관의 직원식당에는 진돈부리와 자니로켓이 입점해 있다. 그전에는 크라제버거, 부첼라 등이 입점했다가 나갔다. 아직 대중적으로 유명하진 않지만 새롭게 떠오르는 음식점을 주기적으로 선정하는 게 현대카드만의 방식이다. 제3사옥에는 메이루와 믹존스가 입점할 예정이다. 새로운 직원식당의 또다른 특징은 식사시간이 지나면 세미나를 진행할 수 있는 회의공간으로 탈바꿈한다는 데 있다. 구석구석에 프로젝터와 스크린 등이 내려올 수 있는 숨겨진 공간이 배치되어 있었다. 예전부터 갖고 있던, 이렇게 넓은 공간을 하루에 고작 두 시간밖에 이용하지 못한다는 것에 대한 문제의식에서 시작되었다고. 그리고 식당을 지나 다른 지하공간으로 가니 최첨단 스모킹라운지가 당당하게 그 위용을 자랑하고 있었다. 현대카드는 혐연권 못지않게 흡연권을 철저하게 보장하는 것으로 유명하다. 어차피 피울 담배라면 건물 밖에 쪼그리고 앉아 불쌍하게 피우지 말고 당당하게 피우라는 것. 본관 1층과 지하주차장이 연결되는 공간에도 완벽하게 환기가 되는 흡연공간을 만들어놓은 저력은 이 3관에도 그대로 이어졌다. 스모킹라운지 주변의 가구들이 왠지 낯익다 싶어 물어봤더니 역시나 지금은 폐쇄된 인천공항 라운지에서 사용하던 것들을 일부 옮겨왔다고 한다. 예전에 쓰던 가구들은 현재 파주 창고에 보관되어 있으며 콘셉트에 맞는 새로운 공간을 만들 때마다 재활용하고 있다는 것.

드디어 카드팩토리로 이동하는 길. 매캐한 페인트 냄새가 가득한 엘리베이터를 타고 9층으로 올라갔다. 카드팩토리로 연결되는 계단으로 가기 전에 눈앞에 나타나는 '트래픽 모니터링 센터Traffic Monitoring Center'에 먼저 들렀다. 하루 평균 370만 건에 달하는 현대카드의 거래 상황을 한눈에 파악할 수 있는 현대카드의 두뇌 역할을 하는 곳이다. 아직 절반밖에 완성되지 않은 모습이었지만 언뜻 보기에도 그 위용이 대단했다. 굳이 비교하자면 영화 〈스타트랙〉에 등장하는 우주선의 조종실 같다고 해야 할까. 모니터가 원형으로 빙 둘러 있는 모습이 그야말로 미래 도시의 한 풍경과도 같았다.

"원래는 일반인들이 드나드는 계단 위쪽 카드팩토리와 완전히 분리된 콘셉트였죠. 그런데 품평회를 하다보니 이 공간이 너무 멋있는 거예요. 사장님이 카드팩토리를 방문하는 고객이 실제로 현대카드가 어떻게 운영되는지를 직접 볼 수 있으면 얼마나 좋을까 하는 발상을 하신 것 같아요. 계단 쪽으로 이동하면서 이 멋진 풍광을 바라보며 마음속 가득 판타지를 품고 카드팩토리로 이동하는 동선을 짜게 된 겁니다."

몽환적인 느낌의 화이트 큐브가 무한 반복되고 있는 공간을 지나 드디어 오늘의 최종 목적지인 카드팩토리에 당도했다. 그곳은 말 그대로 공장이었다! 자동차공장에서 자동화 기계가 끊임없이 용접을 하고 도장을 하며 자동차를 만드는 것처럼, 카드팩토리 또한 자동화 기계가 다양한 형태의 현대카드를 직접 제작하는 것을 한눈에 볼 수 있도록 고안되어 있었다. 지극히 모던한 감성과 19세기 산업혁명시대 공장의 빈티지함이 동시에 녹아들어 있는 이곳은 '21세기형 카드공장'을 만들고자 하는 현대카드의 꿈과 로망이 완벽하게 침투되어 있는 공간이었다.

그러니까 이런 것이다. 고객이 카드를 신청하면 이곳에서 자동으로 하루 만에 완성된다. 그러면 고객에게 메시지가 발송된다. "카드가 발급되었으니 카드팩토리에서 수령하시기 바랍니다." 고객은 트래픽 모니터링 센터를 지나 몽환적인 복도와 계단을 걸으며 21세기형 카드공장에 도착한다. 카드를 수령하기 전에 실제 자동차공장에 설치되어 있을 것만 같은 철제 난간을 따라 라운지로 가서, 커피를 마시며 한가로이 동행인들과 잡담을 나눈다. 그동안 기계 팔이 카드를 뽑아와 컨베이어벨트에 가져다놓으면 자그마한 로봇이 카드를 취합해 '매거진'이라는 유닛에 착착 쌓는 모습 등 카드팩토리가 자동으로 움직이는 전 과정을 지켜볼 수 있다. 가족 단위 고객을 위해 어린이용 캐릭터카드나 기프트카드도 따로 개발할 예정이다.

　　몇 년 전 볼프스부르크에 있는 폭스바겐 아우토슈타트에 방문했을 때의 기억이 맞물려 떠올랐다. 폭스바겐의 고객들은 전 세계에서 일부러 자비를 들여 볼프스부르크까지 방문해 차를 수령하는 경우가 많다. 그곳은 일종의 자동차박물관이자 테마파크와도 같았다. 입구에서부터 어린이들이 미니 자동차를 직접 몰아보고 라이선스까지 딸 수 있는 체험공간이 있고, 폭스바겐 소속 브랜드(폭스바겐뿐 아니라 아우디, 람보르기니, 포르셰 등)의 역사적인 자동차들이 전시되어 있는 광대한 박물관이 곳곳에 세워져 있는데다, 독일 중산층 역사와 함께하는 폭스바겐의 운치 있는 영상물을 관람할 수 있는, 천장에 360도 스크린이 설치되어 있는 원형극장도 있다. 5성급 호텔뿐만 아니라 레스토랑 및 편의시설까지 완벽하게 갖춰져 있다. 최종적으로 높이 20미터가 넘는 투명 유리로 만든 차고지 꼭대기까지 엘리베이터를 타고 올라가면, 거대한 기계 팔이 자신이 구매한 자동차를 약 30여 분에 걸쳐 직접 꺼내 고객 앞에 갖다놓는 퍼포먼스까지 감상할 수 있다.

　　물론 현대카드 카드팩토리가 아우토슈타트의 규모에 비할 정도는 아니지만, 자신의 브랜드의 꿈과 로망을 고객에게 시각적으로 제시하고 실물을 직접 만져보게 하며 감성을 건드린다는 점에서 한국 브랜드로서는 가히 획기적인 출발선에 섰다고 평가할 만하다.

©Kyungsub Shin

아날로그적인 테마에
그토록 집중하는 이유

2015년 5월, 현대카드 라이브러리 프로젝트의 정수가 될 뮤직라이브러리 오픈이 코앞으로 다가왔다. 정태영 사장이 예전에 살짝 귀띔한 것처럼 사실 라이브러리 프로젝트가 처음부터 이렇게 장기적인 관점에서 기획된 것은 아니었다. 현대카드 스스로에게 무척이나 익숙한 '디자인'으로 시작해 대중적인 폭발력을 갖고 있는 '여행'에 이르기까지 줄곧 건물을 임대해 라이브러리를 건설했다는 대목은, 애초 이렇게 대규모 프로젝트로 발전하리라는 것을 당사자들도 온전히 예측하지 못했음을 보여준다. 한국 사회 거대 트렌드의 흐름과 발맞추어 결국 라이브러리 프로젝트가 '음악'에까지 가닿았다. 그다음 테마가 '푸드'로 결정되었다는 것에 비춰보면 디자인이라는 전문가적 영역에서 시작한 라이브러리 프로젝트가 점차 '대중적으로, 또 문화의 흐름에 따라' 그 외연을 넓혀가고 있다는 것을 파악할 수 있다.

이 대목에서 나는, 기대와 함께 은근한 걱정 또한 드는 게 사실이었다. 내가 1년 넘게 지켜 본 현대카드는 혁신적이면서도 새로운 발상의 콘텐츠를 지속적으로 세상에 제시하는 유연한 조직인 반면, 금융기업 특유의 신중함과 관리 위주의 완고함 또한 갖고 있는 기업이었다. 회원 중심의 브랜딩을 펼쳐나갈 때에는 이 두 가지 요소가 상충하지 않을 수 있다. 하지만 대중을 직접 상대할 때에는, 그리고 무엇보다 '음악'이라는 세상 모든 사람들이 좋아하고(최소한 좋아한다고 주장하고), 그중의 대다수가 자신만의 분명한 호오를 갖고 있는 영역일 경우에는 아무래도 충돌의 가능성이 존재할 터다. 이미 그 일례를 지난 시티브레이크에서 지켜본 바 있는 나로서는 계속 걱정을 할 수밖에 없었다. 더군다나 언더스테이지(뮤직라이브러리)가 오픈할 즈음 때마침 인디

뮤지션 지원을 캐치프레이즈로 내걸었던 '현대카드 MUSIC'이 공식종료되었다는 점도 대중에게 묘한 잔상을 남길 가능성이 있어 보였다. (언더스테이지라는 이름은 애초 언더그라운드 음악계 지원이라는 취지와 맞물려 착상되었다.)

　　이미 지난해, 본격 오픈하기 한참 전부터 이태원 앞 공사장을 드나들곤 했다. 아직 골격도 다 드러나지 않은 초기 단계라 이 공간이 어떤 모습으로 등장할지는 뚜렷하지 않은 상태였다. 그렇지만 아무런 정보가 없는 상태에서도 그 지정학적 위치에는 깊이 매료되었다. 한강진역에서 제일기획으로 가는 길을 따라가다보면 안이 전혀 들여다보이지 않도록 높은 펜스가 쳐진 공간이 나온다. 인상적인 것은 아무런 표식이 없건만 그 누구라도 한눈에 이곳은 현대카드의 공간이라는 것을 직관적으로 인식할 수 있다는 점. 공사의 첫 삽을 뜬 2010년까지만 해도 주변부로 인식되던 이 길은 1, 2년 전부터 이태원에서도 가장 '핫'한 공간 중 하나로 떠올랐다. 이 길이 가장 트렌디한 길 중 하나로 떠오르게 된 데에는 단 몇 퍼센트일지라도 현대카드가 자신의 역량을 총집결시킨 건축물을 세운다는 사실이 한 요소로 작용했음이 분명하다. 맞다. 이 프로젝트의 시원은 한참을 거슬러올라간다. 현대카드가 이 부지를 사들인 지 이미 5년도 넘었다. 아직 라이브러리 프로젝트가 지금처럼 명확해지기도 전이었다.

　　애초에는 이곳에 클래식 공연장을 지을 예정이었다고 한다. 프리츠커상 수상자인 카즈요 세지마에게 첫 설계를 맡겼는데 건물 전체를 통유리로 제작해 멀리서도 실내가 완전히 들여다보이는 거대한 규모를 가져왔다고 한다. 지나치게 높은 비용 때문에 세지마의 설계는 결국 취소되었다. 이후 여러 명의 건축가를 거치며 우여곡절 끝에 최문규 교수에게 이르러 설계는 최종 완성되었다. 공연장은 언더그라운드에 대한 존중의 의미를 담아 (그리고 지하로 깊게 공연장이 파고 내려가는 콘셉트라는 이중적인 의미까지 담아) 언더스테이지라는 이름을 갖게 될 거라고 했다. 밴드들이 자유롭게 공연하는 것은 물론, 연습실을 구하기 힘든 그룹들이 연습 및 녹음 등을 할 수 있는 시설까지 설치될 예정이라고 했다. 내부 인테리어는 최근 현대카드가 꽂혀 있는 브루클린 스타일에 부분적으로 빅토리아 왕조시대의 느낌이 녹아들 거라는 이야기가 덧붙었다. 지난해에 언더스테이지의 실체를 보지 못한 채 대략적으로 관계자에게 들은 설명은 여기까지. 세지마가 애초에 기획했던 것처럼, 지형과 건물의 공존을 위해 급격한 경사를 활용하는 콘셉트는 그대로 가져갈 거라는 이야기가 유독 머리 한구석에 깊이 남았다.

뮤직라이브러리 목업 테스트 이후 한동안 잊고 있던 언더스테이지가 드디어 직원들을 대상으로 하는 '테스트 오픈'에 들어간다는 연락이 왔다. 지금껏 도면을 통해 머릿속에서만 그려보았던 실체를 직접 보러 가는 길. 먼저 스페이스마케팅팀 류수진 팀장과 팀원들이 최종 마무리를 하는 현장 대책회의를 관찰해보기로 했다. 역시 현대카드의 마무리과정은 철두철미했다. 검토되고 논의되는 내용 중 극히 일부만 옮겨도 이렇다.

'내부 직원 중 지원자들에게 테스트 공개하는 일정은 총 3회 실시한다. 뮤직라이브러리 입구의 자동문이 열리는 데 시간이 3초나 걸린다. 최소 1초 이내로 줄여야 한다. 아니다, 센서가 지나치게 민감해 좀더 느리게 열리도록 하는 게 맞다. 아무래도 공연을 할 때에는 대기 줄이 길어질 수밖에 없다. 시큐리티를 세워야 할 텐데 너무 눈에 띄면 또 위압적이라는 느낌을 줄 수 있다. 트래블라이브러리의 경우 5명 단위로 끊어서 카페 또는 외부 벤치에 대기할 수 있었는데 이곳에서는 경사가 있는 슬로프에 서 있어야 한다, 그것에 대한 사전 공지 등이 필요하다. 언더스테이지의 입구는 아래쪽이고, 뮤직라이브러리는 언덕 쪽에 있어 줄이 서로 꼬이거나 엉뚱한 곳에서 사람들이 대기할 가능성이 있다. 인포메이션 글자와 디자인이 너무 작아 잘 보이지 않는다. 서가의 디깅박스를 열 때 아티스트순인지 앨범순인지 불명확하다. 레코드판을 대출하고 반납할 때 서가로 가기 전에 안내를 거쳐야 하는데 절차가 너무 많다. 대출절차뿐 아니라 안내를 따라야 하는 루틴이 너무 많다. 자발적으로 이용할 수 있는 툴이 더 많아져야 하지 않을까? 턴테이블 사이 턱이 잘 안보여서 부딪히기 쉽다. 턴테이블을 누르고 옮기고 내리는 과정이 복잡하다. 학습이 필요할 정도로 보다 더 세밀한 가이드를 설치하는 게 필요하다. 아니다, 안 그래도 가이드가 너무 많다. 희귀 비닐은 DJ를 통해서 듣게 되어 있다. 만져보는 것도 막아야 하나? 원래 라이브러리의 정의와 맞지 않는다는 의견이 있을 수 있다. 아니다, 훼손을 막아야 하는 희귀 비닐은 보호해야 한다. 디자인라이브러리처럼 장갑을 끼게 하면 어떨까? 아니다, 책과 달리 비닐이라 미끌어질 가능성이 높다. 등등.'

수십 장의 도면을 긴 테이블 위에 쫙 펼쳐놓은 채 수백 가지 가능성을 염두에 두고 시뮬레이션을 해나가는 논의과정에 혀를 내두를 수밖에 없었다. 현대카드가 관리에 철두철미하다는 건 이미 여러 사례를 통해 확인한 바 있지만 이 정도일 줄이야. 감탄과 함께 걱정 또한 슬그머니 고개를 내밀고 있었다. 실무 선에서도 일부 우려하고 있는 것처럼 '안내'와 '관리'의 요소가 너무 많았다. 이곳을 이용하는 사람들이 가장 대중적인 테마이면서도 개인적인 감성과 자유본능에 가까운 영역인 음악을 즐기기까지 거쳐야 할 과정이 너무 많다는 의문을 품을 가능성이 있었다. 그리고 음악을 들을 수 있는 턴테이블의 숫자가 그리 많지 않다는 것도 실제 운영에 있어 랙이 걸리지 않을까 하는 우려를 갖게 했다. 덧붙여 이 라이브러리(그리고 음악이라는 화두)가 드나드는 사람들, 주변 커뮤니티, 더 나아가 서울이라는 공간 속에서 어떤 역할을 하고 어떤 파급력을 갖게 될지 등에 대한, 즉 콘텐츠의 핵심에 대한 논의가 실무 선에서는 거의 이뤄지지 않는다는 점은 여전히 아쉬움을 갖게 했다.

며칠 후 브랜드2실 김재환 실장의 주도하에 뮤직라이브러리부터 언더 스테이지까지 쭉 둘러보는 짧은 투어에 참여했다. 먼저 2층의 뮤직라이브러리부터 둘러보았다. 지난번 목업으로 보았던 것과 거의 흡사한 레코드 컬렉션이 전면에 쭉 펼쳐져 있었다. X축을 따라 연대순으로, Y축을 따라 장르별로 구축되어 있는 1만 장이 넘는 그야말로 거대한 비닐의 향연. 이미 그 내용을 다 알고 있을지언정 현장에서 색색별로 그래프를 그은 것처럼 오른쪽으로 쭉 전개되는 비닐컬렉션을 바라보는 느낌은 그야말로 형언할 수 없는 것이었다. 트래블라이브러리의 '미지의 세계를 향한 탐험'이라는 테마는 뮤직라이브러리에 와서 한층 더 직관적인 느낌으로 다가왔다. 그야말로 음악이라는 바다에 풍덩 몸을 던지는 느낌. 발터 벤야민이 낯선 도시를 걷다 길을 잃었을 때 한줄기 빛처럼 다가오는 영감으로 자신만의 세계관을 확장시켰던 것처럼, 이곳에서는 음악을 잘 모르는 나조차도 한없이 시간을 흘려보내며 방황하다가 새로운 감성과 영감을 얻을 수 있을 것만 같은 그런 느낌. 이곳에 오니 왜 현대카드가 그토록 아날로그적인 테마에 집중하는지 알 수 있을 것 같았다. 아무리 디지털이 넘실대더라도 여전히 사람에게 가장 강한 임팩트를 주는 건 결국 손으로 만져보고 읽어보고 들어보는 것, 그리고 그러한 공간. 그리하여 현대카드 브랜딩 활동의 최정점은 라이브러리 프로젝트일 수밖에 없다는 것.

　　브루클린 빈티지의 느낌을 담은 철제 계단을 따라 2층으로 올라갔다. 레드 제플린의 전설적인 첫 앨범 초판, 비틀스의 〈Yesterday and Today〉의 버처 커버Butcher Cover판 등 세계 곳곳에서 사 모은 희귀 비닐들이 우아하게 배치되어 있었다. 순간, 희귀 비닐 섹션의 반대편으로 고개를 돌리자 인상적인 아트피스가 두 눈을 사로잡았다. 옆에서 김재환 실장이 빌스Vhils라는 이름을 언급하고 있었다. 설명을 듣자 하니 빌스는 포스터, 전단지 등 도시에 매일 대규모로 흩뿌려지는 각종 인쇄물을 재활용해 도시와 사람을 주제로 작품을 만들어냈다고 한다. 과연, 비닐로 가득한 이 지극히 아날로그적인 공간에 딱 맞아떨어지는 작품이다.

언더스테이지를 보기 위해 지하로 내려간다. 지하 1층은 두 개의 합주실과 한 개의 미디 작업실, 지하 2층에서 펼쳐지는 공연을 내려다볼 수 있는 넓은 라운지 등으로 구성되어 있다. 여기서 곡을 연습하고 멀티트랙으로 레코딩하고, 미디로 작업해 데모 앨범 제작까지 완성할 수 있도록 완벽한 시설을 구비해놓았다. 깊게 침잠한 색감에 딱 어우러지는 소재와 군데군데 과감하게 배어 있는 레드 컬러가 인상적이다. 지하 1층 스튜디오의 한복판은 크게 뚫려 있었다. 바로 아래 지하 2층 공연장과 자연스럽게 연결되어 있는 구조. 바로 그 정면에 콘크리트 벽을 파고 다듬은 거대한 벽화가 정면을 응시하고 있었다. 이 드넓은 공간에서 가장 인상적인 포인트. 역시 빌스라는 신진 아티스트의 작품이었다. 아무리 작품이 좋다 하더라도 아직 20대에 불과한 신진 작가에게 이 거대한 작업을 맡기다니. 가까이 다가가서 더듬고 만져보니 마치 판화를 조각하듯 거침없이 콘크리트를 파고 다듬어 작품을 만들어낸 공력이 놀라웠다.

투어는 지하 2층으로 계속 이어지고 있었지만 나 홀로 슬쩍 떨어져 1층으로 다시 올라갔다. 왠지 좀 답답해 시원한 공기를 마시고 싶었다. 어느덧 하늘이 어둑해져 뮤직라이브러리 곳곳에 조명이 들어오고 있었다. 아까는 급히 내부로 들어오느라 무심코 지나쳤던 외관에 비로소 집중할 수 있었다. 시선은 허공에 붕 떠 있는 듯한 세련된 외양의 뮤직라이브러리를 거쳐, 거대한 빈 공간을 정사각형 모양으로 구획하고 있는 거대 월에 이르렀다. 노란빛 조명을 받고 있는 거대 월을 찬찬히 지켜보고 있자니 옆에서 관계자가 "JR의 작품"이라고 일러준다. 프랑스의 스트리트 아티스트 JR는 1969년 알타몬트에서 열린 롤링스톤스 무료 공연의 한 장면을 포착한 빌 오언스의 사진을 바탕으로, 이 거대한 작품을 완성시켰다. 그것은 히피와 록스피릿이 절정을 맞았던 시대이자, 곧이어 다가올 '반동의 시대'를 예감하던 시대. 옷을 모두 벗어젖힌 한 관객이 허공으로 점프하고 있는 가운데, 앞으로 다가올 시대 변화를 아는지 모르는지 그저 지금 이 순간 자유와 저항 정신에 충만한 무수한 관객들의 표정 하나하나가 세심하게 작품 안에 담겨 있었다.

한참을 넋을 놓고 있으려니 한 관계자가 "저기 한강이 살짝 보이네요"라고 중얼거린다. 지금껏 이 빈 공간의 의미를 다 깨닫지 못하고 있었구나. 그제야 이태원 언덕의 꼬불꼬불한 경사를 그대로 살린 이 공간에 서면 저 위쪽 남산 하얏트호텔과 저 아래 강남과 한강이 일직선으로 조망권에 들어온다는 사실을 깨달았다. 곧 저 아래 외인 아파트가 철거되고 나면 남산에서 이 빈 공간을 거쳐 저 멀리 관악산까지 조망할 수 있다는 것. 애초 건축가 세지마는 '공존과 소통'이라는 테마로 전면 유리 건물을 통해 아래까지 조망할 수 있는 열린 구조를 만들고자 했고, 그 정신을 존중해 결국 이렇게 빈 공간을 그대로 유지하는 쪽으로 귀착됐다는 것. 이 밤 이 자리에 서면, 건축물에 대한 호오를 뛰어넘어 이 공간에 대한 배려와 접근에 대해서만큼은 누구나 한목소리로 감탄하리라. 밤이 깊을수록 뮤직라이브러리와 거대 월을 비추는 노란 조명은 더욱 빛을 발하고 있었다. 이대로 시간이 멈췄으면, 하고 나직이 중얼거려보는 그런 밤이었다.

다시, 모든 것은
여기에서 시작된다

———

정태영 부회장과의 인터뷰

드디어 마지막 단계까지 왔다. 아마 여기까지 읽어오는 동안 꽤 궁금했을 것이다. 분명 현대카드의 핵심 중의 핵심은 정태영 사장, 아니 부회장일 텐데(최근 정태영 사장은 부회장으로 승진을 했다. 그만큼 이 책을 쓰기 위한 관찰이 오랜 기간에 걸쳐 이뤄졌다는 뜻일 게다) 1년이 넘는 취재 기간 동안 그를 직접 인터뷰한 내용은 전혀 기술되지 않았으니 말이다. 맞다. 이 책의 본문에는 그와 사적으로 나눈 대화나 함께한 경험, 회의나 중요 사안을 결정할 때의 모습 등을 묘사한 내용은 군데군데 담겨 있지만, 그와의 직접 인터뷰는 등장하지 않는다. 오히려 현대카드 임직원들과 나눈 다양한 인터뷰들은 곳곳에 포진해 있다.

여기엔 이유가 있다. 예전에 '현대카드에서 보낸 일주일' 기사를 취재할 때도 느꼈던 것인데 그는 미디어에 자신을 노출하는 걸 꺼려하는 편이다. 인터뷰나 강의 등 공식적인 스피치를 싫어하는 성향 탓도 있고, 지금껏 현대카드가 이뤄낸 성과가 '개인의 뛰어난 능력' 탓으로 치부되는 것을 극도로 피하기 때문이기도 하다. 그는 합리적이면서도 신속한 의사결정의 도구인 '심플리피케이션'에 의해 작동되는 조직(현대카드)이 이뤄내는 성과에만 관심이 있을 뿐 취미를 일에 반영하는 행위나 개인적인 성취에는 거의 무관심하다. 그리하여 애초에 이 책을 쓰겠다는 발상을 했을 때 돌아온 여러 피드백 중 대표적인 것이 바로 "개인 정태영이 아니라 철저하게 현대카드라는 조직에 초점을 맞춰줬으면 좋겠다"는 것이었다. 나 또한 거기에 동의했던 터라 지금껏 관찰 중심으로 취재를 진행해온 것이다.

　　　여기에는 (1년에 한 번 할까 말까 하지만) 그동안 정태영 부회장이 허락한 몇몇 인터뷰에 그를 들여다볼 수 있는 내용이 이미 많이 담긴 탓도 있다. 『동아비즈니스리뷰』 2015년 1월호에는 TVA와 챕터2를 비롯해 그만의 비즈니스관을 잘 보여주는 장문의 인터뷰 기사가 실려 있고, 정태영 부회장 특유의 사고방식과 그가 조직 구성원들과 관계를 맺는 방식 등에 대해서는 『아레나』 2012년 10월호에서 (내가 편집장이 되기 직전) 직접 인터뷰를 진행한 바 있다. 조금 더 개인적인 사색과 삶의 방향에 대한 이야기는 『행복이 가득한 집』 2014년 9월호에 자세히 실려 있다. 그럼에도 불구하고 원고를 끝내고 나니 알 듯 모를 듯한 아쉬움이 밀려오는 걸 어쩔 수 없었다. 무언가 빼먹은 듯한 허전함에 "드디어 대장정이 마무리되었다!"는 속 시원한 감회는 도통 들지 않았다. 이유를 생각해보니 간단했다. 책을 쓰면서 여전히 내게는 풀리지 않는 의문이 몇 가지 남았는데 그 답을 줄 사람은 아무리 생각해도 정태영 부회장이 유일하다는 것. 특히 취재과정에서 절실히 느낀 지금의 현대카드에는 긱스러운 엘리트가 필요하다는 점에 대한 그의 의견, 콘텐츠 코어 역할을 하는 새로운 부서의 필요성 여부, 모두가 다 디지털로 매진하는 시대에 (과거에 『모던타임스』 등 아날로그적인 매체를 발행했던 경험에서 한발 더 나아가) 지극히 아날로그적인 공간 프로젝트, 즉 라이브러리에 집중하는 배경도 알고 싶었다. 무엇보다 이 책은 그의 육성으로 마무리하는 것이 최선일 것 같다는 느낌도 계속 주변을 맴돌고 있었다. 솔직히 책을 발간하기 전에 내가 관찰한 내용에 대해 그가 어떤 평가를 내리고 있을지도 궁금했다. (서두에 기술되어 있듯 그는 내용에는 전혀 관여하지 않겠다고 단언했다.) 원고가 거의 마무리된 2015년 8월 즈음 조심스럽게 인터뷰 요청을 넣었다. 답은 역시나 심플했다. "그럽시다."

드디어 인터뷰 당일. 그동안 사석과 공석을 넘나들며 정태영 부회장을 족히 수십 번은 만났는데도 불구하고 꽤 긴장이 되었다. 만날 때마다 느끼는 것이지만 그는 사람들을 대할 때 캐주얼하면서도 정중함을 유지한다. (3년째 만나고 있건만 항상 내게 격의 없이 대하면서도 여전히 존댓말을 쓰고 있다.) 반면 일과 관련된 대화를 하거나, 무언가 사안을 결정할 때에는 냉철하기 이를 데 없다. 이야기를 빙빙 돌리거나 영양가 없는 대화가 이어지는 것을 극도로 싫어한다. (그가 인터뷰를 별로 좋아하지 않는 것은 핵심을 이야기하기보다는 주변부를 맴도는 인터뷰어가 많기 때문이지 않을까 짐작한다.) 아는 만큼 보인다는 진리는 어디에나 적용된다. 나 또한 아무것도 모르고 현대카드를 취재했을 때에 비하면 지금은 바라보는 범위가 비교가 되지 않을 정도로 넓어졌다. 다만, 인터뷰를 할 때에는 많이 아는 게 때로는 단점이 되기도 한다. 무엇을 물어봐야 할지 정하기가 오히려 더 까다로워지는 것이다. 더군다나 이번 인터뷰 일정은 그가 현대라이프의 새로운 투자 파트너 등과 협의하느라 눈코 뜰 새 없이 바쁜 와중에 잡혔다. 하루종일 이어지는 회의 사이에 딱 한 시간(가급적이면 그 이내로 해달라는 실무진의 당부가 이어졌다)을 허락받았다.

처음엔 20개도 넘는 질문들을 정리했다가 인터뷰를 앞두고는 쓱싹 지워버렸다. 이유는 두 가지다. 정색하고 인터뷰를 하기에는 지난 1년간 직간접적으로 체험한 것이 너무 많았다. 오늘은 마침표를 찍는 마음으로 정말 궁금했던 두 가지(긱스러운 인재 수급 부분과 아날로그적인 라이브러리 프로젝트에 집중하는 이유)에 대해서만 집중해서 물어보는 게 나을 것이다. 두번째 이유는 그는 흐름을 만드는 인터뷰이 타입이기 때문이다. 인터뷰를 하다보면 적절한 질문을 던지면서 흐름을 끌어줘야 하는 인터뷰이가 있고, 가만히 듣고만 있어도 스스로 주도하는 인터뷰이가 있다. 그는 후자다. 분명 인터뷰는 스스로 방향을 찾아 흐를 것이다. 그리고 인터뷰 후 섣불리 의견이나 감상을 덧붙이는 글을 쓰는 것보다는 그의 육성을 그대로 전하는 것이 최선일 것이다.

20분 전에 미리 도착했다. 역시나 그는 회의중이었다. 테드Ted의 자리와 방문객의 자리가 위트 있게 표시되어 있는 작은 회의용 테이블에 앉아 차분히 기다렸다. 약 2분 정도 약속시간을 넘겼다 싶은 순간 그가 쿵쾅거리며 급히 걸어들어왔다. 몇 시간째 격렬한 회의를 이어왔다는 것을 한눈에 알 수 있었다. 특유의 친화력 높은, 그러나 정중한 인사와 함께 맞은편 '테드석'에 앉은 그는 "자, 이제 무슨 이야기를 할까요?"라는 화두를 던지고는 조용히 허공을 응시했다. 아, 두뇌의 시스템을 전환시키고 있는 중이구나. 그는 이 격렬한 업무환경을 이겨내는 방법으로 서로 다른 종류의 사고를 교차하는 방법을 쓰고 있는 건 아닐까. 그에게는 숫자와 컬처를 오고가는 업무가 두뇌를 쉬게 하면서도 두뇌의 활용을 극대화하는 노하우일 것이라는 확신이 들었다.

박지호_ 제가 쓴 원고는 다 읽어보셨나요? 혹시 마음에 들지 않는 부분은 없었는지요? (웃음)

정태영_ 애초에 제가 원고를 두고 가타부타하지는 않겠다고 공언했었잖아요. (웃음) 그건 철저히 작가의 몫이니까요. 사실 시간이 없어서 속독으로 몇십 분 만에 쭉 봤는데, 다만 걱정 하나는 여전히 저 개인의 비중이 (현대카드라는 조직보다) 더 크지 않은가 하는 거예요.

박지호_ 그런 우려를 충분히 염두에 두고 관찰을 진행했다고 생각합니다. 아마 독자들은 현대카드라는 조직에 초점이 맞아 있다고 명확하게 인식할 거라 생각합니다. 최근 언론 보도 등을 보면 부회장님의 '승부사적 기질'에 대한 이야기들이 많이 나와요. 최근 현대라이프 관련해 대만계 파트너와 협상하는 과정에서도⋯⋯

정태영_ 그런 이야기가 왜 나오는지 모르겠어요. 그런 건 다 거짓말이에요. 어떤 일이든 리스크가 있어도 꼭 성사시켜야 하는 경우가 있는 거잖아요? 이번 케이스만 해도 플랜B가 없었기 때문에 주어진 상황에서 최선을 다하는 게 중요했어요. 제가 (협상 중간과정에서 에이전시를 건너뛰고) 직접 이메일을 썼거든요. 그건 제게는 합리적인 과정이었어요. 상대방에게 정확한 상황을 진솔하게 설명해야만 이해할 것 같다는 판단이 들었거든요. 맥락이 정확히 있던 거죠. 이럴 때 승부수라는 말을 쓰는 건 아닌 것 같아요. 저희는 도박을 하는 사람이 아니거든요. 엄밀한 판단과 분석으로 결정을 내리는 사람들이지.

박지호_ 네. 아무래도 언론이 '드라마틱한 승부' 같은 단어들을 좋아하는 경향이 있죠⋯⋯ 앞 원고들을 읽어보셔서 아시겠지만 제가 의문을 가졌던 몇 가지 지점들 중에서 현대카드에 의외로 긱스러운 엘리트가 부족한 것 같다는 대목이 있어요. 물론 현대카드만의 문제라기보다는 한국 사회 전반의 문제에 가깝긴 하지만요. 부회장님의 솔직한 의견이 궁금합니다.

정태영_ 옛날보다 긱스러운 엘리트가 농도가 떨어지는 건 사실이에요. 요즘은 남들보다 농도가 짙다는 정도로 바뀐 것 같아요. 남들은 됐고 (굳이 생각할 필요가 없고) 그렇다면 충분히 짙냐? 거기에 대해선 아직 의

문입니다. 무엇보다 우리 조직이 사이즈가 커진 탓도 있는 것 같아요. 초창기에는 기획부서에서 브랜딩도 하고 홍보도 하고 다 했었거든요. 요즘은 거쳐야 할 과정도 많고 부서도 세분화됐죠. 예전에는 (카드부서의 경우) 예산권도 스스로 다 갖고 일을 진행했다면 요즘은 예산권, 상품 개발 등이 다 떨어져나가니까 인원수는 대폭 늘었지만 오히려 일의 임팩트는 더 떨어졌을 수 있어요.

박지호_ 1년 넘게 관찰을 진행하면서 비슷한 생각을 했습니다. 2세대 임직원들이 전면에 부상하면서 일의 규모가 더 커졌는데도 스피디한 의사결정 또한 더 강화된 점 등은 참 인상적이었습니다. 하지만 1세대에 비해 활발한 분위기는 줄어든 느낌, 굳이 말하자면 대기업적인 분위기가 더 강해졌다는 생각이 들었습니다.

정태영_ 솔직히 말해서 외부인들이 얘기할 때는 물론이고 우리끼리 이야기할 때도 시대를 좀 혼동하는 게 있는 듯해요. 한마디로 과거를 이야기하는 건지 현재를 이야기하는 건지 기준이 왔다갔다할 때가 있다는 거죠. 가수 박진영씨를 예로 들어봅시다. 이번에 신곡을 냈을 때도 확인했지만 그는 나이를 먹어도 그에 맞는 음악과 춤을 출 줄 아는 훌륭한 가수이자 베스트 댄서예요. 당연히 과거에는 지금의 아이돌처럼 춤을 '쎄게' 췄겠죠? (웃음) 그렇다면 박진영이 나이를 먹고도 과거와 같은 '쎈' 춤으로 승부를 거는 게 맞는 걸까요? 지금 우리 회사를 설명할 때 대부분이 현대카드라고 무의식적으로 말해요. 마치 대명사처럼 쓰고 있죠. 그런데 현대카드는 제 업무의 30퍼센트밖에 되지 않거든요. 물론 과거의 멋진 성과물이나 가슴 벅찬 결과물들이 뇌리에 깊이 남아 있기 때문이겠죠. 하지만 지금 우리의 나머지 70퍼센트는 다른 영역으로 구성된 파이낸스회사라는 거예요. 무엇보다 이 조직을 유지하기 위해서는 과거처럼 하고 싶어도 못할 것 같아요. 이제 유년 시절의 추억은 머릿속에 남겨놓고 나이든 박진영으로 살아가야 하지 않을까요? (웃음)

박지호_ 역시 명확한 흐름을 갖고 계셨군요. (웃음) 한 브랜딩 전문가가 제게 질문을 던진 적이 있어요. "현대카드에는 구글X와 같은 조직이 있죠?" 전 "없는데요"라고 심플하게 이야기했죠. 실제로 관찰해보니 없었으니까요. 그럼에도 불구하고 이 책의 본문에도 제가 그런 뉘앙스로 서술을 해놨는데 앞으로의 10년을 위해서는 콘텐츠의 코어 역할을 하거나 새로운 발상과 상상력을 지속적으로 생산해내는 부서가 있어야 하지 않을까 하는 생각이 들었습니다.

정태영_ 솔직히 대답할게요. 우리가 초창기에 굉장히 와일드하게 갈 수 있었던 것은 아무것도 가진 게 없었기 때문이에요. 지금은 당연히 그렇지 않죠. 우리 스스로도 쌓아놓은 과거 성과의 포로가 되었다고 볼 수도 있어요. 최근 삼성카드의 유해진 광고를 보면 좋거든요. 그런데 우리가 그렇게 할 수 있을까? 7년 전에는 가능했겠지만 지금 우리에겐 브랜드의 정체성이 주어져 있어요. 막무가내식 자유가 필요한 단계는 이미 지난 것 같아요. 할리 데이비슨의 예를 들어봅시다. 할리 데이비슨은 어필하는 세대, 충성 그룹에 갇혀 있다고 볼 수 있잖아요? 브랜드의 정체성은 담이라고 볼 수 있어요. 하기에 따라 자신을 지켜주는 건지 가두는 건지가 정해지는 거죠. 그 틀을 인정한 상태에서 해답을 찾아야 한다고 봅니다.

박지호_ 아마 요즘 현대카드 브랜딩 활동 중에서 가장 활발한 영역이라 독자들도 가장 궁금해할 것 같은데 라이브러리가 정말 컬처마케팅의 최전선이 됐잖아요. 트렌디하고 스피드를 중요시하는 현대카드가 오히려 가장 느리고 아날로그적인 공간에 집중하고 있는 이유를 많은 이들이 궁금해할 것 같습니다.

정태영_ 수준에 따라 초급반, 중급반, 고급반으로 답할 수 있는데 어떤 수준으로 할까요? 오늘은 기분이 좋으니 고급반으로 해보죠. (웃음) 라이브러리는 카드 회원들을 위한 서비스라는 것만으로도 충분히 존재 가치가 있어요. 세상 모든 것이 디지털화될수록 아날로그적인 부분이 더 소중해질 수밖에 없다는 것도 중요한 이유고요. 하지만 훨씬 더 '위험한' 이유가 있어. 디자인, 여행, 음악에서 앞으로 카테고리를 더 늘려나갈 텐데 우리가 몇 년 동안 라이브러리들을 운영하다보면 노하우가 쌓이겠죠? 우리는 저절로 콘텐츠를 공급하는 입장에 서게 돼요. 단순히 SNS에 무엇을 올리는 수준보다 훨씬 깊게 들어가게 되는 거예요. 또하나는 아, 이건 경쟁사에서 절대 알면 안 되는 건데, (웃음) 우리가 과연 아날로그의 극단인 라이브러리 관련 프로젝트만 하고 있을까요? 그 반대편에서는 디지털에 집중하고 있어요. 아날로그 콘텐츠를 광범위하게 전달하는 건 결국 디지털이거든요. 몇 년만 지나면 지금보다 훨씬 더 '위험한' 모습으로 드러나게 될 거예요. 지금까지는 현대카드가 브랜딩을 잘했다 혹은 디자인을 잘했다, 광고 하나를 만들어도 참 남다르게 만든다, 정도면 충분했겠지만 몇 년 후에는 이런 시대가 끝나요. TV를 보는 사람이 없으면 광고가 무슨 소용일까요? 그때는 콘텐츠를 스스로 만들고 새로운 시대의 미디어를 잘 다루는 사람만이 스스로를 표현할 수 있게 되는 거죠. 더 자세히 설명하자면 지금은 콘텐츠가 없는 회사라도 광고권을 살 수 있어요. 그런데 앞으로는 콘텐츠가 없으면 광고를 실행할 수가 없는 시대가 온다는 거죠. 콘텐츠를 만드는 부서와 콘텐츠를 전달할 수 있는 새로운 플랫폼을 지원하는 부서. 이 두 가지가 동시에 가야 하는 거예요.

박지호_ 아, 이제야 정확한 맥락을 알 수 있을 것 같네요.

정태영_ 저는 이런 걸 '대마포석' 경영이라고 해요. 3년 전에 우리가 디지털에 주목할 때 인스타그램을 전제조건으로 삼지는 않았잖아요? 또 앞으로 3년 후에는 뭐가 올지 아무도 몰라요. 과연 앞으로 인스타그램이 뜰지 안 뜰지 예측하는 게 필요할까요? 전 그건 무의미하다고 봐요. 그저 (항상 탐구하고) 준비된 자에게는 새로운 흐름으로 그 무엇이 와도 다 이용이 가능하거든요.

박지호_ 라이브러리 이야기로 돌아가볼게요. 솔직히 처음 기획하실 때부터 라이브러리 프로젝트가 이렇게 확장될 거다, 현대카드 컬처마케팅의 최전선으로 밀고 나갈 거다, 라고 예상 또는 기획을 하신 건가요? 아니면 어느 정도 진전이 된 다음에 확신을 갖게 되신 건가요?

정태영_ 처음에는 컬처와 관련된 이런저런 부서를 만드는 것보다 라이브러리를 만드는 게 훨씬 낫겠다는 단순한 생각이었어요. 보기도 좋고, 들르기도 좋잖아요? (웃음) 고객들에게 특별한 경험도 제공할 수 있고. 물론 경쟁사들은 그즈음에야 (이젠 우리가 더이상 신경쓰지 않는) 카드 디자인 얘기를 하고 있었고요. 사실 디자인라이브러리까지는 (원래 우리가 잘하던 영역에 대해 물질적인 무엇을 남겨보자는 정도였기에) 별 생각이 없었는데 트래블로 진화하면서 사고가 뚜렷해졌죠. 아마 다른 회사들이 조금 있으면 라이브러리를 들고 나올 수도 있어요. (그때쯤이면 제가 또다른 영역을 고민하고 있을 가능성이 높기 때문에) 아마 상처받으실지도 몰라요. (웃음) 혹자는 라이브러리를 두고 제가 취미생활을 한다고 하는 분들도 있는 것 같더군요. 제가 항상 말하지 않던가요? 전 절대 일에 취미를 도입하지 않습니다. (웃음)

박지호_ 그렇다면 핵심은 역시 콘텐츠인가요? 예전에는 핵심을 디자인, 브랜딩, 익스프레션 등으로 표현하셨다면……

정태영_ 맞아요. 콘텐츠예요. 하지만 아직 확실히 정리는 안 됐어요. 아직 광범위해요. 다만 콘텐츠를 꼭 프로바이딩(공급)하지는 않아도 된다는 생각은 들어요. 단어와 그 흐름을 장악하고 있는 것만으로도 충분하다는 생각?

박지호_ 사실 부회장님과 꽤 오래 만나고 대화해오면서 느끼게 된 건데, 사람들이 흔히 하는 '좌뇌와 우뇌가 동시에 발달한'이라는 표현은 적합하지 않은 것 같아요. 제가 보기에는 숫자에 집중하다 곧이어 컬처 관련 프로젝트를 생각하는 등의 프로세스를 통해 사고회로를 끊임없이 전환하면서 나름대로 두뇌를 쉬게 하는 것 같다는 생각이 드네요. (웃음)

정태영_ 그럴 수도 있겠네요. (웃음) 실제로 잠시라도 생각을 쉬기에는 고민하고 처리해야 할 일이 너무 많으니까요. 다만 저는 숫자를 되게 잘 다루고 좋아하는데 의외로 숫자에 대해서는 (사람들이) 잘 안 물어봐요. (웃음)

박지호_ 최근 모마와 진행중인 '젊은 건축가 프로그램'을 비롯해 세계 유수의 현대미술관들과 협업을 강화하고 있습니다. 당연히도 단순한 취향으로 접근하는 게 아니라 현대카드의 미래 방향에 대한 큰 맥을 잡으셨다는 느낌이 드는데요?

정태영_ 사실 모마를 알면 지금 이 시대의 첨단을 아는 거거든요. 이번에 디자인라이브러리 전시로까지 연결하다보니 네트워크도 쌓이고 자연스럽게 파워도 생기죠. 이런 게 바로 콘텐츠예요. (디지털 등과 엮은 방식의) 새로운 형태는, 당장은 아니고 3, 4년 후에 나타날 거예요. 지난해 TV 시청률이 15퍼센트 줄었다고 하거든요. 3, 4년 후에는 더 약화되겠죠. 그런데 또 이런 건 있어요. 이번에 모마 관장에게 뉴욕타임스에 광고 하냐고 물어봤어요. 한다고 하더군요. 몇 명이나 그걸 볼 거라고 예측하느냐고 다시 물었더니 40명이래요. 하, 40명? 그런데 그 40명이 파워맨들이기 때문에 그들 보라고 (광고를 계속) 한다는 거예요.

박지호_ 좀 개인적인 질문을 드리겠습니다. 저 또한 (전통적인) 콘텐츠를 만드는 쪽에서 일을 하고 있는데 이 업종의 미래에 대해서는 어떻게 생각하시는지요? 콘텐츠는 분명 여전히 중요하지만 해답은 못 찾고 있는 게 솔직한 현실이거든요.

정태영_ 사실 답은 못 드릴 것 같아요. 아쉽게도. 다만, 그래도 잡지는 다른 매체에 비해 아날로그적인 가치는 확실히 있을 거예요. 종이 매체 중에서는 가장 마지막까지 남긴 할 것 같아요. 왜냐면 잡지는 인포메이션이 아니니까요. 아직도 『아레나』를 아이패드로 보고 싶지는 않거든요. 메르스 확진 속도는 아이패드로 보고 싶지만.

박지호_ 요즘 매거진들이 홈페이지나, SNS 등에 집중하고 있는 것에 대해서는 어떻게 평가하시는지요. 사실 몇 년 전 미국에서는 아이패드가 나왔을 때 '잡지에 가장 특화된 디지털 툴이 등장했다'고 열광했었거든요. 물론 아이패드 자체가 무력화되면서 여전히 매거진들은 명확한 툴을 찾지 못하고 방황하고 있지만요.

정태영_ 사실 이제 PC도, 아이패드도 다 필요 없는 것 같아요. 그저 모바일로만 가시고요. 좀더 인포메이티브하게 가면 안 되나요? 사실 잡지에서 얻는 가장 큰 정보는 거의 쇼핑에 관한 것이거든요. 본체는 좀더 엑기스를 압축해서 그대로 두고, 디지털은 요즘 핫한 상품이 뭐가 나왔나, 어디가 핫플레이스인가, 이것만 심플하게 전해줘도 좋을 것 같은데. 사실 본체와는 완전히 다른 느낌인 거죠.

어느덧 인터뷰가 후반을 향해 달려가고 있었다. 이것만큼은 꼭 물어야겠다는 건 다 물어보았다. 심지어 지금 내가 속해 있는 매거진군#에 대한 의견까지. 역시나 간결하면서도 정확한 답변들이 노트에 받아 적기도 힘들 정도로 쉴새없이 나왔다. 정해진 한 시간을 훌쩍 넘겨, 어느덧 이야기는 현대카드 창립 초기에 대한 감회로 넘어가고 있었다. 예전에 참관한 정부회장의 직원 대상 오픈클래스 강연 제목이 바로 'I don't belong here'이었다. 정태영 부회장은 학창 시절, 주변의 모든 이들이 심각하기만 했던 불문과에서 꽤 뛰는 존재였다고 한다. 지금 또한 일반적인 금융권 CEO라고는 연상하기 힘든, 남다른 삶을 살고 있다. 지금껏 살아오는 동안 어느 환경에서든 기본 베이스가 아웃사이더였기에 남들과 다른 발상이 가능했다는 것.

박지호_ 예전에 남들처럼 성공도 실패도 맛보며 살아왔다고 말씀하신

적이 있습니다. 인생에서 첫번째 인상적인 결과물을 꼽자면 무엇이라고 할 수 있을까요?

정태영_ 1988년에 현대정공에 입사했어요. 솔직히 영업 분야에 큰 재능은 없었던 것 같아요. (웃음) 1996년에 컨테이너를 만드는 멕시코 현대모비스 공장으로 발령을 받았는데 10년간 막대한 적자가 쌓인 상태였어요. 첫날 가서 공장장에게 브리핑을 받으면서 든 생각은 역시 'I don't belong here'이었죠. 공장의 도면과 생산 라인을 꼼꼼히 점검하며 이 공장에서 적자가 나는 이유를 찾는 데 골몰했는데 결론은 금세 났어요. 고속도로용 컨테이너와 해상용 컨테이너는 (서로 받는 진동의 종류가 다르기 때문에) 구조가 다릅니다. 네 개의 라인에서 각각 한 개의 모델만 전담해 생산하는 것이 원가 측면에서 가장 이상적이죠. 하지만 영업 부문은 시장 상황을 고려하지 않고 그저 생산제품이 오는 대로 판매하는 데만 집중하고 있었어요. 결국 시장이 원하지 않는 제품은 더 크게 할인해서 팔 수밖에 없었기 때문에 엄청난 적자가 쌓여온 것이죠. 해결책은 결국 네 개의 라인을 여러 개의 모델을 생산하는 혼류방식으로 바꾸는 것이어요. 공통적으로 들어가는 부품은 공통 라인에서 만들게 했고, 라인 사이에 길을 뚫어 생산되는 제품을 이동시킬 수 있게 했죠. 당연히 원가는 상승했지만 시장 상황에 맞게 플렉서블하게 제품을 생산할 수 있게 되었습니다. 시장이 원하는 제품을 최고의 가격으로 판매하니 2년 만에 지난 10년의 적자를 모두 극복할 수 있게 되었죠.

박지호_ 현대카드에 처음 부임했을 때 큰 적자 규모 때문에 오히려 환호성을 질렀다는, 사실 여부가 정확히 확인되지 않은 에피소드를 들은

적이 있습니다. (웃음)

정태영_ 멕시코에서의 CEO 경험을 인정받아 그룹 내 금융사업 쪽으로 발령을 받았죠. 첫날은 꽤 지루했어요. 사실 흥미로운 구석이 별로 없었죠. 그런데 2주쯤 지나 이 회사가 2조원의 적자를 내고 있다는 사실을 발견했어요. 그때까지 아무도 그걸 발견하지 못하고 있었고, 나도 처음엔 계산을 잘못한 줄 알았어요. 그룹에 도움을 요청해 확인했더니 그 숫자가 맞더라고요. 아직도 아내는 기억하는데 그날 아침을 먹으며 "새로 맡은 회사 적자가 2조인데 정말 신난다!"고 했다는군요. (웃음) 내가 그런 말을 했던 이유는 간단해요. 경영자로서 20억 달러의 적자를 내는 회사를 턴어라운드시키는 경험은 흔히 할 수 없는 것이기 때문이죠. 그때 처음으로 내가 꿈꾸던 회사를 만들 수 있겠다는 생각을 했어요.

박지호_ 당시 현대카드를 처음 맡을 때 가장 큰 문제점은 무엇이라고 파악하셨나요?

정태영_ 모든 사람들을 일일이 만나며 발견한 게 있는데 직원들에게 프런트라인, 즉 최전선이 없다는 것이었어요. 누가 적인지, 무엇을 하고 싶은지, 무엇이 목표인지에 대해 다들 감이 없더라고요. 그때 네 명의 직원이 이후 M카드(포인트를 적립 전에 먼저 사용할 수 있게 하는, 당시로서는 혁신적인 방식이었던 카드. 이후 현대카드의 영광을 만드는 초석이 되었다)로 발전하는 새로운 카드 형태의 초안을 논의중이었어요. 그것이 바로 전장battle field이 될 것이라 직감하고 5억원 정도 되던 예산을 500억원까지 증액했죠. 그때 많은 이들이 "적자가 2조인데 500억원을 쓰는 게 말이 되느냐"고 했어요. 전 바로 맞대응했죠. "이미 2조원을 잃고 있는

데 500억원을 더 잃는 게 뭐가 문제냐"라고요. 그룹사에서 모든 지원을 받을 수 없었기에 GE 등 새로운 파트너를 통해 자금을 수혈했습니다. 그게 시작이었죠.

박지호_ 덧붙여 만성 적자이던 당시, 회사 직원들의 임금부터 올렸다는 이야기를 들은 적이 있습니다.

정태영_ 10퍼센트 이상씩 올렸죠. 분야와 상관없이 스마트한 사람들을 채용했고요. 사옥 인테리어는 당연히 최고로 바꿔나갔죠. 당연합니다. 에어컨을 가동하지 않으면 비용을 조금 줄일 수는 있겠지만 재능 있는 직원들을 가질 수는 없지 않을까요? 몇 개월 되지 않아 주요 임원진 절반이 금융권 출신이 아닌, 다른 필드에서 일하던 인재들로 채워졌어요. 그들과 매주 두 시간씩 새로운 도전에 대해 진지한 회의를 했고, 바로 그 결과물을 전 직원과 공유했죠. 여전히 매주 진행하고 있는 포커스미팅이 바로 그겁니다.

박지호_ 임원들과의 포커스미팅은 물론, 일상적인 루트를 통해 엄청나게 빠른 의사결정을 하는 프로세스가 외부에서는 여전히 놀라움의 대상입니다.

정태영_ 임직원 숫자가 1만여 명인데 레이어는 네 개예요. 10년 전과 지금이 똑같죠. 이게 어떻게 가능하냐고요? (웃음) 모든 임직원들이 오버해서 일하기 때문이죠. 임원들은 10년 전에는 취미를 포기했고, 5년 전부터는 친구를 포기했어요. 레이어를 심플하게 가져가기 위해서는 열심히 일하는 수밖에 없죠. 대신 회의장에서는 민주적으로 집요한 논의를 거쳐 결정합니다. 회의과정에서는 누구나 자유롭게 반대하거나 불만을 얘기할 수 있지만, 한번 의사결정을 하면 강력하게 푸시하죠. 우리는 사안의 규모와 상관없이 결정을 할 때 평균 9.5시간을 사용합니다. 수시로 이메일을 공유해 빠른 결정을 하기 때문에 가능한 일이죠. 다른 회사에서는 한 달 정도 걸리는 사안도 하루 만에 해결되는 경우가 많습니다. 예를 들어 레이디 가가가 한국에 올 수 있다고 사인이 오면 우리는 두 시간 안에 답변을 하죠. 그러나 한국의 다른 회사들은 보고절차 때문에 한 달은 족히 걸릴 겁니다.

박지호_ 그 임원들과 수시로 인사이트트립을 나가시잖아요. 현대카드만의 놀라운 발상이나 새로운 기획이 인사이트트립을 통해 얻어진 경우도 많고요. 그중에서도 특히 기억에 남는 에피소드가 있으시면 소개해주실 수 있을까요?

정태영_ 스웨덴 가구회사인 비트라를 방문했을 때 '재해석'이라는 단어의 힘을 알았어요. 1920년대 이전까지만 해도 세상의 모든 의자는 '르네상스적인' 의자밖에 없었죠. 그런데 1920~1940년대에 르네상스적인 의자를 현대적으로 재해석해 현재 볼 수 있는 거의 모든 형태의 의자가 만들어졌어요. 그때 생각했습니다. '앞으로 우리의 마케팅은 화려함보다는 재해석에 집중할 것이다'라고. 이게 오히려 더 어려운 미션일 거라고요. 이처럼 마케팅 또는 비즈니스와 전혀 관계없을 것 같은 것에서 인사이트를 얻을 때 가장 흥미롭습니다. 이를테면 이탈리아에서는 가구를 설명할 때 어떤 구조로 만들었는지 설계도를 직접 보여줍니다. 이 물건을 사는 고객의 집에는 단순한 가구가 아니라 정신이 담기게 되는 것이죠. 의외로 이런 가구들은 비싼 재료로 만든 것이 아닌 경우가 많아요. 그야말로 '고수는 물건을 파는 것이 아니라 물건의 정신, 스토리를 파는 것'이죠. 예를 들어 선반이 만들어지는 과정이 (매장에) 전시되어 있다면 (고객은) 선반 뒤에 있는 스토리를 알게 되는 거예요. 현대카드 또한 마찬가지라고 생각했어요. 단순히 카드를 파는 것이 아니라 (연회비가 높은) 스토리와 정신을 파는 것이다, 라고요.

그리고 또 우리는 무슨 이야기를 나눴던가. 아마 내가 (디오르 행사에 참석하기 위해) 올해 들어 처음 꺼내 입은 밝은 블루 여름 슈트에 대한 이야기(그날 저녁에 LVMH그룹 아르노 회장이 주최하는 크리스티앙 디오르의 전시회 오프닝이 DDP에서 열릴 예정이었다), 그 또한 디오르 전시에 초청을 받았는데 가야 할지 말아야 할지 망설여진다는 이야기, 유니클로 등 SPA브랜드가 대세가 되는 건 분명하지만 이번 인사이트트립 때 프라다 파운데이션에 들렀더니 과연 명품 브랜드들의 (문화적, 역사적) 저력을 체감할 수 있었다는 이야기, 그리하여 수년간 전혀 관심을 두지 않았던 명품 브랜드들에서 배울 게 있지 않을까 하는 생각이 든다는 이야기 등등. 역시나 이번에도 시간의 한계 때문에 중간에 툭 끊고 강제 종료할 수밖에 없었다. 아직 궁금한, 남은 이야기들은 여전히 많다. 그렇다. 여기는 현대카드다.

Inside Hyundaicard

인사이드 현대카드

ⓒ박지호 2015

초판 인쇄   2015년 10월 7일
초판 발행   2015년 10월 20일

지은이 박지호 | 펴낸이 강병선
기획·책임편집 고아라 | 편집 오경철
디자인 이효진 | 마케팅 정민호 이연실 정현민 양서연 지문희
홍보 김희숙 김상만 한수진 이천희
제작 강신은 김동욱 임현식 | 제작처 영신사

펴낸곳 (주)문학동네
출판등록 1993년 10월 22일 제406-2003-000045호
주소 10881 경기도 파주시 회동길 210
전자우편 editor@munhak.com | 대표전화 031)955-8888 | 팩스 031)955-8855
문의전화 031)955-1933(마케팅) 031)955-1915(편집)
문학동네카페 http://cafe.naver.com/mhdn | 트위터 @munhakdongne

ISBN 978-89-546-3800-5 03320

* 이 도서의 국립중앙도서관 출판예정도서목록(CIP)은 서지정보유통지원시스템 홈페이지
  (http://seoji.nl.go.kr)와 국가자료공동목록시스템(http://www.nl.go.kr/kolisnet)에서
  이용하실 수 있습니다.
  (CIP제어번호: CIP2015026690)

www.munhak.com